유아음악교육

신동주 · 김향숙 · 김선희

창지사

머리말

유아교육을 전공하고 햇병아리 교사로 우리나라 대표 음악가이신 나운영 선생님과 유경손 선생님께서 운영하셨던 유치원에 근무하면서, 유아들의 삶에서 음악이 살아 숨 쉬는 순간들을 유아들과 함께 체험하고 즐기는 경험을 할 수 있었다. 이후 교수가 되어 유아교육과에서 학생들을 가르치면서 학생들이 '저는 노래를 잘 부르지 못해서…', '저는 피아노를 못 쳐서…'라고 말하면서 음악활동운영에 대해 두려워하는 경우를 많이 겪게 되었다. 유아교육현장에서도 많은 교사들이 자신의 음악적 재능 부족이 음악활동을 준비하고 운영하는 데 걸림돌이 되고 있다고 피력하고 있다.

유아들이 '음악놀이'를 통해 음악의 즐거움을 알고, 심미적 체험을 하고, 이러한 경험들을 통해 발달해 나가도록 지원하기 위해서 교사가 반드시 뛰어난 음악적 재능을 소지할 필요는 없다고 생각한다. 음악에 대한 관심과 유아교육과정에 음악을 접목시킬 수 있는 지식, 그리고 음악을 즐기는 태도를 갖춘다면 유아들에게 의미 있는 음악적 경험을 제공할 수 있을 것이다.

이에 본 서에서는 음악의 의미, 유아의 음악적 발달, 음악의 구성요소, 개정 누리과정에 기초한 음악활동 구성 및 운영 등에 초점을 맞추어 내용을 구성하였다. 특히 학부에서 음악을 전공한 김향숙과 유치원현장에서 오랫동안 근무하면서 누리과정에 기초하여 음악활동을 진행하고 있는 김선희가 함께 저자로 참여함으로써 음악에 대한 기초 이론과 실제적 적용에 대한 내용들이 좀 더 견고해질 수 있게 되었다.

2년 동안 원고를 기다려 주신 창지사 편집부에게 감사드리며, 오랜 시간동안 함께 고민하며 좋은 책을 만들기 위해 노력해 주신 저자들에게 감사드린다.

2021년 2월

대표저자 신동주

차례

머리말 • 3

CHAPTER 01 유아음악교육의 이해 ---- 7

1. 음악의 의미 및 기능 • 8
2. 유아음악교육의 중요성 및 목적 • 13
3. 유아음악교육의 구성요소 • 16
4. 음악과 발달 영역 • 21

CHAPTER 02 영유아 발달과 음악 ---- 25

1. 영유아의 일반적 발달 특성 및 흥미 • 26
2. 영유아의 음악적 발달 특성 • 33
3. 영유아의 발달적 특성에 적합한 음악 놀잇감과 악기 • 41

CHAPTER 03 음악 발달 단계 ---- 47

1. 반사적 반응 단계(the reflex phase): 0~9개월 • 49
2. 의도 단계(the intention phase): 9~18개월 • 51
3. 조절 단계(the control phase): 18~36개월 • 52
4. 통합 단계(the integration phase): 36~72개월 • 54

CHAPTER 04 음악의 구성요소 ---- 59

1. 음색(timbre) • 62
2. 셈여림(dynamics) • 65
3. 빠르기(tempo) • 67
4. 리듬(rhythm)적 요소들 • 70
5. 선율(melody)적 요소들 • 83
6. 화음(chords) / 화성(harmony) • 91

CHAPTER 05 음악교육가의 교수법 ---- 101

1. 달크로즈 교수법 • 102
2. 코다이 교수법 • 111
3. 오르프 교수법 • 119
4. 고든 교수법 • 125

CHAPTER 06 유아음악활동 133

1. 음악 감상하기 • 133
2. 노래 부르기 • 140
3. 신체표현하기 • 147
4. 악기 연주하기 • 154
5. 음악 만들기 • 173

CHAPTER 07 누리교육과정에서의 유아 음악교육과정 181

1. 예술경험의 목표 • 182
2. 예술경험의 내용 체계와 유아 음악교육 • 184
3. 누리과정에서의 유아 음악교육 • 184

CHAPTER 08 유아음악활동의 실제 191

1. 음색에 기초한 음악활동의 실제 • 193
2. 셈여림에 기초한 음악활동의 실제 • 205
3. 빠르기에 기초한 음악활동의 실제 • 215
4. 리듬에 기초한 음악활동의 실제 • 224
5. 선율에 기초한 음악활동의 실제 • 233

CHAPTER 09 음악교육의 통합적 접근 247

1. 3세: 소리 • 249
2. 4세: 동물 • 260
3. 5세: 우리나라 • 274

CHAPTER 10 음악교육을 위한 환경 구성 287

1. 음률영역 배치하기 • 288
2. 음악활동의 요소 고려하기 • 290
3. 유아의 발달적 특성에 적합한 음악 놀잇감과 악기 제공하기 • 291
4. 음악적 요소를 느끼며 놀이할 수 있는 교수자료 제공하기 • 292
5. 놀이영역 간의 통합과 실외로 음악놀이공간 확장하기 • 293

참고문헌 • 295

CHAPTER 01

유아음악교육의 이해

1. 음악의 의미 및 기능

'음악은 우주에 영혼을 부여하며, 마음에 날개를 달아 주고,
상상의 나래를 펼 수 있게 하며, 만물에 생명을 불어넣어 준다.'

- Plato

위의 글은 플라톤이 『국가론(*Republic*)』에서 말한 것으로 인간에게 있어 음악의 의미를 잘 나타내 주고 있다. 음악은 이 세상 모든 문화권에 존재하며, 우리 인간의 삶은 음악으로 가득 차 있다. 음악은 인간이 느끼고, 생각하며, 행동하는 방식을 바꿀 수 있는 강력한 힘을 지니고 있으며, 인간이 속해 있는 문화의 과거와 현재를 통합하고, 인간이 자신에 대한 이해와 다른 사람들과의 관계를 이해하는 데 있어 중요한 역할을 한다.

고대 그리스와 이집트에서는 음악이 의술과 연계되었으며, 플라톤과 아리스토텔레스의 저서에서는 음악의 치유력에 대해 다루고 있다(AMTA, 2019). 중세와 르네상스 시대에서는 의사와 음악가를 위한 교육 과정에 공통적인 부분이 있음이 발견되었고, 의사가 되기 위해서는 반드시 음악에 대한 공부를 해야 하는 것으로 기록되어 있다(Pratt, 1991). 최근 들어서는 음악의 치유력과 관련하여 음악치료(music therapy) 분야가 하나의 독립된 영역으로 발전되었으며, 심리학, 신경학, 정신의학 및 생리학과 같은 분야에서 음악이 인간의 건강에 미치는 영향에 대한 연구들이 활발히 이루어지고 있다.

음악은 시간에 입각한 예술 형식이다. 음악은 소리와 침묵으로 조직된 것으로 다양한 음높이, 세기, 음색 등을 포함하며, 이 모든 것은 리듬적 틀 안에서 발생한다. 무엇이 어떤 소리를 음악으로 만드는가에 대한 궁극적인 대답은 소리의 기능적인 관점에 문화적 맥락이 작용되어야 한다고 설명할 수 있다. 즉, 음악의 소리는 ① 인간에 의해 만들어져야 하고, ② 어떤 집단의 사람들에게 음악으로 인식되어야 하며, ③ 음악이 사회적 집단이나 문화에서 인간을 위해 나름의 기능을 제공해야 한다(Radocy & Boyle, 2012).

인간의 음악성에 대해 생리음악학적(biomusicology)으로 접근한 Wallin과 동료들(2001)에 의하면, 진화론적 입장에서 볼 때 음악은 종의 생존과 연계되어 있으며(예를 들어, 수컷 침팬지는 자신이 속한 집단의 생존력을 강화하기 위한 수단으로 교잡육종을 위해 이웃한 다른 집단의 암컷 침팬지를 유혹하는 특정한 소리를 냄), 어미와 자식 간의 상호작용을 위한 수단으로서 음악이 진화했다는 것이다(Dissanayake, 2001; Merker, 2001). 또한 언어의 발달과 연계하여 인간의 종 특유의 특성으로서 음악성을 연구한 학자들도 있으며, 음악과 언어가 같은 근원에서 시작되었는지 알아보기 위해 음악과 언어를 담당하는 뇌 영역에 대한 연구도 활발히 이루어지고 있다(Bickerton, 2001; Falk, 2001; Molino, 2001).

영유아의 음악적 경험에 대해 연구한 Campbell(1998)에 의하면, 영유아는 음악을 놀이처럼 즐기는 것에서부터 아주 진지하게 경험하는 것까지, 혼자서뿐만 아니라 다른 사람들과 함께하는 것까지 폭넓게 '음악을 하고 있다'고 한다. Campbell(2003)은 영유아의 이러한 음악적 경험이 제공하는 기능(또는 가치)을 문화인류학자인 Merriam(1964)이 제시한 음악의 기능에 기초하여 다음과 같이 설명하였다.

첫 번째 기능은 감정 표현(emotional expression)으로, 음악은 일상적인 대화에서 드러내기 어려운 생각이나 감정을 표현하는 도구 역할을 한다. 인간은 음악을 통해 개인 또는 집단의 감정을 전달할 수 있다. 유아 또한 음악을 통해 자신이 느끼는 슬픔을 표현할 수도 있고 음악에 맞추어 춤을 추면서 기쁨을 표현할 수도 있다. 즉, 유아는 자신의 감정을 표현하기 위한 수단으로 음악을 사용하며, 이러한 음악이라는 수단은 사회구성원들이 공유하고 인정하는 방식인 것이다.

두 번째는 심미적 즐거움(aesthetic enjoyment)으로, 기본적으로 미(美), 의미, 감정적 경험을 일깨우는 힘으로서의 음악을 말한다. 즉, 삶의 아름다움을 예술적이며 비언어적으로 표현하기 위한 도구로서 음악이 심오한 감정적, 지적 즐거움을 위해 사용되는 것이다. 음악을 통한 정서적, 지적 즐거움은 어른들만의 전

유물이 아니며, 유아들 역시 음악을 감상하고 표현하는 것을 통해 그들이 아는 언어로는 쉽게 경험할 수 없는 깊은 감명을 경험하게 된다. Thaut(2008)에 의하면 음악적 미를 이해하는 데 필요한 뇌기능은 인간이 선천적으로 타고 태어나는 것으로, 음악은 기본적인 뇌구조의 일부이므로 모든 인간은 음악을 할 수 있으며 음악에 관여한다.

세 번째는 오락(entertainment)의 기능으로, 음악이 기분전환이나 즐거움을 위해 사용되는 것이다. Hargreaves와 North(1999)에 의하면 미적 즐거움과 오락적 기능은 서로 연결되어 있고 음악작품에 대한 개인적 반응은 개인의 특성, 음악, 상황 간의 상호작용에 달려 있다고 한다. 즉, 개인이 접하게 되는 음악적 경험이 오락이 될지 미적 즐거움이 될지는 개인에 따라, 그리고 각 개인이 처한 상황에 따라 달라질 수 있다는 것이다. 유아 또한 다양한 매체를 통해 제공되는 오락적 음악을 접하고 있으며, 이러한 음악은 부담 없이 즐길 수 있을 뿐만 아니라 즐거움을 주기도 한다.

네 번째는 의사소통(communication)의 기능으로, 특정 문화 내에서 사람들 간에 공유되는 의미나 감정을 전달하는 매개체의 역할이다(예를 들어 올림픽 경기장에서 울려 퍼지는 애국가는 한국인들에게 공유되는 의미와 감정이 있다). 음악의 의사소통적 기능은 매우 이른 시기부터 나타나는데, 부모와 영아는 음악적 특성을 지닌 '전언어적 알파벳(prelinguistic alphabet)'을 통해 서로 의사소통을 하며, 유아는 자신의 가족, 지역사회, 사회적 문화 내에서 의미가 통하는 유형으로 자신의 생각이나 감정을 음악적으로 표현할 수 있게 된다. 또한 음악을 통해 전달되는 메시지를 받아들이기도 하므로, 음악의 의사소통 기능을 통해 유아는 의미의 전달자뿐만 아니라 해석자의 역할을 하게 된다.

다섯 번째는 신체적 반응(physical response)을 유발하는 기능으로, 춤을 추거나 신체적 활동을 할 때 음악을 사용하는 것과 관련이 있다. 영유아에게 음악과 동작은 서로 분리될 수 없는 것으로, 대부분의 영유아는 음악에 맞추어 춤추거나 음악을 듣고 신체로 표현하는 활동을 즐긴다. 음악은 다양한 신체적 반응을 유발하며, 이에 따라 영유아는 자신이 듣거나 행하는 음악에 맞춰 춤추거나 뛰거나 몸을 흔들거나 한다. 영아의 경우 음악에 맞춰 머리를 끄덕이거나 흔들고 발을 구르거나 혀를 차는 등의 반응을 보일 수 있으며, 걸음마기가 되면 좀 더 활기차고 다양한 방식으로 반응할 수 있게 된다. 4세경이 되면 음악에 맞춰 걷거나, 한발로 뛰거나(hopping), 점프할 수 있으며, 6세경이 되면 말뛰기(galloping)를 할 수 있으며 서서히 스키핑(skipping)을 할 수 있게 된다.

여섯 번째는 사회적 규범 준수 강화(enforcement of conformity to social norms)의 기능으로, 음악을 통해 가르침을 주거나 주의를 주는 것을 말한다. 이러한 기능은 대체적으로 어른의 주도에 의해 이루어지며, 유아는 이를 확실하게 받아들이고 따른다. 많은 문화권에서 사회 통제적인 노래를 통해 사회규범에 반하는 구성원들에게 경고를 하는 동시에 무엇이 적절한 행동인지 간접적으로 지시하기도 하며, 유아를 대상으로 특별히 만들어진 많은 노래들이 부모, 학교, 사회가 유아에게 주입하기를 원하는 가치나 이상을 강화하는 데 사용되기도 한다. 유아의 경우 일상생활 속에서 때로 운율이나 노래를 통해 사회에서 통용되는 예의범절이나 친사회적 행동을 배우기도 한다(예를 들어 식사 전 손 닦기 노래, 인사하기 노래, 차례 기다리기 노래, 장난감 치우기 노래 등).

일곱 번째는 사회제도 및 종교의식에 대한 비준(validation of social institutions and religious rituals)의 기능으로, 종교의식이나 국가행사 등에 음악을 사용하는 것이 이에 속한다. 유아들은 게임을 하거나 같은 팀을 할 친구를 정할 때 구호(chant)나 노래를 선창하는 등 그들의 놀이 의례에 음악을 포함시키곤 한다. 또한 애국가, 성가 등을 노래하면서 그들의 시민의식과 종교적 결연을 입증하기도 한다.

여덟 번째는 문화의 연속성과 안정성에 대한 기여(contribution to the continuity and stability of culture)의 기능으로, 음악이 문화적 가치를 표현한다는 것이다. 즉, 음악은 사회 구성원들에게 그들의 세계가 올바른 방향으로 계속해서 나아가고 있다고 확신시키는 역할을 한다. 예를 들어 민요는 그 문화권에 속해 있는 사람들과 후손들에게 과거의 문화를 이어주는 역할을 할 수 있다. 음악은 유아와 문화적 전통을 이어주는 연결고리 역할을 하며, 유아가 속한 민족의 문화적 가치를 유아의 삶에 반영하는 역할을 한다.

아홉 번째는 사회 통합에 기여(contribution to the integration of society)하는 기능으로, 음악을 통해 사람들을 결속시키는 것을 말한다. 즉, 음악이 사람들을 불러들이고 격려하며, 개인들이 집단 활동에 참여하도록 독려한다는 것이다. 유아에게 있어 '사회'는 자신의 가족, 유아교육기관, 또래집단, 지역사회이다. 유아는 집단 구성원들 간에 공유되는 음악을 통해 소속감을 느끼며 친밀감을 도모한다. 예를 들어 유치원이나 어린이집 원가를 부르면서 다른 유아들과 유대감을 형성하기도 하고, 노래게임을 하면서 집단의 결속을 다지기도 한다. 가정이나 유아교육기관에서 다른 사람들과 함께하는 음악적 경험은 자신이 속한 사회적 집단에 대한 소속감과 결속력을 증대시키는 역할을 한다.

Hargreaves와 North(1999)는 음악의 기능을 개인의 일상적인 삶에서 작용하는 음악의 사회적 기능과 연계하여 개인 내(intraindividual), 개인 간(interindividual), 사회적 위치(social-positional), 이념적(ideological) 수준에서 설명하고 있다. 개인 내 수준에서 음악은 개인의 자아개념을 강화하며, 개인 간 수준에서는 동료들과의 의미 있는 음악 연주 및 감상을 통해 상호관계적 중요성을 반영하고, 사회적 위치 수준에서는 음악을 통해 교우관계의 방법과 청소년기의 집단 존재감을 반영하며, 마지막으로 이념적 수준에서는 사회적 가치와 문화를 배우고 인간을 돕는 음악의 역할을 반영한다.

Clayton(2009)은 개인과 그가 속한 사회문화적 배경과의 상호작용에 기반을 두고 다음의 네 가지로 음악의 기능을 정리하였다.

첫째, 개인의 정서적·인지적 또는 생리적 상태의 조절 기능이다. 음악적 행위는 생리적 측면에 영향을 미치는데, 노래를 부르는 것은 호흡과 자세에 영향을 줄 뿐만 아니라 많은 악기들이 양손 협응 기술(bimanual coordination skill) 발달을 촉진한다. 이러한 생리적 변화는 인지적, 정서적 상태에 영향을 주므로 많은 문화에서 음악이 사고와 감정을 조절하기 위해 사용된다.

둘째, 자신과 다른 존재 간 중재 기능이다. 음악은 아주 오랫동안 일반적인 언어적 의사소통이 부적절하다고 여겨지는 상황에서 상호작용의 도구로 사용되어 왔다. 여기에서 말하는 다른 존재는 신과 같은 영혼이 될 수도 있으며 타인이 될 수도 있다. 예를 들어 종교적 의식에서 신과의 대화를 위해 노래를 사용되는 경우가 이에 속할 수 있으며, 일상적인 언어로는 표현할 수 없는 감정적 상태를 표현하기 위해 노래를 부르거나 많은 수의 사람들과 친밀한 의사소통을 위해 노래를 사용하는 경우 등이다.

셋째, 상징적 표상 기능이다. 때론 표정이 말보다 인간의 감정 상태를 더 정확하게 표현하듯이, 음악 또한 인간의 감정을 말보다 좀 더 섬세하게 나타내 주기도 한다. 또한 언어와는 달리 음악적 상징은 정체성(identity)과 서로 다름(alterity), 신체적 움직임, 자신과 다른 존재 간의 관계에 중점을 두는 경향이 있다.

넷째, 행동 조정 기능이다. 인간은 외부의 소리 또는 다른 사람의 몸짓과 말투에 자신의 행동을 맞추는 경향이 있으며, 다른 사람들과 통합된 행동을 이끌어 내기 위해 음악을 사용할 수 있다. 그러나 많은 경우 이러한 기능을 수행하기 위해서는 감정상태 공유 또는 이념 공유의 발현과 관련된 동류의식(fellow feeling)이 발달되어야 한다.

Clayton(2009)에 의하면 음악적 행동은 자신과 다른 존재 간의 관계를 전개해 나가는 데 작용되는 것으로, 위에서 제시한 기능들이 개별적으로 적용되기보다는 서로 밀접한 관계를 맺으며 동시에 작용한다고 한다.

2. 유아음악교육의 중요성 및 목적

음악은 음악 자체의 고유한 가치뿐만 아니라 인간의 전반적인 발달을 증진시키는 역할을 한다. 음악은 인간의 뇌를 충전시키며 활성화시킬 뿐만 아니라, 주의집중을 강화하고 기억력을 향상시키며 자기표현을 위한 창의적 출구를 제공한다(Jensen, 2002; Page, 1995; Swanson, 1969). 즉, 영유아의 흥미와 발달적 요구에 적절한 음악활동은 영유아의 발달을 다각적으로 지원할 수 있으며, 음악을 통해 영유아는 자신의 생각과 감정을 표현할 수 있는 창의적인 통로를 만들어 낼 수 있다. Jensen(2001)은 음악이 뇌의 다양한 영역들을 연결하고 조율하는 신경 점화패턴을 활성화시키고 동기화함으로써 인간의 사고(thinking)를 돕는다고 주장하였으며, 특히 공간추론, 창의성 및 일반적 수학기술 증진에 도움을 준다고 한다.

발달심리학자이며 신경심리학자인 Gardner(1983)는 자신의 다중지능이론에서 제시한 일곱 가지 지능[1)]에 음악지능을 포함시켰으며, 음악이 인지능력을 조직하는 데 매우 중요한 역할을 한다고 강조함으로써 인지발달에 있어 음악의 중요성을 강조하였다. 음악지능은 자신의 감정을 음악적으로 잘 표현하며 소리가 갖는 다양한 특질인 음조, 리듬, 멜로디, 음색에 매우 민감하게 반응하고 이를 표현할 수 있는 능력으로, 음악에 대한 전반적인 이해와 분석적이고 기능적인 능력 모두를 의미한다. 음악지능은 다중지능의 여러 능력 중에서 가장 초기에 나타나는 것으로 임신 4~5개월경부터 발달하기 시작하며, 생후 2개월부터 영아는 엄마의 노래에서 가락, 음량, 음의 윤곽 등을 감지할 수 있다고 한다(Gardner, 1983, 2006; Greata, 2006). Gardner(1983)에 의하면 영유아의 부모 및 양육자, 유아교육기관의 교사는 영유아의 지능발달에 지대한 영향을 미치며, 영유아의 잠재적 능력이 최대한 발현되기 위해서는 다중지능이론에서 제시된 모든 유형의 지능이 생애초기부터 충분히 고무되어져야 한다. 인간의 다중지능에 음악지능을 포함시킨 Gardner의 이론은 음악의 중요성과 가치에 대한 학계 내·외의 인식을 극적으로 바꾸어 놓았다(Reimer, 2003).

1) 현재는 초기에 제시한 일곱 가지 언어, 수리-논리, 음악, 공간, 신체운동, 대인관계, 자기성찰 지능 이외에 자연주의 지능과 실존적 지능을 포함시켜 아홉 가지로 제시하고 있음. 다중지능이론에 의하면 인간의 지능은 서로 독립적이고 다른 아홉 가지 유형의 능력으로 구성됨. 즉, 다중지능이론은 지능을 하나의 일반적인 능력에 의해 지배되는 것으로 보기보다는 특정한 '양식'으로 구분함.

Forrest(1999)에 의하면 음악은 인간의 잠재력 발달에 있어 필수적인 것으로 출생부터 죽음에 이르기까지 삶의 부분을 이루므로, 유아교육기관은 영유아가 정선되고 안전한 환경에서 자신의 음악적 잠재력을 마음껏 탐색할 수 있는 기회를 제공해야 하며, 음악활동을 통해 영유아가 자존감을 발전시키고 음악에 대한 열의를 가질 수 있도록 긍정적인 경험을 제공해야 한다고 제언하고 있다.

인간이 음악 소리에 주의를 기울이는 것은 영아기부터 나타나는 것으로, 많은 연구들에 의하면 생후 6개월경 영아들은 이미 음악에 주의를 기울이며, 생후 1년이 되기 전에 다른 사람들과 '음악적 대화(musical conversation)'를 시도할 뿐만 아니라 음악에 맞추어 몸을 움직인다고 한다. 이러한 맥락에서 볼 때 음악적 경험은 영유아의 자연적인 요구에 의해 태어나면서부터 지속되는 것이라고 할 수 있다. 따라서 계획된 음악적 경험 즉, 음악교육 또한 생애 초반기부터 시작되어야 하며, 영유아기는 음악적 발달에 있어 매우 중요한 시기이므로 영유아의 발달적 특성을 잘 이해하고 이에 적합한 음악적 경험을 제공해야 한다(McDonald, 1979).

유아교육에서 음악교육의 목적은 전문적인 음악인을 양성하는 것이 아니라 영유아가 음악의 아름다움을 느끼고 즐기며, 음악을 통해 자신의 감정 및 생각을 표현하고, 이러한 음악적 경험을 바탕으로 전인적 발달을 도모하는 것이다. 음악교육의 목적은 '음악으로의 교육(Music in Education, MIE)'과 '음악을 통한 교육(Education through Music, ETM)'의 입장에서 생각해 볼 수 있다. MIE접근에서 음악교육의 궁극적인 목적은 음악적 능력 자체를 발달시키는 것으로, 유아가 자신이 듣고, 노래하고, 연주하고, 만들어내는 음악을 즐길 뿐만 아니라 이에 대해 개념화하는 것을 목적으로 한다. 즉 음악에 대한 흥미 및 음악적 능력 개발과 증진에 관련된다고 할 수 있다. ETM접근에서 음악교육의 목적은 음악활동을 통해 다양한 영역의 유아 발달을 도모하는 것이다(Campbell & Scott-Kassner, 2006).

1887년부터 1982년까지 거의 100년에 걸쳐 출판된 음악교육 관련 서적을 분석하여 음악의 교육적 의의에 대한 목록을 정리한 Draper와 Gayle(1987)은 유아를 위한 음악교육의 총체적 의의 및 목적을 다음의 일곱 가지로 정리하였다.

첫째, 자기표현(self-expression)과 창조적 즐거움(creative pleasure)을 발달시킨다.

둘째, 심미적 감각(aesthetic sense)을 발달시킨다.

셋째, 운동(motor) 및 리듬 발달을 촉진시킨다.

넷째, 문화유산(cultural heritage)을 고취시킨다.

다섯째, 발성(vocal) 및 언어발달을 촉진시킨다.

여섯째, 인지발달과 추론적 사고를 촉진시킨다.

일곱째, 사회적 기술을 발달시킨다.

2014년 개정된 미국음악교육협회(NAfME)의 유아기(prekindergarten)부터 8학년까지를 위한 음악표준(music standard)에서는 음악교육의 목적을 음악적 문해(musical literacy) 습득에 초점을 두고 있으며, 창작하기(creating), 연주하기(performing), 반응하기(responding)의 예술적 과정을 통해 학습자의 능력을 체계적으로 양성하고자 한다. 학습자의 단계는 학년별로 나뉘어 있으며(유아기는 Prekindergarten과 Kindergarten으로 구분됨), 각 단계별로 창작하기, 연주하기, 반응하기 영역에 13~19개의 성취기준(학습목표)을 설정해 놓았다. NAfME(2014)에 의하면 '모든 유아는 음악을 할 권리가 있으며, 음악적 경험은 유아교육기관에 있는 모든 유아들에게 성별, 문화, 언어, 사회경제적 지위, 주거지역에 관계없이 매일의 일과와 놀이 환경에 통합되어야 한다.'

3. 유아음악교육의 구성요소

McDonald(1979)에 의하면 유아교육현장에서의 음악교육은 영유아, 음악, 교사의 세 가지 요소로 구성된다. 각 구성요소별로 유아음악교육에서 고려해야 할 사항을 정리하면 다음과 같다.

1) 영유아

영유아는 각자의 경험과 성숙에 기초한 다양한 수준의 음악적 능력을 지닌다. 이러한 개인차는 리듬, 악기사용, 듣기와 관련된 기술 등에서도 나타난다. 따라서 영유아를 위한 음악교육과정을 구성할 때 영유아의 연령에 기초한 발달적 수준 이외의 다양한 요소에 대한 고려가 이루어져야 한다. MENC(Music Educators National Conference)에서는 유아음악교육과 관련하여 다음과 같은 신념을 발표하였다(Edward et al., 2009 재인용).

첫째, 모든 유아는 음악적 잠재력을 가지고 있다.

둘째, 유아는 음악에 대한 자신만의 독특한 흥미와 능력을 지니고 있다.

셋째, 아주 어린 유아도 음악적 아이디어를 통해 비판적 사고를 발달시킬 수 있다.

넷째, 음악교육에 임하는 유아들의 배경은 다양하다.

다섯째, 유아들은 질적으로 훌륭한 음악적 소리, 활동 및 자료를 경험해야 한다.

여섯째, 유아음악교육에서는 수행목표(performance goals)를 충족시키는 것이 강조되지 않아야 한다.

일곱째, 유아에게 있어 놀이는 일(work)이다.

여덟째, 유아는 기분 좋은 물리적·사회적 환경에서 가장 잘 학습한다.

아홉째, 개별유아의 발달적 요구를 충족시키기 위해 다양한 학습 환경이 제공되어야 한다.

열째, 유아에게는 영향력이 있는 성인 모델이 필요하다.

2) 음악

영유아를 위한 음악교육은 영유아가 친숙한 음악에서부터 시작하는 것이 가장 좋다. 영유아에게 있어 음악이란 무엇보다도 자기표현을 위해 사용되는 소리이며, 영유아는 타고난 소리 탐색가일뿐만 아니라 음악의 창조자이다. 이러한 탐색의 과정과 산물은 음악교육에서 중요하게 다루어져야 한다. 영유아는 자라나면서 자신이 배운 기존의 노래와는 다르게 재미있고 독특한 방식으로 멜로디를 구성하여 실험적이면서 즉흥적인 노래를 만들어 낸다. 또한 언어적 기술이 발달하게 됨에 따라 일상적으로 사용하는 어휘 패턴이 노래로 전환되기도 하며, 리드미컬한 말투가 읊조리는 노래(chant)가 되기도 한다. 또한 악기를 탐색하면서 악기의 음색과 리듬을 결합시켜 색다른 곡을 만들어내기도 할 것이다.

3) 교사

영유아의 발달적 수준 및 요구에 맞추어 음악적 경험을 제공하기 위해 교사는 영유아가 자발적으로 행하는 음악관련 활동에서 영유아가 '음악적으로 무엇을 하고 있는지(what children are doing musically)' 정확하게 인식해야 한다. 이렇게 인식한 내용을 기초로 교사는 조직적인 계획을 함으로써 영유아의 음악적 기술 발달을 독려하고, 확장하며, 지원할 수 있다. 그러나 영유아에게 제공하는 음악적 경험을 정해진 계획에 따라 제공하는 것뿐만 아니라, 일과 속에서 다양한 활동에 포함시켜 통합적으로 제공하는 것도 중요하다. 또한 교사에 따라 자신의 음악적 능력에 대해 걱정하면서 영유아들과 음악활동을 하는 것 자체를 꺼려하는 경향이 나타나기도 하는데, 영유아들과 음악활동을 하는 데 있어 교사가 반드시 노래를 잘 부르거나 악기를 잘 연주할 필요는 없다. 무엇보다도 중요한 것은 영유아들이 하는 것을 잘 듣고 그들의 음악적 반응을 잘 관찰하며, 이에 기초하여 영유아를 위한 음악적 경험을 잘 구성하여 제공하는 것이다.

관련 연구에 의하면 대부분의 유아교사들은 인지, 언어, 사회, 정서, 신체발달에 대한 지식에 비해 영유아의 음악적 발달에 대해서는 잘 모르는 경향이 있다고 한다. UNESCO(2002)에 의하면 절반 정도의 유아교사들은 영유아들에게 예술적 활동, 특히 음악활동을 제공하기 위해 필요한 기술을 자신이 갖추고 있지 못하다고 느낀다.

Greata(2006)는 유아교육현장에서 영유아에게 음악교육을 하는 유아교사들의 음악과 관련된 특성에 대해 다음과 같이 정리하고 있다.

첫째, 대부분의 교사들은 제한된 음악적 배경을 가지고 있다. 이러한 특성은 다양한 음악활동 시도와 관련된 자신감에 영향을 줌으로써, 결국 영유아에게 제공하는 음악활동의 범위를 제한시키게 된다.

둘째, 대부분의 교사들은 영유아의 전반적 발달과 음악발달과의 관계를 이해하는 데 필요한 영유아기 음악에 대한 충분한 교사교육을 받지 못하고 있다. 유아교사가 영유아의 음악적 잠재력 발달에 대해 관심을 갖기 위해서는 음악적 잠재력이 영유아의 전 생애에 미치는 영향에 대해 우선적으로 이해해야 한다(Carlton, 1995).

셋째, 대부분의 교사들은 음악적 성장 자체의 가치를 잘 이해하지 못하며, 음악을 단순히 교수도구(teaching tools)나 전이(transition)를 위한 도구로 사용하는 경향이 있다.

넷째, 대부분의 교사들은 영유아의 음악적 성장에 대해 잘 이해하지 못하며 이에 적절한 음악활동을 제공하지 못하고 있다.

유아교사의 음악에 대한 개인 배경 및 경험은 교사가 영유아에게 제공하는 음악적 경험에 영향을 준다(McDonald & Simons, 1989; Stauffer et al., 1998). 유아교육기관에서 질 높은 음악교육을 제공하기 위해서는 교사가 음악교육의 기술적 측면에 대한 자신감을 가지는 것이 중요하다(Gharavi, 1993; Kane, 2005; Koca 2013). 따라서 다음의 내용들이 교사교육에서 다루어져야 한다(Stauffer et al., 1998; Greata, 2006).

첫째, 교사는 개별 영유아의 음악적 본성(musical nature)과 교실에서 다루어지는 개념(concepts) 간의 관계를 알아내기 위해 영유아를 관찰한다.

둘째, 음악에 대한 이전 경험의 질이나 양에 관계없이, 교사는 자신의 음악적 능력을 발전시키고 음악관련 레퍼토리를 확장하도록 노력한다.

셋째, 교사는 노래 부르는 방법을 알아야 하며, 영유아들이 노래를 듣고 따라 부르기에 적합한 조(key)에 대해 알아야 하고, 리듬악기를 다루고 연주하는 방법에 대해 알아야 한다.

넷째, 영유아의 음악적 성장을 위해 교사는 음악에 대한 지식과 교수기술뿐만 아니라 영유아의 음악적 성장의 중요성을 이해하고 이를 위해 전념하는 것이 필요하다.

Scott-Kassner(1999)는 음악교육을 수행하는 유아교사가 갖추어야 할 특성을 다음과 같이 제시하였다.

첫째, 유아의 개별적 특성을 존중하며, 참을성과 다정함을 갖추고 유아를 대한다.

둘째, 유아가 자신이 원하는 방향을 추구하도록 기회를 주며, 유아가 만들어 내는 아이디어를 함께 즐기고, 다양한 음악적 자원을 활용함으로써 유연하게 유아에게 반응한다.

셋째, 견고한 음악적 소양을 갖추며, 잘 듣고, 잘 노래 부르며, 잘 움직일 수 있는 능력과 유아들이 사용하는 악기에 대한 지식을 갖춘다.

넷째, 유아 발달의 모든 영역(사회적, 정서적, 신체적, 인지적, 음악적)에 대해 이론적 측면뿐만 아니라 실제적 측면을 잘 이해한다.

다섯째, 진심어린 마음으로 자발적으로 음악을 즐기며 창작하는 음악제작자(music maker)가 된다.

여섯째, 유아의 즉흥연주와 작곡에 마음을 열고 이를 가치롭게 여긴다.

일곱째, 개별 유아의 성장을 반영하며, 정해진 계획안을 엄격하게 따르기보다는 융통성 있게 조절하고 지도하는 등 예리하게 관찰하고 심사숙고한다.

여덟째, 다양한 문화권의 노래 등 유아를 위한 폭넓은 음악 레퍼토리를 알고, 이를 상황에 적절하면서도 자연스럽게 사용할 수 있다.

아홉째, 유아의 성장에 대해 문서화하는 과정을 중요시한다.

4. 음악과 발달 영역

음악은 음악 그 자체로도 고유의 가치를 가지고 있으나, 영유아의 인지, 언어, 사회, 정서, 신체 및 창의성 발달을 증진하는 데 중요한 역할을 한다. 다음은 음악과 다양한 발달영역 간의 관계를 정리한 것이다.

1) 음악과 뇌 발달

뇌신경학자인 Diamond(1998)에 의하면 학습은 뇌에 물리적인 영향을 행사하며, 환경적 자극에 대한 반응으로 뇌가 성장한다고 한다. 이는 음악활동이 영유아의 뇌 발달에 영향을 미침을 시사하는 것으로, 실제로 미국 USC대학교 '뇌와 창의성 연구소'의 연구에서는 유아기 음악적 경험이 뇌 발달을 촉진시키는 것이 확인되었다(Brown, 2019). 최근 들어 음악과 뇌 발달과의 관계에 대해 많은 연구들이 이루어졌으며, 음악이 뇌의 감각운동영역(sensorimotor area), 청각영역(auditory area) 및 다양식 통합영역(multimodal integration areas) 등과 같은 음악에 관련된 뇌 영역의 구조적, 기능적 측면에 영향을 미침이 밝혀졌다. 특히 아동을 대상으로 한 연구에서도 아동기 음악 훈련이 뇌의 기능적 측면 및 구조적 측면에 영향을 준다고 한다(Overy et al., 2004; Koelsch et al., 2005; Fujioka et al., 2006; Hyde et al., 2009).

2) 음악과 언어발달

인간은 소리를 해독할 수 있는 능력을 타고나며, 음악은 이러한 내적 능력을 증진시키는 것을 돕는다. 음악과 언어는 의사소통에 대한 욕구의 결과이며 의사소통을 위한 방법이 된다는 점에서 공통적인 특징이 있을 뿐만 아니라 표현 및 적용방식이 유사하므로, 영유아가 음악을 알아가는 과정과 언어를 구사하는 것을 습득하는 과정은 매우 비슷하다(McGirr, 1995; Raisner, 2002). 최근 연구에 의하면, 음악교육은 언어를 관장하는 좌뇌 부분을 발달시키며 뇌회로를 특유한 방식으로 연결하는 것으로 나타났다(Brown, 2019). 음악과 언어발달에 대한 연구에 의하면 음악활동은 유아의 수용언어 및 표현언어 발달을 촉진하는 것으로 나타났으며(김경미, 2009; 황성숙, 2004), 유아의 언어발달에 필요한 문법의 하위요소 습득을 돕는다고 한다(차은진, 2013).

3) 음악과 정서발달

음악과 정서지능의 관계를 알아본 연구에서 음악이 유아의 정서지능 하위영역(정서인식과 표현, 타인인식과 타인조절능력, 대인관계능력)의 향상에 영향을 주는 것으로 나타났으며(음경미, 2014), 음악지능이 높을수록 정서지능이 높게 나타났다(유은화, 2014). 음악은 인간의 감정을 표현하는 수단으로 적절할 뿐만 아니라 음악을 통해 자신의 감정을 자유롭게 표현할 수 있으므로, 언어발달이 미흡한 영유아들의 정서능력을 증진하는 데 음악이 기여할 수 있을 것이다.

4) 음악과 창의성 발달

Arnoff(1980)는 음악활동이 창의성을 증진시킨다고 한다. 유아가 자신의 생각과 느낌을 다양한 방식으로 탐색하고 시도하며, 자유롭고 독창적으로 표현해 보는 기회를 제공하는 음악활동은 창의성 발달에 긍정적인 영향을 줄 수 있다. 음악을 통한 창의성 발달에 대한 연구에 의하면 음악은 유아의 창의성 향상에 효과적이며(김현실, 2015), 신체표현을 이용한 음악활동이 창의성에 긍정적인 영향을 미치는 것으로 나타났다(이여일, 2005). 또한 많은 연구에서 그림책을 활용한 음악활동이 유아의 창의성에 긍정적인 영향을 미치는 것으로 나타났다(김소향·안경숙, 2011; 문성숙, 2013; 양승희·임명희, 2011).

5) 음악과 사회성 발달

Hargreaves 등(2003)에 의하면 대부분의 음악활동은 혼자서 이루어지기보다는 다른 사람들과 함께 이루어지기 때문에 기본적으로 사회적인 활동이다. 따라서 음악활동은 영유아의 사회적 기술을 증진시키는 데 기여한다. 즉, 영유아는 음악을 통해 자신의 감정을 조절하고 표현하며 타인의 감정을 이해하게 되므로, 음악활동에 참여하는 것은 자아개념 발달 및 자기통제뿐만 아니라 타인과의 상호작용으로 인한 사회성을 촉진한다(장혜원, 2009; Pugh & Pugh, 1998).

6) 음악과 인지 발달

Jensen(2001)은 음악이 인간의 사고(thinking)를 돕는다고 주장하였으며, 특히 공간추론, 창의성 및 일반적 수학기술 증진과 관련이 있다고 했다. 수학과 음악 통합교육을 받은 만 6세 아동의 경우 수학적 능력이 향상되었으며(Graziano et al., 1999; Hetland, 2000), 수학과 음악 통합 집단게임 활동은 유아의 수학능력 향상에 긍정적인 영향을 미친다고 한다(박진성·신현정, 2009).

CHAPTER 02

영유아 발달과 음악

발달이란 지식과 능력에 있어 일생동안 발생하는 점진적인 변화를 말하는 것으로 음악적 능력 발달에 대한 최근 연구들은 음악성에 필수적인 기술 발달이 태아기부터 시작하여 성인기까지 지속적으로 이루어진다고 한다. 특히 음정에 맞추어 노래 부르기, 음악에 맞추어 움직이기, 음악에 정서적으로 반응하기 등과 같은 기술들은 인지발달 등과 같은 다른 일반적 발달과 연계된다. 따라서 본 장에서는 영유아의 연령별 발달 특성 및 흥미를 개괄적으로 살펴보고, 음악적 발달 특성을 영유아의 연령별 발달특성과 연계하여 구체적으로 제시하고자 한다.

1. 영유아의 일반적 발달 특성 및 흥미

1) 0~6개월

(1) 신체적 발달

- 시각적 초점이 성숙함: 눈으로 물체의 움직임을 따라감
- 어떤 곳에서 소리가 나는지 알고 그쪽을 봄
- 손을 조절할 수 있게 됨: 물체를 손으로 치고, 손을 뻗어 잡음
- 발을 탐색함: 발을 입에 갖다 대고 탐색함
- 도움을 받아 앉음
- 구르기, 갑자기 움직이기, 흔들기 등 대근육 놀이를 함

(2) 지적 발달

- 눈과 귀로 주변을 탐색하고, 손과 발 그리고 입을 사용하여 탐색하기 시작함
- 자신의 행동이 주변에 영향을 끼치는 것을 즐김
- 친숙한 사람, 물체, 사건들을 인식하기 시작함

- 낯설거나 새로운 사람, 물체, 사건들을 인식하기 시작함
- 특정한 사람, 물체, 사건들을 뚜렷이 선호하기 시작함
- 자신이 할 수 있는 범위 내에서 간단한 동작을 따라 함
- 한 번에 한 가지 행동만 함

(3) 사회적 발달

- 사람에게 특별한 관심을 보임(특히 얼굴, 목소리에)
- 얼굴, 목소리, 거울 형상에 미소 지음
- 사람의 얼굴이 보이거나 목소리가 들릴 때 울음을 그침
- 친숙한 얼굴을 구별하고 선호함
- 옹알거리고, 소리 내어 웃고, 소리 놀이를 시작함
- 다른 사람의 목소리를 듣고 낼 수 있는 소리는 흉내 냄

2) 7~12개월

(1) 신체적 발달

- 혼자 앉기 시작함
- 기기 시작하며 물건에 다가감
- 물건을 잡고 일어서고, 가구를 잡고 걸으며, 10~16개월경에는 혼자 걷기 시작함
- 움직이려고 하며 운동기능을 실행하려고 함
- 손가락을 사용하여 집을 수 있게 되며, 한 손으로 물건을 집고 다른 손으로 조작하기 시작함
- 물건을 세게 두드리고, 끼워 넣고, 찌르고, 비틀고, 찌그러뜨리고, 떨어뜨리고, 흔들고, 깨물고, 던지고, 열고/닫고, 밀고/잡아당기고, 비우고/채우

고, 질질 끌고 다니려고 함
- 목욕놀이를 즐김: 물을 발로 차거나 튀김

(2) 지적 발달

- 물건이나 사람이 나타났다 없어졌다 하는 것에 흥미를 가짐: '물체의 영속성'이 발달함(11개월경부터 눈앞에 없는 것을 찾기 시작함)
- 용기와 용기 속 내용물 간의 관계에 흥미를 가짐: 찬장, 서랍, 물건 담는 상자 등을 비우는 것을 좋아함
- 물체를 놓거나 떨어뜨리는 것에 흥미를 가짐
- 탐구하는 것을 좋아함
- 간단한 기구를 작동하는 것을 좋아하며(열고/닫고, 당기고/밀고) 그 결과를 즐김
- 사람, 물체, 게임, 놀잇감을 가지고 하는 활동 등을 기억함: 지속적으로 활동하며, 새로운 활동에 흥미를 보임
- 그림책에 흥미를 갖기 시작함

(3) 사회적 발달

- 낯선 사람을 두려워하거나 변화에 반응함: 주변의 친근한 사람과 가장 잘 놂
- 다른 사람들을 관찰하고 흉내 냄
- 사회적 승인과 비난에 민감함
- 다른 사람의 관심을 끄는 것과 사회적 영향을 행사하는 것에 흥미를 보임
- '까꿍놀이'나 '안녕' 같은 단순한 사회적 게임을 즐김
- 옹알이를 하며 언어놀이를 함: 소리를 흉내 내려고 함
- 자신의 이름을 인식하며 명명된 사물을 지적하거나 단순한 지시를 따를 수 있음

3) 1세

(1) 신체적 발달

- 신체적 기술을 끊임없이 연마함
- 힘껏 끌고, 꿍하고 떨어뜨리고, 밀고, 당기고, 쌓고, 무너뜨리고, 비우고, 채우는 것을 좋아함
- 오르기를 좋아함: 높지 않은 실내 계단을 오를 수 있음
- 탐구적인 조작활동을 함
- 복잡한 작은 사물에 적극적인 흥미를 보임
- 2세경에는 큰 공을 차거나 잡을 수 있음
- 2세경에는 큰 구슬을 줄에 끼우고, 손잡이를 돌리고, 나사를 돌리는 동작을 할 수 있음

(2) 지적 발달

- 원인에 따른 결과를 일으키는 것에 흥미를 가짐
- 움직이거나 움직일 수 있는 기구와 사물에 흥미를 가짐: 움직이는 놀잇감을 좋아함
- 사물을 다른 사물과 결합시킴: 단순한 블록 구조물을 만들며, 단순한 퍼즐을 맞춤
- 호기심이 상당히 많음: 사물을 계속해서 실험함
- 1세 반이나 2세경에는 유사한 사물을 찾아냄: 단순 분류 놀잇감을 좋아함
- 사물을 인지함(해당 사물을 손가락을 가리킴): 책에 있는 그림을 인지할 수 있음
- 물놀이, 모래놀이를 즐김
- 종이에 표식을 하거나 자발적으로 낙서를 함
- 모방놀이가 시작됨: 어른들이 하는 것을 흉내 냄

(3) 사회적 발달

- 대부분 혼자놀이를 함: 또래보다는 어른들과 관계 함
- 어른들이 하는 것을 모방하려고 함
- 다른 사람들에 대한 애정을 표현하며, 특정 놀잇감이나 인형에 대한 선호를 보임
- 책 읽어 주는 것을 듣고 그림책 보는 것을 좋아하며, 동요나 자장가 듣는 것을 좋아함
- 1세 반경에는 '술래잡기'와 같은 상호작용적 게임을 즐김

4) 2세

(1) 신체적 발달

- 단순한 대근육 운동 기술은 거의 숙련됨
- 신체적 능력을 많이 시험함: 높은 곳에서 뛰어내리기, 오르기, 팔로 매달리기, 구르기, 말 뛰기, 재주넘기, 거친 놀이 등을 함
- 모든 종류의 사물을 던지고 다시 가져옴
- 바퀴달린 것 위에 앉아 잘 조종하며 밀고 다닐 수 있음
- 2세반이나 3세경 손과 손가락의 협응이 잘됨
- 작은 사물을 가지고 적극적으로 놀이함: 놀잇감의 서로 다른 특성을 탐색함

(2) 지적 발달

- 사물의 특성에 흥미를 가짐: 재질, 모양, 크기, 색깔
- 유사한 사물끼리 서로 짝지을 수 있음
- 형태, 순열, 크기 순서대로 맞추는 놀이를 함
- 수 세기 기술이 나타나기 시작함

- 창의적 활동이 나타나기 시작함(그림 그리기, 구성하기, 찰흙놀이 등): 아직까지는 결과보다는 과정이 더 중요함
- 시행착오를 하기보다는 점진적인 문제해결을 실행하기 시작함
- 상상적 환상놀이가 증가함
- 혼자 또는 어른과 상상놀이를 하며, 놀잇감으로 다른 놀잇감에게 행위를 할 수 있음(인형이 장난감 전화기로 전화하는 척 하는 등)

(3) 사회적 발달

- 아직까지 주된 관심은 부모(주양육자)에게 두고 있으나 또래들과 협동하여 놀이하기 시작함(대략 30개월에서 36개월경)
- 다른 사람에게 자신이 원하는 것을 말로 표현함
- 다른 사람들과 함께 가상놀이를 할 수 있음
- 그림책에 있는 단순한 이야기 듣기를 즐김: 특히 반복적인 이야기를 좋아함
- 혼자 힘으로 하려는 강력한 욕구가 있음: 무엇인가를 혼자 힘으로 성취했을 때 자랑스러워함

5) 3~5세

(1) 신체적 발달

- 회전하기, 높이뛰기, 오르기, 균형 잡기 등을 함: 5세경이 되면 대근육 운동기술이 아주 잘 발달됨
- 위험을 즐기며, 신체적 내구력과 기술을 시험함: 재주부리기와 실외놀이기구를 좋아함
- 손가락 조절력이 증가함: 작은 물체를 집을 수 있고, 가위로 선을 따라 오릴 수 있으며, 어른처럼 연필을 쥘 수 있고, 작은 구슬을 줄에 끼울 수 있음

- 능숙하게 쌓기를 함
- 5세가 되면, 단순한 규칙과 점수 매기기가 있는 게임에 초보적인 흥미를 보임

(2) 지적 발달

- 일반적인 형태와 기초 색을 인식하고 구별함
- 단순한 수 세기 활동, 문해 활동, 대응하기/분류하기 등에 흥미를 가짐
- 5세가 되면, 동시에 하나 이상의 특성을 고려하여 분류하고 대응함
- 4세경, 목적적이 되며 계획을 함
- 무엇인가를 계획하고 놀이세계를 구축해 가는 것에 흥미를 가짐
- 표현적인 그림을 그리기 시작함
- 현실적인 것을 선호함
- 자연, 과학, 동물, 시간, 사물의 쓰임새에 대해 흥미를 가짐
- 극화놀이에 대한 관심이 고조에 달함: 어른이 하는 일들을 재현하며 의상이나 소품을 사용함

(3) 사회적 발달

- 나누기와 차례 지키기를 시작하며, 페어플레이에 대한 개념을 배워감
- 5세가 되면, 협동적이고 실질적이며 규범적인 놀이를 함
- 집단 극화놀이에 흥미를 가짐
- 지는 것을 싫어하므로 경쟁적인 놀이를 하는 데 어려움이 있음
- 놀이 역할과 흥미에 있어 성차가 좀 더 나타남
- 책을 보는 것과 책에 있는 이야기 듣는 것을 즐김

2. 영유아의 음악적 발달 특성

인간의 청각적 능력은 임신 5개월에 완전히 발달하며, 임신 중 태아는 엄마 심장박동의 리듬, 엄마 목소리의 선율과 음색, 엄마를 둘러싼 환경의 다양한 소리에 대한 경험을 한다. 또한 영아에게 성인들은 '엄마말투'라고 불리는 음이 높고 가락이 있는 어투를 사용하는데 이러한 음악적 말투, 아기를 어르는 리듬, 자장가 등을 통해 영아는 성인과 친밀한 상호작용을 하게 된다. 특히 자신을 돌보아 주는 성인들과의 친밀한 유대관계는 인간에 대한 신뢰를 형성하는 데 중요한 역할을 하며, 영아와 음악적 경험을 공유하는 데 있어서도 매우 중요한 조건이다. 또한 생후 1년 동안 출생 시의 과잉된 신경작용이 전정과정을 통해 조정되면서 영아는 소리를 구별하고 재생산하게 되므로, 최상의 음악적 모델과 반응 기회를 제공함으로써 영아가 갖고 태어난 성장잠재력을 촉진하는 것이 필요하다.

영아기는 반복적 과정을 통해 숙달하게 되는 기능놀이가 활발한 시기로서 발성, 자신이 타인에게 기대하는 것을 나타내기 위한 신체적 표현, 리듬타기 등을 통한 음악적 기능놀이는 영아발달에 있어 매우 중요하다. 또한 신체동작과 언어사용의 증가는 영아의 독립심을 나타내는 수단이 되는데, 이를 위해 신체움직임을 위한 넓은 공간이 필요하며, 쉽고 반복적인 노래를 많이 접하고 경험하는 것이 필요하다. 영아기에는 음악양식의 변화에 대해 민감하게 반응하여 다양한 형태의 리듬타기를 보여 주기도 한다.

유아기에는 자신의 정서적·심동적 상태를 조절하기 위해 음악을 사용할 수 있다. 즉, 친숙한 노래를 듣거나 부름으로써 흥분을 가라앉히거나, 스스로 위로하고, 기분을 전환하기도 한다. 또한 익숙하지 않은 상황에서 익숙한 노래를 부름으로써 안정을 찾기도 하는데, 이는 이행 대상(transitional object)으로 음악을 사용하는 것이다. 또한 유치원이나 어린이집 같은 공적 환경에서 친구들과 함께 노래를 부름으로써 서로 연결되는 경험을 하게 되며, 이를 통해 가족을 넘어 친구에게로 소속감을 확장하는 기회를 갖게 된다. 이 시기의 유아는 음악활동에 매우 흥미를 가지며, 적절한 환경이 주어질 경우 적극적이며 창의적으로 음악 활동에 참여할 수 있다. 또한 극화놀이를 통해 '내러티브' 형태를 알게 됨으로써 '이야기'를 활용하게 됨에 따라 음악극에 참여하거나 만드는 것이 가능하게 된다. 이 시기에는 신체로 음악을 경험하는 것이 매우 적절하며, 유아의 신체적이고 은유적인 표현은 음악 '자체'가 된다(Abeles & Custodero, 2010; Campbell & Scott-Kassner, 2006; Edwards, Bayless, & Ramsey, 2009; Pica, 2010). 다음은 영유아기 발달적 특성을 음악적 특성에 초점을 맞추어 정리한 것이다.

1) 출생~1세

- 출생~4개월: 음악이 시작되면 거의 즉각적으로 이를 인식한다. 다른 종류의 음악에 다르게 반응함으로써 음악에 대해 인식함을 보여 준다(예를 들어 자장가를 들으면 긴장을 풀고 조용해지며 생동감이 있는 음악을 들려주면 좀 더 활동적이 됨).
- 4~8개월: 음악적 인식이 좀 더 활성화된다. 음악 소리가 나는 쪽으로 눈이나 머리를 돌림으로써 음악적 소리를 좀 더 적극적으로 인식하고 있음을 보여주기 시작한다.
- 3~6개월: 목소리에 반응한다.
- 10~18개월: 좋아하는 음악과 싫어하는 음악을 구별한다. 많은 영아들이 악기 소리보다는 목소리를 선호한다.
- 10~18개월: 정확한 리듬은 아니지만 음악에 맞추어 발을 구르거나, 팔짝팔짝 뛰거나, 손뼉을 친다.
- 13~16개월: 음악에 맞추어 노래를 부르려고 한다.
- 18개월: 음악에 맞추어 흔들어 주는 것을 좋아한다.
- 18개월: 노랫말로 노래 부르려고 한다.

2) 2세

- 정확한 박자는 못 맞추지만 익숙한 선율에 맞추어 엉덩이를 실룩거리거나 흔든다.
- 노래 듣는 것을 즐긴다.
- 다른 사람이 노래 부를 동안 노랫말을 입모양으로만 말하거나 속삭인다.
- 짧고 간단한 노래를 배울 수 있다.
- 노래 내용의 지시에 따르는 능력이 향상된다.
- 좋아하는 노래에 열정적인 반응을 보이며 종종 다시 듣기를 원한다.
- 노래의 일부를 부를 수 있지만 가끔 음조가 맞지 않는다. 다른 유아들과 함께 어울리기는 하지만 함께 노래 부르는 것은 어려워한다.
- 일상생활용품이 내는 소리나 악기 소리 등 소리탐색을 즐긴다.
- 노래를 구별할 수 있다.

3) 3세

- 매우 활동적이며, 자신이 반응할 수 있는 음악을 좋아한다.
- 동요, 기억하기 쉬운 TV 광고음악 같은 뚜렷한 리듬을 지닌 음악을 좋아한다.
- 리듬감이 향상된다.
- 음악에 맞춰 무릎을 위아래로 흔들고, 빙글빙글 돌고, 몸을 흔들거리고, 팔을 흔들고, 머리를 끄덕이면서 춤을 추려고 한다.
- 음정이 정확하게 맞지는 않지만, 익숙한 노래를 구별하기도 하고 부분적으로 따라 부를 수 있다.
- 자신만의 노래를 만든다.
- 음악에 맞추어 걷고 달리고 점프한다.
- 놀이를 하면서 소리 만드는 것을 즐긴다.

- 북, 리듬막대, 탬버린 등과 같은 악기 소리를 듣거나 연주하는 것에 흥미를 보이기 시작한다.
- 집중시간이 증가하여 몇 분간 조용히 앉아 음악을 들을 수 있게 된다.

4) 4세

- 주의를 기울여 음악을 듣게 됨으로써 자신이 좋아하는 음악의 일부 요소들에 대해 인식하기 시작한다.
- 빠르기, 셈여림, 음높이와 같은 음악적 개념을 이해할 수 있다.
- 완전히 정확하게는 못하지만 박자를 지키는 능력이 현저하게 향상된다.
- 리듬감과 음역이 크게 향상된다.
- 새로운 노랫말을 붙인다(노래를 각색함).
- 보다 복잡한 노래를 즐긴다.
- 익살스러운 노래를 즐기며, 노래를 극화하기 시작한다.
- 노래 게임과 리듬악기를 즐긴다.
- 즉흥적으로 자신만의 노래를 만들어내기도 하지만, 아직은 단어사용이 반복적이고 선율 또한 이미 알고 있는 노래와 매우 흡사하다.
- 적극적으로 노래를 듣는다(노래하면서 움직이거나, 손유희를 하거나, 음악에 맞추어 악기를 연주하는 등).
- 음악에 맞춰 말 뛰기, 점프하기, 걷기, 달리기 하는 것을 좋아한다.

5) 5세

- 멜로디를 재생한다.
- 라임(운율)을 매우 능숙하게 다룬다.
- 단체로 노래를 부르며 움직이는 것을 좋아한다.
- 주고받는 형식의 노래(call-and-response songs)를 즐긴다.
- 음악에 대한 선호도가 매우 확실해진다.
- 동시에 두 가지 동작을 할 수 있다(리듬 악기를 연주하면서 움직이기 등).
- 리듬과 움직임을 일치시킨다(제대로 조율된 춤 동작이 시작됨).
- 점프와 오르기를 즐긴다.
- 스키핑이 가능하며, 말 뛰기를 잘할 수 있다.

다음 〈표 2-1〉은 McDonald와 Simons(1989), Campbell과 Scott-Kassner(1995), 그리고 Andress(1998)의 연구에 기초하여 Greata(2006)가 정리한 연령별 음악발달 특성이다.

| 표 2-1 | 연령별 음악발달특성(Greata, 2006)

연령	노래 부르기	움직이기	연주하기	듣기	기타 반응
출생 ~ 3개월		· 일반적인 몸 움직임으로 반응함		· 3~3.5개월경 2옥타브[1] 정도 차이 나는 두 음을 구분함	· 음악에 의해 진정됨
3~6개월		· 일반적인 몸 움직임으로 반응함		· 4~6개월경 5도[2] 정도 차이 나는 두 음을 구별함	· 소리가 나는 곳을 찾음
6~9개월	· 5~8개월경 노래 부르기에 참여하려고 노력함	· 5~8개월경 음악에 맞춰 리드미컬한 움직임을 시도함		· 1.5도[3] 차이 나는 두 음을 구별함	· 소리와 소리의 출처를 연계함 · 음악 듣기를 즐김
9~ 12개월	· 성인의 목소리를 모방함	· 리드미컬하게 반응함			
12~ 24개월	· 불규칙적인 리듬 패턴으로 옹알이 함 · 악구를 모방함 · 한두 단어로 된 노래를 부름	· 음악에 맞춰 몸을 앞뒤좌우로 흔들고 고개를 끄덕임	· 방울을 흔들고 종을 딸랑거림		
2세	· 놀이를 하면서 향상된 스타일로 노래함 · 노래의 반복적인 어구(대체로 어구의 마지막 단어)를 노래 부름 · 자신의 목소리(특히 목소리의 표현적 능력)를 탐색함 · 말하기와 노래 부르기를 구별함 · 긴 악구를 옹알거림 · 알고 있는 노래의 악구를 활용함 · 한두 단어로 된 노래를 부름	· 다양한 유형의 음악에 맞춰 즉흥적으로 움직임 · 박, 빠르기, 음높이에 대한 인식을 나타내는 움직임을 즉흥적으로 함 · 음악에 맞춰 흔들기, 아래위로 흔들기, 팔 흔들기 등을 함 · 손뼉치기를 흉내 냄 · 걷기와 달리기 기술이 발달함	· 단순한 리듬악기를 연주함(손으로 치는 북, 리듬막대 등) · 악기 소리를 탐색함 · 악기나 다양한 물체로 소리를 냄 · 건반악기로 되는 대로 음을 연주함	· 짧은 발췌곡을 주의하여 듣고 이에 맞춰 움직임	

연령	노래 부르기	움직이기	연주하기	듣기	기타 반응
3세	· 알고 있는 노래의 악구를 활용하여 즉흥노래를 부름 · 전래 동요와 작곡된 노래를 부름 · 자신의 목소리(특히 목소리의 표현적 능력)를 탐색함 · 말하기와 노래 부르기를 구별함 · 전래 동요나 단조로운 노래를 재현함 · 좀 더 정확한 음정으로 다른 사람과 함께 노래 부름 · 익숙한 노래를 반복해서 부르는 것을 즐김	· 다양한 유형의 음악에 맞춰 즉흥적으로 움직임 · 반복을 통해 동작을 연마함 · 새로운 동작을 만들어냄 · 간단한 동작노래(action song)[4]와 노래게임에 맞춰 행동함 · 위로 뛰기, 한발 뛰기, 말 뛰기를 위한 대근육 조절이 발달함	· 단순한 리듬악기를 연주함(손으로 치는 북, 리듬막대 등) · 악기 소리를 탐색함 · 악기나 다양한 물체로 소리를 냄 · 리듬막대, 우드블록, 탬버린, 징, 방울, 귀로, 마라카스 등을 가지고 연주함 · 타악기를 연주함	· 음악 듣기를 즐김 · 관현악을 전체적으로(whole entity) 들음 · 합주단 연주 시 개별 악기를 구별하지 못함	· 일정하게 박자를 지키는 능력이 향상됨
4세	· 말하는 목소리와 구별되는 목소리로 노래함 · 대체적으로 음정에 맞게 노래함 · 재미있는 노래, 전래 동요, 노래게임 등을 좋아함 · 주고받는 내용의 노래에 답할 수 있음 · 즉흥노래를 계속하나 자신에 대해 좀 더 비판적으로 되며 자신의 즉흥노래에 전통적인 음악적 구성을 더하기 시작함	· 동작을 통해 박, 빠르기, 셈여림, 음높이, 유사한 악구에 대해 인식하고 있음을 나타냄 · 동작을 통해 음악적 요소(음높이, 음길이, 음의 크기)에 반응함 · 동작을 통해 음악의 유사점과 차이점을 표현함 · 반복을 통해 동작을 연마함 · 새로운 동작을 만들어냄 · 간단한 동작노래(action song)와 노래게임에 맞춰 행동함 · 음악에 맞춰 표현적으로 움직이는 것을 즐김	· 악기 연주를 통해 박, 빠르기, 셈여림, 음높이, 유사한 악구에 대해 인식하고 있음을 나타냄 · 리듬악기의 양식을 탐색함 · 악기나 다른 소리 매체로 생각이나 기분을 표현함 · 악기 연주를 통해 음악적 요소(음높이, 음길이, 음의 크기)에 반응함	· 짧은 곡들을 주의를 집중해서 들음 · 자신만의 확장된 레퍼토리를 주의 깊게 들음	· 악보자료를 인식하며 이를 음악이라고 명명함 · 크기, 모양, 음조 및 음색에 따라 리듬악기를 분류할 수 있음 · 소리에 대해 표현하기 위해 간단한 음악적 어휘를 사용함 · 음악적 유사성과 차이점을 언어로 표현함 · 일부 관현악 악기를 인지할 수 있음 · 박, 빠르기, 음높이 음의 크기, 형식 등에 대한 인식을 나타냄

연령	노래 부르기	움직이기	연주하기	듣기	기타 반응
5세	· 말하는 목소리와 구별되는 목소리로 노래함 · 대체적으로 음정에 맞게 노래함 · 재미있는 노래, 전래 동요, 노래게임 등을 좋아함 · 주고받는 내용의 노래에 답할 수 있음 · 활동을 하면서 즉흥적으로 노래함 · 노래 레퍼토리가 크게 늘어남	· 동작을 통해 박, 빠르기, 셈여림, 음높이, 유사한 악구에 대해 인식하고 있음을 나타냄 · 동작을 통해 음악적 요소(음높이, 음길이, 음의 크기)에 반응함 · 동작을 통해 음악의 유사점과 차이점을 표현함 · 다른 문화권의 음악에 맞춰 간단한 춤을 만드는 것을 즐김 · 간단한 춤동작을 따라 할 수 있음	· 악기 연주를 통해 박, 빠르기, 셈여림, 음높이, 유사한 악구에 대해 인식하고 있음을 나타냄 · 리듬악기의 양식을 탐색함 · 악기나 다른 소리 매체로 생각이나 기분을 표현함 · 악기 연주를 통해 음악적 요소(음높이, 음길이, 음의 크기)에 반응함 · 협응력이 발달함에 따라 손가락심벌즈, 봉고, 팀파니, 심벌즈, 트라이앵글, 건반악기 등을 연주할 수 있음 · 핸드벨로 단순한 곡조를 연주함 · 노래를 부르면서 몸으로 리드미컬한 소리를 냄	· 짧은 곡들을 주의를 집중해서 들음 · 자신만의 확장된 레퍼토리를 주의 깊게 들음	· 크기, 모양, 음높이 및 음색에 따라 리듬악기를 분류할 수 있음 · 소리에 대해 표현하기 위해 간단한 음악적 어휘를 사용함 · 음악적 유사성과 차이점을 언어로 표현함 · 음악적 아이디어를 읽고 쓰기 시작함 · 밴드, 관현악, 합창곡을 식별할 수 있음

1) 옥타브: 건반 위에서 한 옥타브란 어떤 음에서 시작하든지 위 혹은 아래로 8번째에 나타나는 같은 음이름까지의 거리를 말한다(부록 참고). 2옥타브란 해당 음에서 16번째에 나타나는 동일한 음이름까지의 거리를 뜻한다(부록 참고).

2) 5도: 음악에서 두 음 사이의 거리(간격)를 음정이라 하는데 그 차이를 '도(度)'로 표기한다. 5도는 해당 음에서 다섯 번째 음 사이의 거리를 말한다(자세한 음정 계산법은 부록 참고).

3) 1.5도: 1.5도 차이의 음정으로 반음(half step)을 뜻한다(부록 참고).

4) action song: '나처럼 해봐요', '머리 어깨 무릎 발'과 같이 움직임(action)이나 춤(dance)과 결합된 노래로서 주로 놀이하면서 자연스럽게 일어나는 유아의 움직임에서 생긴다.

3. 영유아의 발달적 특성에 적합한 음악 놀잇감과 악기

다음은 영유아의 발달적 특성에 적합한 음악 놀잇감과 악기를 정리한 것이다(CPSC, 2002).

1) 출생~3개월

이 시기의 영아는 무의식적인 반사행동을 보이며, 3개월경이 되면 물체를 잡으려고 손을 뻗을 수 있게 된다. 또한 소리에 대해 매우 민감하게 반응하며, 엄마의 목소리와 다른 사람들의 목소리를 구분할 수 있다. 따라서 다음과 같은 음악 놀잇감이 적절하다.

- 손목이나 발목에 끈으로 매달아 줄 수 있는 방울이나 종 등
- 발로 찼을 때 소리를 내는 음악 놀잇감
- 영아가 쉽게 다룰 수 있는 크기가 작고, 가벼우며, 모서리가 둥글고, 세척이 가능하며, 잘 깨지지 않는 음악 놀잇감
- 놀잇감을 조작했을 때 단순한 반응을 보이는 것이 좋으며, 소리가 크거나, 움직임이 갑작스럽거나, 극단적으로 감각을 자극하지 않는 음악 놀잇감

2) 4~7개월

이 시기의 영아는 무의식적인 반사행동이 줄어들고 외부지향적인 움직임을 한다. 또한 주변 세계를 매우 활동적으로 탐색하며, 놀잇감이나 사람들을 상대로 단순한 행동을 반복하는 것을 즐긴다. 따라서 다음과 같은 음악 놀잇감이 적절하다.

- 손에 쥘 수 있는 방울, 종, 작은 탬버린 등
- 영아가 쉽게 다룰 수 있는 크기가 작고, 가벼우며, 모서리가 둥글고, 세척이 가능하며, 잘 깨지지 않는 음악 놀잇감
- 놀잇감을 조작했을 때 단순한 반응을 보이는 것이 좋으며, 소리가 크거나, 움직임이 갑작스럽거나, 극단적으로 감각을 자극하지 않는 음악 놀잇감

3) 8~11개월

이 시기의 영아는 눈과 손의 협응력이 급격하게 향상되므로, 손이 닿는 곳에 있는 사물을 조작하는 것을 즐기며 사물을 가지고 소리를 만들어 내는 자신의 새로운 능력에 빠져든다. 자신이 닿을 수 있는 주변의 모든 사물을 손으로 치거나 발로 차면서 내는 모든 소리에 즐거워한다. 또한 단순한 인과관계를 이해할 수 있는 인지능력과 잡고 흔들 수 있는 신체능력이 결합되어 악기놀이에 매우 흥미를 갖게 된다. 양손에 각각 다른 물건을 쥘 수는 있으나 양손을 다르게 행동할 수는 없다. 손으로 잡기, 밀기, 당기기, 쥐기, 두드리기, 찌르기, 흔들기 등의 소근육 활동을 계속적으로 반복하므로 이러한 특성에 적합한 음악 놀잇감을 제공할 수 있다. 이 시기에 적합한 음악 놀잇감의 특성은 이전 시기의 영아에게 적합한 음악 놀잇감의 특성과 유사하다.

4) 12~18개월

이 시기의 영아는 호기심이 급증하며, 탐색활동을 즐긴다. 또한 소근육을 좀 더 잘 조절할 수 있게 되며, 모든 감각을 이용하여 주변 세계를 좀 더 확장적으로 탐색한다. 또한 음악에 맞추어 몸을 움직일 수 있으며, 기능적이고 탐색적인 방법으로 악기를 가지고 논다. 이 시기에 적합한 음악 놀잇감의 특성은 이전 시기

의 영아에게 적합한 음악 놀잇감의 특성과 유사하며, 그 외에 드럼이나 봉고처럼 기능적이고 탐색적인 방법으로 다룰 수 있는 악기를 제공하는 것이 좋다.

5) 19~23개월

이 시기의 영아는 여전히 탐색적이고 호기심이 많으며, 표상적이고 상징적인 사고가 나타난다. 대근육 조절과 관련된 힘과 기술이 발달함에 따라 신체적 활동이 활발해지고, 소근육을 사용하는 움직임을 좀 더 능숙하게 한다. 소리를 만들어 내기 위해 다양한 물체를 찾아내며, 냄비, 팬, 컵 등과 같은 특정 사물이 만들어내는 독특한 소리를 탐색한다. 이 시기에 적합한 음악 놀잇감의 특성은 이전시기의 영아에게 적합한 음악 놀잇감의 특성과 유사하다.

6) 2세

이 시기의 영아에게 있어 음악과 동작은 분리할 수 없는 것으로, 음악에 맞추어 몸 전체 또는 일부분을 움직임으로써 음악에 반응한다. 실제 악기에 대한 관심이 증가한다. 서로 다른 악기에서 나는 다양한 소리에 흥미를 보이며, 음의 크기 변화를 인지하고 단순한 가락을 인식할 수 있다. 이 시기의 영유아는 악기 연주 듣기와 녹음된 음악 듣기에 흥미를 보이기 시작하므로 실로폰, 북, 피리, 탬버린, 마라카스 등과 같은 흥미로운 음악 소리를 만들어 내는 악기를 제공한다.

7) 3세

이 시기의 유아는 악기를 흔들거나 두드릴 수 있으며, 빠른 템포로 악기를 연주한다. 음악작품의 분위기를 감지할 수 있고, 간단한 노래를 부를 수 있으며(음역이 제한되어 있어 자신의 음조로 노래 부른다), 노래를 반복하여 부르는 것을 즐긴다. 또한 다감각적인 요소를 지닌 악기를 좋아한다. 따라서 모든 종류의 흔들어서 소리 내는 악기, 다양한 종류의 북, 트라이앵글, 리듬막대를 제공할 수 있으며, 불어서 소리를 내는 악기를 첨가할 수 있다.

8) 4~5세

이 시기의 유아는 음악 레슨을 시작할 수 있다. 4세 유아의 경우 단순한 리듬 패턴을 따라하고, 움직이거나 걸으면서 일정한 속도(박)로 리듬악기를 연주할 수 있다. 대부분의 5세 유아는 멜로디를 인식하고 이를 재현할 수 있으며, 다양한 방식으로 음악적 아이디어를 표현하고, 즉흥연주를 즐긴다. 이 시기의 유아는 특정 악기가 내는 소리를 식별할 수 있으며, 노래에 맞추거나 자신이 만든 선율에 따라 다양한 리듬악기를 연주할 수 있다. 또한 다른 사람들이 연주하는 악기에 관심을 보이고 이를 시도해 보는 것을 즐기기도 한다. 특히 이 시기에는 실제성이 높은 것을 좋아하므로, 플라스틱 등으로 만든 장난감 악기보다는 실제 악기를 선호한다. 다감각적 요소를 지닌 악기를 좋아하므로, 모든 종류의 흔들어서 소리 내는 악기, 캐스터네츠, 다양한 종류의 북, 트라이앵글, 리듬막대, 심벌즈, 실로폰, 멜로디카, 리코더, 키보드, 피아노 등을 제공할 수 있다.

부록

〈표 2-1〉

1) 옥타브

옥타브란 건반 위에서 한 옥타브란 어떤 음에서 시작하든지 위 혹은 아래로 8번째에 나타나는 같은 음이름까지의 거리를 말한다. 2옥타브란 해당 음에서 16번째에 나타나는 동일한 음이름까지의 거리를 뜻한다. 예를 들어, 가온 다(middle C) 음에서 1옥타브 위의 음은 8번째 음(C)이며(파란색), 2옥타브 위의 음은 16번째 음(C)이 된다(빨간색)(하단의 그림 참조).

| 그림 2-1 | 옥타브

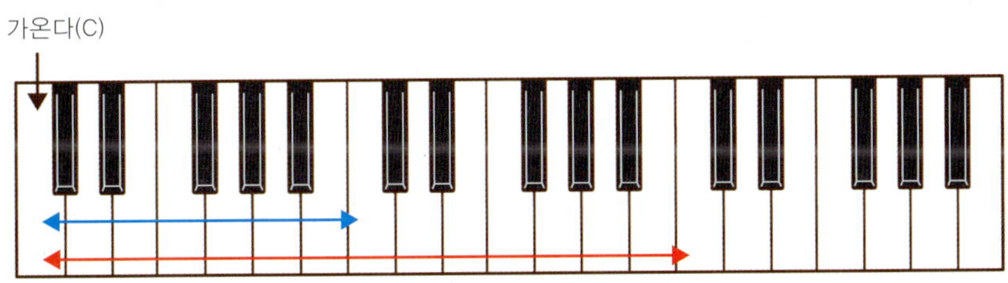

〈표 2-1〉 '듣기'

2) 5도

음악에서 두 음 사이의 간격(거리)을 음정이라 하는데 그 차이를 '도(度)'로 표기한다. 예를 들어, 가온 C음에서 5도 차이나는 음(높은 음)은 다섯 번째 음인 G음이 된다. 예를 들어, '도'에서 '솔' 사이의 간격은 5도 음정이 된다. 음정은 두 음 사이의 성격에 따라 그 계산법이 복잡하다(자세한 내용은 chapter 04의 부록 참고).

〈표 2-1〉 '듣기'

3) 1.5음정

1.5도 차이의 음정으로 반음(half step)을 뜻한다. 건반의 색깔(흰 건반과 검은 건반)에 상관없이 인접해 있으면 그 음 거리를 반음(half step)으로 규정한다. 반음 관계인 건반이 둘 모이면 온음(whole step)이 된다(김유희, 2010).

| 그림 2-2 | 건반에서 반음/온음/옥타브의 예

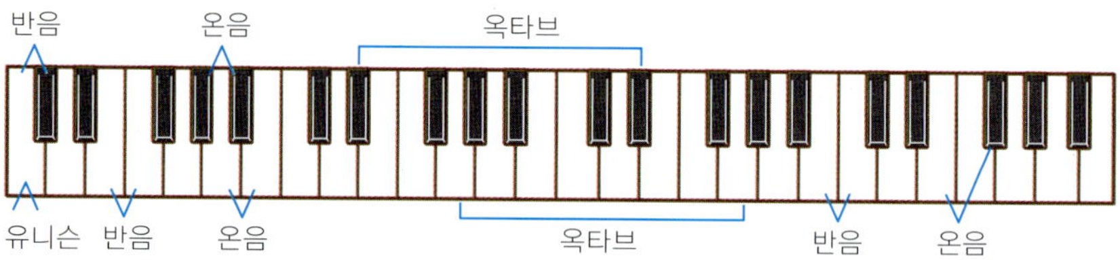

CHAPTER 03

음악 발달 단계

인간의 음악성 발달에 대한 연구들에 의하면 모든 인간은 음악적 능력을 가지고 태어나며, 이러한 선천적 능력과 음악적 환경의 상호작용을 통해 개인의 음악성 발달이 이루어진다고 한다. 또한 개인의 음악적 능력은 점진적으로 변화해가며, 이러한 변화는 누적적이며 단계적 양상을 보이며 발달한다(Gooding & Standley, 2011). Hargreaves와 Galton(1992)은 인지발달이론과 연계하여 음악을 포함한 예술성 발달을 전상징적 단계(presymbolic, 0~2세), 형상적 단계(figural, 2~5세), 도식적 단계(schematic, 5~8세), 규칙체계 단계(rule systems, 8~15세), 초인지적 단계(metacognitive, 15세 이상)의 5단계로 정리하여 제시하고 있다. 또한 1~2세 영아의 음악에 대한 지각과 반응을 연구한 Gruhn(2002)은 영유아의 음악적 행동(musical behavior), 즉 음악에 대한 반응을 문화화(enculturation), 주의(attention), 모방(imitation), 조화(coordination), 정교화(elaboration)의 순차적 5단계로 구분하여 제시하였다.

모든 영유아는 정도의 차이는 있지만 모두 음악 적성을 가지고 태어나며, 이러한 음악 적성은 적절한 음악적 환경이 제공되지 않으면 제대로 발현되지 않는다고 주장한 Gordon(1999)은 소리가 실제로 들리지 않는 상황에서도 우리의 머리로 음악을 듣고 이해하는 인지적 과정인 오디에이션(audiation) 발달에 기초하여 영유아의 음악 학습단계를 제시하였다. Gordon(1990)에 의하면 영유아기는 오디에이션의 기초를 다지는 '준비 오디에이션(preparatory audiation)' 기간이며, 준비 오디에이션 시기는 문화화(acculturation, 출생부터 2~4세까지), 모방(imitation, 2~4세부터 3~5세까지), 동화(assimilation, 3~5세부터 4~6세까지)의 3단계로 구분된다고 한다.

Briggs(1991)는 주요 발달심리이론 및 기존의 음악적 발달에 대한 연구에 기초하여 영유아의 음악적 발달을 4단계로 제시하였다(표 3-1 참조). 관련 연구들에 의하면 모든 인간은 음악적 잠재력을 지니고 있으며, 음악적 재능이 있는 영유아의 경우 일반 영유아보다 좀 더 일찍 또는 좀 더 수월하게 단계를 밟아가는 특성이 있지만, 모든 영유아들이 음악적 적성과는 상관없이 순차적 단계에 따라 음악적 기술을 습득한다고 한다(Shuter-Dyson, 1982; Zimmerman, 1981). 다음은 Briggs가 제시한 영유아의 음악적 발달 단계를 구체적으로 제시한 것이다.

| 표 3-1 | 음악적 발달 단계

연령	단계
0~9개월	반사적 반응 단계
9~18개월	의도 단계
18~36개월	조절 단계
36~72개월	통합 단계

1. 반사적 반응 단계(the reflex phase): 0~9개월

반사적 반응 단계의 영아는 주로 반사적인 반응을 하며 기본적 욕구를 충족시키는 것에 충실하다. 생애 초기 영아는 자신을 주변세계와 분화시키지 못하지만 점차 자아가 발현되면서 자신과 주변세계를 구분하기 시작한다. 반사적 반응 단계 영아의 음악적 특성은 주변의 감각적 정보를 능동적으로 흡수하며, 동시에 자신의 요구를 나타내기 위해 리드미컬한 동작 및 발성 기술을 사용한다는 것이다. 생후 첫 몇 주 동안, 영아는 듣기능력이 급격히 발달함에 따라 듣는 법을 배우게 된다. 생후 2개월쯤 되면 자신에게 들려주는 노랫소리에 귀를 기울이게 되고, 생후 3개월경에는 조용한 음악을 들려주면 진정된다.

발성적 측면을 살펴보면 이 시기의 영아는 울음을 주요 의사소통 수단으로 사용하는데, 2개월에서 6개월경 처음에는 혼자서 특정 소리를 반복해서 내다가 점차적으로 혼자서 또는 다른 사람과 동일한 소리를 연속적으로 반복해서 내는 순환반응을 보이면서 소리를 가지고 놀기 시작한다. 6개월경 영아는 자신에게 들려주는 노래의 음조에 맞추어 목소리를 낼 수 있다고도 한다. 반사적 반응 단계를 거치면서 영아가 낼 수 있는 소리의 종류와 음조의 범위가 확장되며, 소리의 크기와 지속시간 또한 늘어난다.

| 표 3-2 | 반사적 반응단계의 음악적 특성

연령	음악적 특성
	청각(auditory)
0~6개월	· 듣는 법을 배운다.
2주	· 소리가 들리면 움직임을 멈춘다. · 소리에 대한 상호작용적 동시성을 보여 준다(예를 들어 소리가 들리면 움직임을 멈추고 소리가 그치면 다시 움직였다가, 소리가 다시 들리면 움직임을 멈추는 등).
2개월	· 노래를 들려주면 집중해서 듣는다.
3개월	· 조용한 음악을 들려주면 진정된다. · 높은 음조를 좋아한다.
3~5개월	· 음악에 비자발적/반사적 반응을 한다
3~4개월	· 서로 다른 두 개의 음질(tone quality)을 구별한다. · 서로 다른 두 개의 음조(pitch)를 구별한다. · 서로 다른 템포를 식별한다.
5개월	· 조옮김된 멜로디 패턴을 인식한다.
6~8개월	· 음악의 출처를 찾는다.
7.5개월	· 들었던 소리가 바뀌어서 제시될 때 이에 주의를 기울인다.
	발성/음색(vocal/tonal)
출생 시	· 태어났을 때 60데시빌로 운다. · 5~12개 정도의 반사적이며 반복적인 소리를 낸다. · 짜증이 나거나 힘이 들면 울 때 소리가 커지고 소리의 지속시간이 길어진다.
2~6개월	· 특정 소리를 반복해서 낸다. · 발성적 순환반응(circular reaction)이 나타난다. · 상대방과 서로 소리를 흉내 낸다. · 60% 정도의 정확도로 개별 음조에 목소리를 일치시킨다. · 음의 중심(tonal center)이 없다.
4개월	· 출생 시보다 한 옥타브 정도까지 높은 음들을 발성한다. · 다양한 소리를 낼 수 있다.
6~12개월	· 발성하기(vocalization)가 증가한다. · 좀 더 정교한 순환반응이 계속된다.
	리듬(rhythmic)
출생 시	· 울음이나 빨기 등의 반사적 동작 리듬을 나타낸다.
2주	· 소리에 대해 몸으로 반응한다.
2~3개월	· 몸을 흔든다.
3~6개월	· 리듬 패턴의 변화를 감지한다. · 아래위로 흔들기나 발차기 등의 반사적 동작 리듬을 나타낸다.
6개월	· 몸 전체로 음악에 따라 움직인다.

2. 의도 단계(the intention phase): 9~18개월

의도 단계에서는 영아의 분리-개별화(separation-individuation)가 진행되나, 아직은 주 양육자에게 전적으로 의존하며 주 양육자(대부분의 경우 엄마)를 통해 세상을 알아간다. 의도 단계에서 영아는 낯선 사람에 대한 불안을 표현하며, 주양육자와 떨어지는 것에 대한 불안(분리불안)을 나타낸다. 또한 '자아'에 대한 개념이 좀 더 의식화되며, 신체적으로는 걸을 수 있게 되고, 언어적 표현이 발달하기 시작한다.

청각적 발달에 있어서는 주변에서 들리는 소리의 출처를 적극적으로 파악하고자 하면서 소리환경에 대한 학습이 활발하게 일어난다. 의도 단계 초기에는 소리가 들리는 쪽을 바라보거나 얼굴을 돌리는 등의 반응을 보이지만, 걸을 수 있게 되면서부터는 소리가 나는 쪽으로 다가가거나 또는 소리가 나는 곳에서 물러서는 등의 반응을 보인다. 이 시기의 영아는 음의 높낮이를 아직 조절하지 못하며, 음악에 몸 전체를 움직여서 반응하는 것에서 벗어나 몸의 일부분을 음악에 맞춰 움직일 수 있게 된다(손뼉을 치거나, 팔을 흔드는 등). 몸을 아래위로 흔들 수 있게 되며, 수평적 움직임과 수직적 움직임을 나타낼 수 있게 된다. 이 시기의 영아는 친숙한 노래를 인식하기 시작하며, 반복적으로 가락을 넣어 말하는 음악적 옹알이를 시작한다.

| 표 3-3 | 의도 단계의 음악적 특성

연령	음악적 특성
청각(auditory)	
9~12개월	· 눈과 머리를 돌려 소리의 출처를 찾는다. · 소리의 출처를 위아래, 옆으로 둘러보며 찾는다.
12개월	· 음악에 맞춰 몸의 일부분을 움직인다.
발성/음색(vocal/tonal)	
9개월	· 싫어하는 음악에 대해 목소리를 사용하여 표현한다. · 음의 중심이 없다. · 음의 높낮이를 조절할 수 없다. · 음을 끊지 않고 연결시키거나 날카로운 소리(비명)를 내거나 하면서 소리 놀이(음역 놀이)를 한다.
10~18개월	· 익숙한 노래를 인식한다. · 반복적으로 가락을 넣어 말하는 음악적 옹알이를 한다. · 단어의 첫 번째 음절을 모음과 자음을 사용하여 말한다.
리듬(rhythmic)	
10~14개월	· 걷기를 습득한다.
12개월	· 몸의 일부분을 음악에 맞춰 움직인다. · 아래위로 흔들기(bouncing) 등과 같은 동작리듬을 제멋대로 한다.

3. 조절 단계(the control phase): 18~36개월

조절 단계의 영아는 충동을 억제하려고 노력하며 자신이 주변 환경을 조절하는 것처럼 느끼려고 애쓴다. 즉, 이 시기의 영아는 좀 더 자율적이며 독립적이고자 하며, 언어능력이 급격히 발달한다. 신호(signs)뿐만 아니라 상징(symbols)을 사용할 수 있게 됨으로써 인지적 측면에 있어 전조작적 단계(preoperational period)로 이동할 수 있게 된다. 이 시기의 영아는 주 양육자와 좀 더 분리되어 지낼 수 있게 되며, 다른 사람들과의 의사소통을 위한 주된 방법으로 점차적으로 언어를 사용하게 된다.

18개월경 영아는 음성을 혼합해서 목소리를 내거나 음악적 옹알이를 하는 것에서 벗어나 음조나 노래의 구절을 좀 더 뚜렷이 인식할 수 있는 창법으로 옮겨

간다(Atterbury, 1984). 음조, 가락, 리듬, 가사 등 노래의 모든 요소들을 조화롭게 표현하지는 못하지만 노래 부르는 것을 매우 즐긴다. 24개월에서 36개월 사이 노래 부르기에 있어 급격한 발달이 이루어진다. 또한, 이 시기에 음조의 정확성이 증가하기는 하지만, 정확한 음조에 맞추어 노래를 부르는 평균 연령은 6세경이다(Davidson et al., 1981). 이와 더불어, 장2도와 3도, 단3도, 완전4도와 5도 음정을 포함하여 좀 더 정확한 음정으로 노래를 부를 수 있게 된다. 부를 수 있는 노래의 종류가 아직은 많지 않지만 자라나면서 점점 늘어나게 된다.

리듬 발달에 있어서는 세게 쿵쿵거리거나 탕탕 치는 리듬을 표현할 수 있으며, 조절단계 초반에는 몸으로 이러한 리듬을 자기 멋대로 고집스럽게 반복하여 표현하지만 24개월에서 36개월경이 되면 좀 더 음악에 맞추어 이를 표현할 수 있게 된다.

| 표 3-4 | 조절 단계의 음악적 특성

연령	음악적 특성
청각(auditory)	
24개월	· 몇 분 동안 조용히 음악을 듣는다. · 좀 더 정확하게 음높이를 인식한다(6세 넘어서까지 계속해서 발달된다).
발성/음색(vocal/tonal)	
18개월	· 음성 혼합으로 목소리 내는 것에서 벗어나 음높이와 음높이 윤곽을 인식할 수 있는 노래 부르기로 바뀐다. · 멜로디나 리듬보다는 가사를 더 일관되게 기억한다. · 짧은 악구를 노래한다. · 장 2도 및 장 3도, 단3도, 완전 4도 및 완전 5도의 음정[1)]을 사용한다.
24개월	· 음높이의 정확도가 계속적으로 향상된다.
24~36개월	· 노래 부르기의 양이 크게 증가한다.
리듬(rhythmic)	
18개월	· 파트너/다른 사람과 함께 음악에 맞춰 움직이는 것을 좋아한다. · 쿵쿵거리거나 탕탕치는 리듬을 반복적으로 표현한다.
24개월	· 음악에 맞춘 다양한 움직임이 증가한다.
24~36개월	· 리듬/운동 조절이 크게 향상된다.

1) 음정은 두 음 사이의 거리를 말한다. 음정을 측정할 때, 두 음 사이의 음이름의 갯수만으로 계산할 경우 같은 음정이라도 실제 '소리'로 들었을 때 두 음정의 성질은 다르다. 이는 두 음 사이의 거리가 온음과 반음의 수에 따라 음정의 성질(quality of intervals)이 달라지기 때문이다. 그러므로 두 음정 사이의 거리를 보다 명확히 구분하기 위하여 온음과 반음의 수로 음정을 측정하는 것을 원칙으로 하고 있다(김유희, 2010)(부록 참조).
- 장2도: 온음(예, 도-레)
- 장3도: 온음+온음(예, 도-미)
- 단3도: 온음+반음(예, 도-미♭)
- 완전4도: 온음+온음+반음(예, 도-파)
- 완전5도: 온음+온음+반음+온음(예, 도-솔)

4. 통합 단계(the integration phase): 36~72개월

통합 단계의 유아는 분리-개별화 과정을 마무리 짓는다. 이 시기의 유아는 전조작적 사고를 하므로 가역적 사고나 탈중심적 사고를 하는 것을 어려워한다. 따라서 대부분의 경우 한 가지 특성에 집중하여 생각하고 단일방향의 논리성을 지닌다.

이 시기에는 음높이에 대한 지각이 매우 향상된다. 또한 '크게(loud)'와 '부드럽게(soft)'를 구분할 수 있는데, '크게'에 대한 인식을 좀 더 쉽게 하며 '부드럽게'는 5세쯤 되어야 일관되게 구분할 수 있게 된다.

발성과 관련하여, 36개월이 되면 즉흥적인 노래 부르기가 자주 나타나며, 짧고 반복적인 노래를 지어내는 것을 즐거워한다. 또한 이 시기 동안 멜로디, 가사 및 리듬에 대한 기억력 등이 모두 향상되면서 아는 노래가 상당히 늘어나게 된다. 가락의 리듬은 음정의 정확성보다 일찍 숙달되며, 하향 음정을 상향 음정보다 수월하게 부른다. 통합 단계의 끝 무렵이 되면, 유아는 훨씬 더 정확한 음높이와 일관된 조성(tonality)으로 노래를 부를 수 있게 된다.

리듬 동시성(rhythmic synchrony) 또한 이 시기에 극적으로 향상된다. 우선 운동 패턴이 조직화되며, 2박자 운율과 3박자 운율이 점차적으로 습득된다. 유아들은 리드미컬한 행동을 조직하기 위해 시각적 단서를 사용하기 시작하며, 눈과 손의 협응이 이루어진다.

유아들을 대상으로 이루어진 음악 인지 발달에 대한 연구에 의하면 5세 이전의 유아들은 노래를 부르거나 리듬패턴을 두드릴 수는 있지만 7세경이 되어서야 비로소 자신의 음악적 행동을 음악적 용어를 사용하여 표현할 수 있다고 한다. 5세 유아는 높게/낮게, 크게/부드럽게, 위로/아래로 등과 같은 음악적 개념들을 구분할 수 있으나, 탈중심화 능력의 부족으로 인해 이들 개념들을 복합하여 제시했을 때(예를 들어, 높은 음조로 크게 연주한다) 어려움을 느낀다.

| 표 3-5 | 통합 단계의 음악적 특성

연령	음악적 특성
청각(auditory)	
36개월	· '크게(loud)'를 식별할 수 있다.
36~72개월	· 음높이 지각이 향상된다.
60개월	· 익숙한 노래를 인식한다. · '부드럽게(soft)'를 식별할 수 있다.
72개월	· 듣기 기술이 크게 향상된다.
발성/음색(vocal/tonal)	
36개월	· 즉흥적인 노래 부르기를 한다. · 노랫말과 리듬을 붙여 멜로디 윤곽(흐름)을 노래할 수 있다. · 음악에 맞춰 동작을 할 수 있다. · 리듬 동시성이 크게 증가한다.
48개월	· 다음과 같은 특징을 가진 즉흥적인 노래 부르기를 한다. – 1~5초 정도 – 1~3개의 짧은 악구 – 악구당 2~4개의 음표 – 온음정 또는 단일음 – 하향 음정, 특히 하향 단3도 – 무의미한 음절과 모음 – 역 'V' 멜로디 패턴(음이 올라갔다가 내려가는 패턴) – 악구마다 조성이 바뀜 – 노랫말, 멜로디, 리듬, 구절법, 박동에 따라서 노래함 – 상향보다는 하향 음정을 더 쉽게 노래함

연령	음악적 특성
36~72개월	· 노래 레퍼토리가 매우 많아진다. · 노랫말을 일관되게 부를 수 있다.
60~72개월	· 장조와 단조를 노래 부른다. · 정확한 음높이로 곡 전체를 노래 부른다.
리듬(rhythmic)	
36~72개월	· 운동 패턴이 조직화된다. · 눈과 손의 협응력이 지속적으로 향상된다. · 2박자 운율과 3박자 운율을 습득한다.
48~60개월	· 운동 패턴이 갈수록 더 안정된다.
60개월	· 리듬 동시성이 향상된다. · 리드미컬한 행동을 조직하기 위해 시각적 단서를 사용할 수 있다.

〈표 3-4〉

1) 장2도와 장3도, 단3도와 완전4도 및 완전5도의 음정

장2도: 온음(도-레)

장3도: 온음+온음(도-미)

단3도: 온음+반음(도-미♭)

완전4도: 온음+온음+반음(도-파)

완전5도: 온음+온음+반음+온음(도-솔)

| 그림 3-1 | 음정의 성질

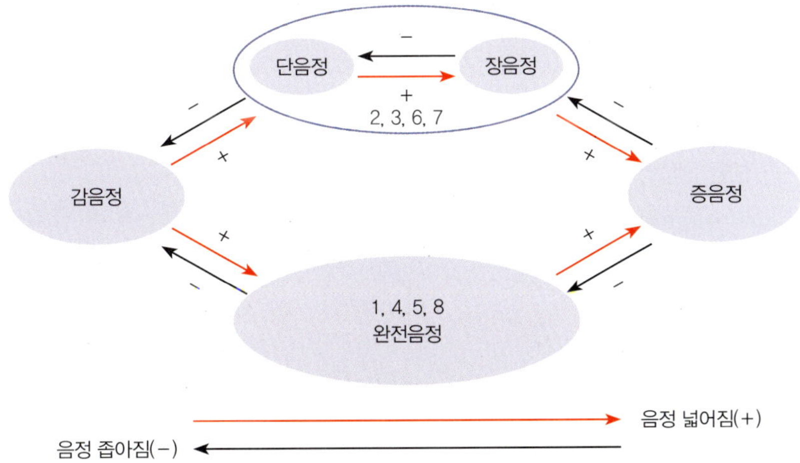

음정은 두 음 사이의 거리를 말한다. 음정을 측정할 때, 두 음 사이의 음이름의 개수만으로 계산할 경우 같은 음정이라도 실제 '소리'로 들었을 때 두 음정의 성질은 다르다. 이는 두 음 사이의 거리가 온음과 반음의 수에 따라 음정의 성질(quality of intervals)이 달라지기 때문이다. 그러므로 두 음정 사이의 거리를 보다 명확히 구분하기 위하여 온음과 반음의 수로 음정을 측정하는 것을 원칙으로 하고 있다(김유희, 2010).

CHAPTER 04
음악의 구성요소

"음악이 교육적 가치를 지니기 위해서는
음악의 미적인 요소에 강조를 두고 교육해야 한다."

- James Mursell

음악의 구성요소란 리듬, 선율, 셈여림, 화음 등과 같이 음악을 이루는 요소들을 말한다. 그 음악요소들이 음악의 중요한 특성을 담고 있기 때문에 음악적 개념이라는 용어를 사용한다(McDonald & Simon, 1979; 장은주, 2013 재인용). 음악교육철학가 리머(Reimer)에 의하면, 음악요소의 표현적이고 미학적인 요소는 리듬, 멜로디, 화음, 음색, 음질, 그리고 형식이며, 따라서 음악교육은 미학적 경험을 중심에 두고 진행되어야 한다(Reimer, 2003; 김영연·강민선, 2006 재인용). 우리나라 개정 누리과정(2019)에서는 유아가 주변의 자연과 생활에서 다양한 소리나 리듬 등의 음악적 요소를 발견하고 창의적으로 만들어 볼 것을 제안하고 있다. 또한 미국유아음악교육과정(NAfME, 2014)에서도 국가공통핵심예술표준(Common Core Music Standards, PreK-8)으로 셈여림, 빠르기, 음색, 박과 선율 등의 음악요소를 제시하고 있다.

음악요소의 분류는 음악교육 학자의 관점과 이해에 따라 다소 차이를 보이고 있다. 그러나 각 용어의 상통된 의미를 고려하여 문헌 및 학자별 음악의 구성요소를 정리하면 〈표 4-1〉과 같다.

| 표 4-1 | 학자별 음악의 구성요소 분석

음악요소 / 학자	셈여림(강약)	빠르기(속도)	음색	리듬(박/박자/리듬패턴)	선율(가락)	화음(화성)	형식	조직	음높이	장단
김영연(2002)	○	○	○	○	○	○	○	○		
NAfME(2014)	○	○	○	○	○	○	○			
MMCP (Thomas, 1970)	○		○	○			○		○	
안재신(2004)	○		○	○	○				○	○
김진영 외(2007)	○	○	○	○	○	○			○	
Miché(2002)	○	○		○		○			○	
Greata(2006)	○	○		○	○	○	○	○	○	
Campbell & Scott-Kassner (2010)	○	○	○	○	○		○	○		
총계	8	6	6	8	6	5	5	3	5	1

〈표 4-1〉과 같이 각 문헌과 학자들이 밝힌 음악의 구성요소는 셈여림, 빠르기, 음색, 리듬, 선율, 화음, 형식, 조직, 음높이, 장단 등이 있다. 이 중에서 리듬은 '질서 있는 움직임에서 길이의 조직(Creston, 1964; Radocy & Boyle, 2018 재인용)'이며, 박, 박자, 리듬은 서로 독립적인 개념이 아니라 하나의 활동 속에서 자연스럽게 경험할 수 있기 때문에(송미연, 2015) 리듬 안에 박, 박자, 장단, 리듬패턴의 하위개념이 포함될 수 있다. 그 외에 '형식'과 '조직'의 요소는 다른 요소들에 비해 늦게 발달하므로(Campbell & Scott-Kassner, 2006; 한아람, 2017 재인용) 영유아기에 경험해야 할 음악요소에서 제외하였다. 이와 같은 학자들의 의견을 참고하여 본 장에서는 영유아기에 경험할 음악요소를 음색, 셈여림, 빠르기, 리듬적 요소들, 선율적 요소들, 화음의 여섯 가지 요소로 구성하였다〈표 4-2〉. 각 음악요소 및 개념에 대해 살펴보기로 하자.

| 표 4-2 | 영유아기에 경험해야 할 음악요소 및 개념

음악요소/개념	하위 개념
음색	· 사람의 목소리, 주변 환경의 소리, 악기의 소리, 동물의 소리
셈여림	· 큰 소리, 보통, 작은 소리
빠르기	· 빠른 소리/느린 소리
리듬적 요소들	· 박, 박자, 장단, 리듬패턴
선율적 요소들	· 음 높이, 음 흐름
화음	· 주요 3화음

1. 음색(timbre)

소리의 높낮이나 강도와 관계없이 악기나 사람의 목소리에는 고유의 색깔이 있는데 이를 음악에서는 음색(timbre)이라고 한다(김유희, 2010). 음의 높낮이(주파수), 세기가 같더라도 진동체나 발음체에 따라 음이 갖는 감각적 성질에는 차이가 생기는데 음색은 이와 같이 동일한 음높이, 세기(강도), 길이에 대해 음을 구별 짓게 하는 음 특성이다(Radocy & Boyle, 2018).

영유아기에 경험할 수 있는 음색 개념은 사람의 목소리, 악기의 소리와 같이 음높이를 낼 수 있는 음악적 소리와 주변 환경의 소리(비소리, 초인종 소리 등), 동물의 소리 등을 들 수 있다. 악기는 재질이나 소리 내는 방법에 따라 관악기, 현악기, 타악기, 건반악기 등으로 나누어지며 이들의 음색은 서로 차이가 있다 [그림 4-1].

타악기는 소리 내는 방법에 따라서도 소리의 특성이 다르다. 핸드드럼의 경우 채로 두드리기, 북면을 긁기, 손바닥으로 문지르기, 손가락으로 튕기기 등 다양한 연주법에 따라 동일한 악기지만 소리의 특색은 구별된다. 이처럼 악기의 음색은 재질과 소리 내는 방법에 따라 다른 것과 구별되는 소리의 질적 차이를 갖는다.

| 그림 4-1 | 악기의 음색

피아노	바이올린	트럼펫	팀파니
		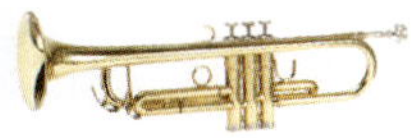	

그렇다면 음악 속에서 음색은 어떤 기능을 하는 것일까? 악기의 음색은 감상자에게 정서적 치유 효과를 가져다주는 고유한 특성이 있다. 타악기는 두드려서 나는 소리의 진동과 울림이, 현악기는 모든 음이 연결되어 연주되기 때문에 연속적으로 이어지는 특성(연결감)이 매우 치유적 작용을 한다(정현주, 2011).

사람의 목소리는 성별, 연령 등에 따라 자신만의 독특한 음색을 지니고 있으며, 새, 고양이, 호랑이와 같은 동물의 소리 역시 서로 다른 빛깔을 지니고 있다. 자동차 소리, 바람 소리, 문 닫는 소리와 같이 주변 환경의 소리들도 각각의 특색이 있어 유아들은 쉽게 그 음색을 구별할 수 있다. 영유아들은 동물의 소리나 주변 환경의 소리에 관심을 갖고 주의를 기울임으로써 음악적 소리로 접근해 갈 수 있다. 음악은 소리로 이루어졌기 때문에 각 소리의 특성과 차이를 이해하는 것은 유아음악교육의 기초적인 활동이 된다.

| 그림 4-2 | 동물의 음색

호랑이	고양이	새	닭

음색의 발달은 1세 이전에 발달하기 시작한다. Briggs(1991)의 음악적 발달단계에 따르면, 3~4개월의 영아는 두 음의 질(tone qualities)을 구별한다. 출생 후 6

개월 동안 영아는 많이 듣는 양육자의 목소리에 익숙해지며, 한 소리를 다른 소리와 구별할 수 있다(Standley & Madsen, 1990; 정현주, 2015 재인용). 또한 18개월이 지나면 목소리의 음악적 특성, 즉 음색, 강도, 억양 등을 인식하는 능력이 발달된다(Davis et al., 2008; 정현주, 2015 재인용).

음색과 관련된 연구를 살펴보면, 유아들은 여성과 남성의 목소리와 사진을 제공하였을 때, 여성의 목소리가 들리는 쪽으로 고개를 돌리는 행동을 보임으로써 여성적인 자극에 더 민감하게 반응한다고 보고하였다(Dubois et al., 1994; 정현주, 2015 재인용). 생후 11~12주의 영아는 사람의 소리를 다른 음과 확실히 구별할 수 있고, 사람의 음성을 선호한다. 특히 생후 14주 정도까지의 유아는 어머니의 음성을 다른 음보다 선호하게 된다(Richards, 1974; Hargreaves, 2010 재인용). 따라서 교사는 다양한 음색을 경험할 수 있는 음악활동을 계획함으로써 유아의 음색 개념을 발달시킬 수 있다. 영유아의 음색 개념을 발달시키기 위한 적합한 활동으로 다음과 같은 것들이 있다.

■ 음색 개념을 발달시키기 위한 음악활동

① 녹음한 소리를 듣고 누구의 목소리인지 알아맞히기
  예 엄마 목소리와 아빠 목소리, 선생님과 친구의 목소리, 할아버지와 아기 목소리
② 바이올린과 피아노 소리 듣고 무슨 악기인지 알아맞히기
③ 핸드드럼(북)으로 다양한 소리 만들어 보기
  예 긁기, 문지르기, 두드리기, 손가락으로 튕기기 등
④ 같은 노래를 다른 음색의 악기로 연주한 음악 듣고 차이점 이야기하기
  예 피아노, 바이올린, 카쥬 등
⑤ 크기가 서로 다른 핸드드럼 소리 내어 보기
  예 큰 핸드드럼과 작은 핸드드럼

⑥ 금속악기와 나무악기 소리 탐색하기

예 리듬막대와 트라이앵글

⑦ 이야기를 소리로 만들어 보기

예 〈토끼와 거북〉 이야기에서 토끼와 거북이 달려가는 소리 내어 보기
토끼: 투톤블록, 거북: 핸드드럼의 북면 문지르기

2. 셈여림(dynamics)

음악에서 셈여림은 다이나믹 레벨(dynamic levels)을 말한다(Miché, 2002). 즉, 소리의 세기 또는 강도(강약)를 의미한다. 정해진 시간 동안에 만들어지는 소리 파장의 높이가 높으면 센소리가 나고 파고(波高)가 낮으면 여린 소리가 난다. 악보에서 음높이의 표기는 음표에 의해 특정한 위치를 나타내는 반면 음 세기의 표기는 이태리 어원의 음악용어를 사용하여 '상대적'인 셈여림의 변화를 단어나 기호로 나타낸다. 셈여림의 수준은 기본적으로 *pp*, *p*, *mp*, *mf*, *f*, *ff* 등 여섯 가지 강도의 단계가 사용되어왔는데 유아들에게는 작게(piano), 보통(mezzo), 크게(forte) 이 세 개의 셈여림 수준을 가르칠 것을 제안하고 있다(Miché, 2002). 기본적인 셈여림 수준은 〈표 4-3〉과 같다.

| 표 4-3 | 기본적인 셈여림 수준

<table>
<tr><th>용어</th><th>기호</th><th colspan="2">뜻</th></tr>
<tr><td>pianissimo(피아니시모)</td><td>pp</td><td>매우 작게</td><td></td></tr>
<tr><td>piano(피아노)</td><td>p</td><td>작게</td><td rowspan="4">유아에게 적합한 수준</td></tr>
<tr><td>mezzo piano(메조 피아노)</td><td>mp</td><td>조금 작게</td></tr>
<tr><td>mezzo forte(메조 포르테)</td><td>mf</td><td>조금 크게</td></tr>
<tr><td>forte(포르테)</td><td>f</td><td>크게</td></tr>
<tr><td>fortissimo(포르티시모)</td><td>ff</td><td>매우 크게</td><td></td></tr>
</table>

| 표 4-4 | 셈여림의 변화를 나타내는 용어

용어	약자	기호	뜻
crescendo(크레셴도)	*cresc.*	<	점점 크게
decrescendo(데크레셴도)	*decresc.*	>	점점 작게
diminuendo(디미누엔도)	*dim.*	>	점점 작게

셈여림의 변화는 음악적 표현에서 매우 중요한 역할을 한다. 즉, 음악의 셈여림은 '감정의 강도'를 의미하며, 음악이 담고 있는 감정과 이를 표현하고자 할 때 사용된다(정현주, 2015). 셈여림 수준의 변화에 따라 영유아들은 음악을 다르게 느낄 수 있다. 예를 들어, 생상스(Saint-Saëns)의 〈동물의 사육제〉 중 〈사자왕의 행진〉을 들으며 영유아들은 사자의 위풍당당함을 느낄 수 있으며, 〈백조〉와 같은 음악을 들으면서 조용하고 평화로운 느낌을 경험할 수 있다. 이처럼 영유아들은 셈여림의 변화에 따라 음악을 이해하고 자신의 감정을 표현하며 즐길 수 있다. 셈여림의 변화를 나타내는 용어는 〈표 4-4〉와 같다.

셈여림 개념의 발달은 Briggs(1991)의 음악적 발달단계에 따르면, 3세에 큰 소리를 식별할 수 있으며, 5세에 작은 소리를 식별할 수 있다. 5~6세가 되면 음의 강함과 온화함을 이해한다(Shuter-Dyson & Gabriel, 1981; Hargreaves, 2010 재인용). 따라서 교사는 발달에 적합한 셈여림 개념을 적용한 음악활동을 계획할 수 있어야 한다. 음악에서 유아의 셈여림 개념을 발달시키기 위한 적합한 활동으로 다음과 같은 것들이 있다.

■ 셈여림 개념을 발달시키기 위한 음악활동

① 지휘에 따라 크게/보통/작게 노래 부르기

② 타악기 소리의 크기에 따라 걸어 보기

③ 북으로 크고/보통/작은 소리 만들기

④ 아이스콘 인형의 크기에 따라 크게/보통/작게 노래 부르기

⑤ 셈여림 그림카드(f, p)에 따라 노래 부르기

⑥ 큰 소리와 작은 소리로 연주하는 음악듣기 느낌을 이야기 나누기

예 요한슈트라우스 2세 〈천둥과 번개 폴카〉

예 생상스의 〈동물의 사육제〉 중 〈백조〉

⑦ 셈여림 수준에 따라(작게, 보통, 크게) 연주되는 음악을 듣고 비교하기

⑧ 3개의 셈여림 수준을 칠판에 쓰고, 유아가 가리키는 수준에 따라 노래 부르기

⑨ 교사가 책을 크게/보통/작게 읽을 때, 유아가 해당 셈여림 카드 고르기

3. 빠르기(tempo)

빠르기(tempo)란 이탈리아 말로 'time(시간)'이며, 음악이 연주되는 속도(Miché, 2002)를 말한다. 템포는 박이 반복되는 속도(speed)와 관련되며, 곡의 빠르고 느린 정도로서 음악에서 시간적 흐름을 구조화하는 기능을 한다. 즉, 박(beat)의 속도에 따라 똑같은 음악이라도 빠르게 연주될 수 있고 또한 느리게 연주될 수도 있다. 템포는 일반적으로 전통적인 이탈리아어를 사용하는데 템포의 표기법과 의미는 〈표 4-5〉와 같다. 더욱 정확한 템포의 표기는 메트로놈(metronome)[1] 표기법을 이용해서 수치로 표현할 수 있다. 'M. M. =60'이라고 표기된 경우, 1분 동안 기본박 4분음표(♩)가 60번 균등하게 분할되는 속도를 의미한다.

1) 메트로놈(박자기)은 독일의 발명가 요한 멜첼(Johann Mälzel: 1772~1838)에 의해 고안되었는데 그의 이름을 따서 '멜첼의 메트로놈(Mälzel's Metronome)'이라고 하며, 그 약자를 사용하여 M.M. 으로 표기하기도 한다(김유희, 2010).

| 그림 4-3 | 메트로놈

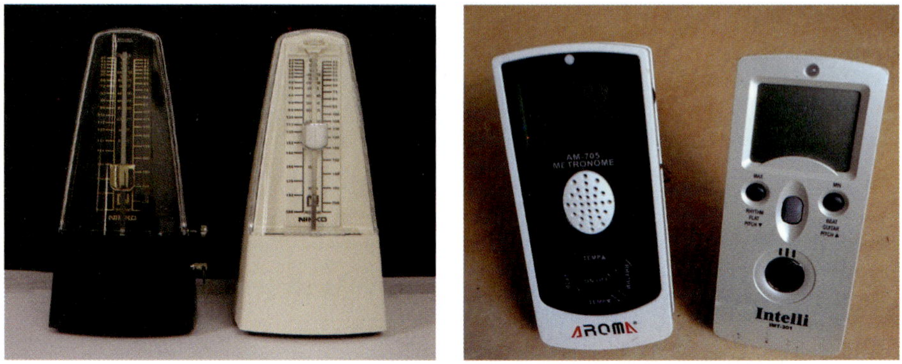

수동 메트로놈　　디지털 메트로놈

빠르기의 변화에 따라 유아들은 곡의 성격이나 분위기를 다르게 느낄 수 있다. 음악의 템포가 빠르면 밝고 경쾌하게 느껴져 활동 수준이 높아지며, 템포가 느리면 장중하고 엄숙한 분위기로 활동 수준이 낮아진다. 더 나아가 빠르기는 음악의 에너지 수준을 의미하는 지표라고 할 수 있다(정현주, 2011). 예를 들어, 림스키 코르사코프의 〈왕벌의 비행〉과 같은 음악은 흥분과 긴박감을 느낄 수 있고, 바흐의 〈G선상의 아리아〉와 같은 음악은 감미롭고 여유로운 느낌을 준다. 유아들은 이와 같은 음악을 들으면서 빠르게 또는 느리게 움직여 보기도 하고, 빠르기에 따라 마라카스와 같은 타악기를 흔들 수 있다. 이처럼 유아들은 빠르기의 변화에 따라 음악을 이해하고 자신의 감정을 표현하며 즐길 수 있다. 일반적으로 사용하는 빠르기표의 이태리어 용어를 정리하면 〈표 4-5〉와 같다.

| 표 4-5 | 빠르기표

	빠르기표	뜻
느리게	*adagio*(아다지오)	느리게
보통빠르게	*andante*(안단테)	적당히 느리고 걷는 속도로
	moderato(모데라토)	적당한 속도로
	allegretto(알레그레토)	*allegro*보다 덜 빠르게
빠르게	*allegro*(알레그로)	빠르고 생기 있게
	presto(프레스토)	매우 빠르고 생기 있게

출처: 김유희(2010). p.173 일부 발췌.

빠르기 발달에 관한 연구를 살펴보면, 영유아는 빠르기 변화에 민감하다. 2개월에 빠르기의 변화를 알아챌 수 있고, 특정한 빠르기에 길들여질 수 있으며, 만일 그 빠르기에 변화가 있는 경우 반응을 할 수 있다(Baruch & Drake, 1997). 4세부터는 빠르기 변화를 알고 음악에 맞출 수 있다(Drake et al., 2000; 고선미, 2011 재인용).

■ 빠르기 개념을 발달시키기 위한 음악활동

① 빠르고 느린 소리 구별하기

예 말 달리는 소리와 천천히 걷는 소리

② 빠르기 수준에 따른 음악을 듣고 느낌의 차이를 이야기 나누기

예 림스키 코르사코프의 〈왕벌의 비행〉

바흐의 〈G선상의 아리아〉

③ 메트로놈의 빠르기에 맞춰 손뼉치기 / 노래 부르기

④ 지휘자의 빠르기에 따라 노래 부르기 / 악기 연주하기

⑤ 리듬막대의 빠르기에 맞춰 걷기 / 달리기

⑥ 빠르기가 상반되는 음악을 들으며 신체표현하기

예 림스키 코르사코프의 〈왕벌의 비행〉과 생상스의 〈동물의 사육제〉 중 〈거북이〉

⑦ 빠르기를 반영한 음악을 들으면서 감정을 그림으로 표현하기

⑧ 음악을 들으며 빠르기 카드 고르기

⑨ 쇼팽의 〈강아지 왈츠〉를 들으며 빠르기에 따라 리본막대 흔들기

4. 리듬(rhythm)적 요소들

리듬은 음악을 이루는 가장 중요한 요소의 하나이다. 리듬은 하나의 단위가 아닌 박(박동), 박자, 음길이(장단), 리듬패턴 등의 하위 요소들이 포함된다. 리듬에 관한 정의를 살펴보면, 리듬은 장단의 특성들로 이루어진 음악의 중요한 기본 조직체(Radocy & Boyle, 2018), 박(beat)으로 구성되는 음악의 시간적 조직체(Bruscia, 1987; 정현주, 2011 재인용), 음 하나하나의 길이를 뜻하는 것으로 음의 장단과 셈여림이 시간적으로 결합하여 진행하는 것(김영연, 2002), 길고 짧은 소리의 운율적 패턴(김진영 외, 2017)으로 정의된다. 여기에서 시간적 조직은 박과 관련이 있으며, 셈여림은 박자와 관련된다. 따라서 리듬은 박, 박자, 장단, 리듬패턴으로 이루어졌다고 할 수 있다. 이들 각각의 리듬의 하위개념들을 먼저 살펴보자.

1) 박(beat, 拍)

박(beat)은 음악을 지속적으로 떠받쳐 주는 기본적인 박동(pulse)이며(Miché, 2002), 리듬의 가장 작은 단위이다. 박은 길이의 기본 단위로서 길이를 균등하게 분할해 주며 박자의 단위가 된다. 즉, 박은 일정한 간격(거리)을 두고 울리는 규칙적인 소리(steady pulse)이다. 규칙적, 반복적, 지속적이라는 박의 특성 때문에 박은 일정박, 고정박, 기본박, 연속박 또는 박동과 같은 용어로 불리기도 한다. 〈악보 4-1〉과 같이 박은 시간 간격에 따라 하위 분할될 수 있다.

| 악보 4-1 | 박의 시간적 분할의 예

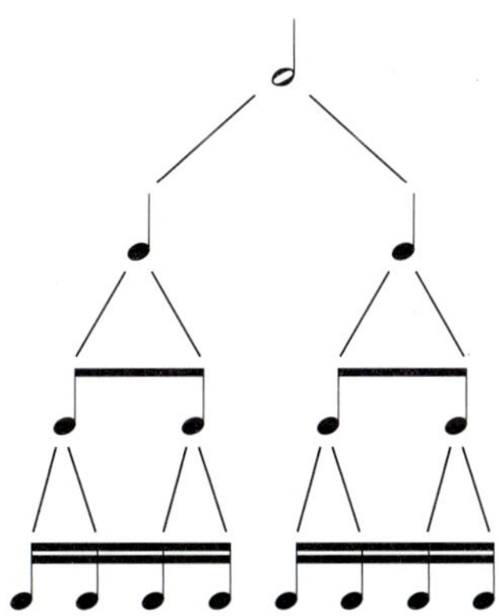

음악에서 박은 어떤 기능을 하는 것일까? 정현주(2011)는 박 사이의 시간적 간격이 동일한 경우, 박은 안정된 정서를 유도한다고 보았다. 즉, 박은 태아기 때 양수 속에서 듣던 엄마의 심장박동 소리가 일정하게 일어나는 박의 나열과 같은 패턴이므로 태아가 양수 속에서 경험했던 평정 상태를 재경험하게 해 준다는 것이다. 또한 박 사이의 시간적 간격이 상대적으로 짧은 경우, 에너지 수준이 높아지면서 리듬감이 상승한다. 〈악보 4-1〉의 a에서 d로 갈수록 박들의 시간 분할이 좁아지는데 이는 에너지 수준이 높아짐을 느낄 수 있다. 〈시계 소리〉 노래를 부르면서 느린 시계, 착한 시계, 바쁜 시계, 알람 시계 소리의 차이를 느껴보자 〈악보 4-3〉.

| 악보 4-2 | 박의 시간적 분할에 따른 시계 소리 리듬

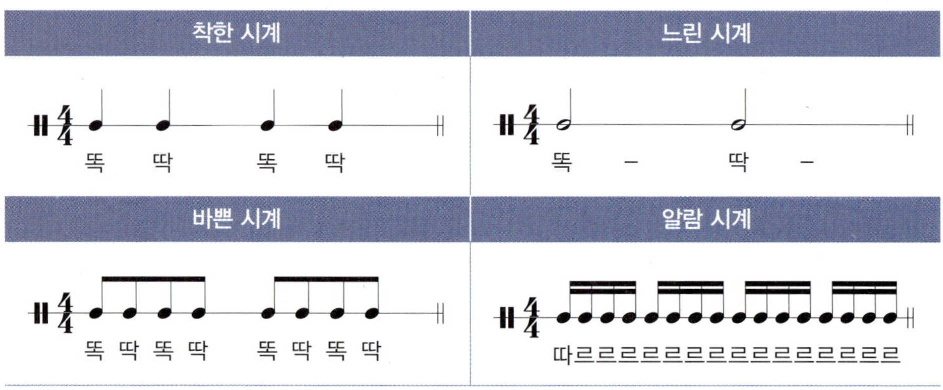

| 악보 4-3 | 시계 소리

시계 소리

김향숙 작사/작곡

박 개념의 발달은 리듬에 관한 음악적 발달단계에서 살펴볼 수 있다. Briggs(1991)에 따르면, 영아들은 출생하면서부터 울음, 빨기의 반사적인 운동 리듬을 과시한다. 2~3개월에 앞뒤로 흔들거리며, 10~14개월에 걷기를 배운다. 18개월의 영아는 두드리고 쾅쾅 치는 반복적인 리듬을 과시한다. 따라서 교사는 박의 발달을 고려하여 영유아의 음악활동을 계획할 수 있어야 한다. 영유아의 박 개념을 발달시키기 위한 적합한 활동으로 다음과 같은 것들이 있다.

■ 박 개념을 발달시키기 위한 음악활동

① 주변에서 일정하게 반복되는 소리 찾아보기

예 심장 박동소리, 시계 소리, 걷는 소리, 메트로놈(박자기) 소리, 수돗물 떨어지는 소리

② 규칙적인 소리와 불규칙적인 소리 구별하기

예 같은 크기의 플라스틱 병 뚜껑을 일정한 간격에 맞추어 배열하고 손뼉치기

③ 빠른 박과 느린 박 구별하기

예 병뚜껑의 간격을 좁게/넓게 배열하고 손뼉치기

④ 강한 박과 여린박의 차이

예 강한 박: 발구르기로 일정박 연주하기

여린 박: 손뼉치기로 일정박 연주하기

⑤ 박에 맞추어 노래 부르기

⑥ 박에 맞추어 제자리 손뼉치기/걷기

⑦ 박을 치며 노래 부르기

2) 박자(meter)

박자(meter)는 박의 개념을 포함하고 있다. 박자에 관한 정의들을 보면, 더 강하고 더 약한 박들이 되풀이해서 일어나는 패턴(Campbell & Scott-Kassner, 2010), 일정 시간 단위로 되풀이되는 악센트의 주기적 반복(김진영 외, 2007)이다. 즉, 박자란 박의 그루핑(grouping)에 대한 것이다(Radocy & Boyle, 2018). 한 그룹(마디)에 3개의 박을 묶고, 첫 번째 박에 악센트(강박)를 주면 3박자가 된다. 한 그룹에 4개의 박을 묶고, 첫 번째 박에 악센트를 주면 4박자가 된다(악보 4-4).

박자는 $\frac{4}{4}$, $\frac{3}{4}$과 같은 박자표로 나타내며, 보통 한 마디를 기준으로 표시된다(악보 4-4 참고). 일반적으로, 아래 숫자는 한 박을 받는 '음표(의 가치)'를 의미하고, 위의 숫자는 박들의 '수'를 보여 준다. 예를 들어, $\frac{2}{4}$박자는 4분음표가 한 마디에 2개 있음을 나타낸다.

| 악보 4-4 | 기본 박자와 악센트

박자는 음악에서 어떤 역할을 하는 것일까? Benjamin(1984)은 박자의 기능 중 하나를 곡의 시간을 측정하는 방법을 제공한다고 하였다(Radocy & Boyle, 2018 재인용). 정현주(2011)는 박자는 리듬에 실린 에너지 수준을 통제하는 기능을 한다고 하였다. 하지만 감상자들이 박자감을 느끼지 못하는 것은 음악의 박자감에 익숙하기 때문이며, 오히려 박자감이 결핍된 경우 감상 시 불안한 정서를 경험하게 된다. 따라서 안정적인 음악 감상을 할 때 박자 개념은 필요한 것이다. 영유아의 박자 개념을 발달시키기 위한 적합한 활동으로 다음과 같은 것들이 있다.

■ 박자 개념을 발달시키기 위한 음악활동

① 2박자에 맞춰 신체악기 연주하기

예 박에 맞춰 손뼉을 치다가 2박 단위로 첫 박에 무릎치기

② 3박자에 맞춰 신체악기 연주하기

예 박에 맞춰 손뼉을 치다가 3박 단위로 첫 박에 무릎치기

③ 4박자에 맞춰 신체악기 연주하기

예 박에 맞춰 손뼉을 치다가 4박 단위로 첫 박에 무릎치기

④ 2박자/3박자/4박자에 맞춰 타악기 연주하기(소고 또는 핸드드럼)

예 2박자: 북면치기-테치기

3박자: 북면치기-테치기-테치기

4박자: 북면치기-테치기-테치기-테치기

⑤ 음악을 듣거나 노래를 부르면서 ④번 활동을 하기

예 2박자: 〈구슬비〉

예 3박자: 〈똑같아요〉 〈옹달샘〉

예 4박자: 〈참 재미있었지〉 〈개구리와 올챙이〉

⑥ 시각적 자료를 이용한 박자 만들기

예 같은 크기의 병뚜껑을 일정한 간격으로 배열한다.

2박자/3박자/4박자가 되도록 박에 따라 마디를 만들어 한 그룹(묶음)을 만든다.

각 박자의 첫 박에 더 큰 병뚜껑을 배치한다.

⑦ 박자 연주하기

예 ⑥번에서 만든 박자를 연주하기

3) 장단(duration)

장단이란 음의 길이로서 소리의 길고 짧음, 즉 음의 지속시간을 의미한다. 한 마디에서 길고 짧은 소리가 어떻게 결합되는지에 따라 다양한 리듬이 이루어질 수 있다. 장단은 𝅗𝅥(2분음표), ♩(4분음표), ♪(8분음표) 등의 음표로 표시한다. 악보에서 음의 길이를 표시하는 음표와 쉼표의 길이는 〈표 4-6〉과 같다.

| 표 4-6 | 음표/쉼표의 길이

음표		쉼표		길이
음표이름	기호	쉼표이름	기호	
4분음표	♩	4분쉼표	𝄽	1박
8분음표	♪	8분쉼표	𝄾	$\frac{1}{2}$박
2분음표	𝅗𝅥	2분쉼표	𝄼	2박
온음표	𝅝	온쉼표	𝄻	4박
16분음표	𝅘𝅥𝅯	16분쉼표	𝄿	$\frac{1}{4}$박
점2분음표	𝅗𝅥.	점2분쉼표	𝄼.	3박
점4분음표	♩.	점4분쉼표	𝄽.	1과 $\frac{1}{2}$박
점8분음표	♪.	점8분쉼표	𝄾.	$\frac{3}{4}$박

영유아의 장단 개념을 발달시키기 위한 적합한 활동으로 다음과 같은 것들이 있다.

■ 장단 개념을 발달시키기 위한 음악활동

① 긴 소리와 짧은 소리 듣고 구별하기

예 고양이 소리와 참새 소리

예 종소리와 노크 소리

예 트라이앵글 소리와 우드블록 소리

② 긴 소리와 짧은 소리 목소리로 흉내 내기

예 입술 불기와 혀 차기

예 비행기 날아가는 소리와 망치소리

③ 악기를 이용해 길거나 짧은 소리 만들기

예 트라이앵글과 우드블록 소리

④ 긴 소리와 짧은 소리로 노래 부르기

예 〈작은별〉노래를 길게/짧게 부르기

⑤ 악기 소리를 듣고 그림으로 표현하기

예 트라이앵글과 우드블록

⑥ 짧은 소리로 연주하는 음악과 긴 소리로 연주되는 음악을 감상해 보기

예 〈만돌린 협주곡〉과 〈G선상의 아리아〉

4) 리듬패턴(rhythmic pattern)/리듬

리듬이라는 말은 그리이스어의 동사 rhein 으로부터 왔으며, 'to flow(흐르는 것)'를 의미한다(Campbell & Scott-Kassner, 2010). 리듬은 라임(랩)으로 찬트(노래)를 할 때처럼, 길고 짧은 소리들이 결합될 때 만들어진 패턴과 관련 있다(Greata, 2006). 리듬은 '질서 있는 움직임에서 길이의 조직'이며(Creston, 1964), 박자, 속도, 악센트, 패턴의 네 가지 기본적인 양상을 보인다(Radocy & Boyle, 2018 재인용).

이들을 종합해 보면 리듬에는 박, 박자, 길이의 조직, 패턴 등의 속성이 있음을 알 수 있다. 즉, 리듬은 박과 박자 선상에서 음의 길이(장단)들이 다양하고도 자유롭게 조직된 것으로 음악이 되도록 하는 길이적 속성을 갖는다. 음의 길이를 어떻게 조직하느냐에 따라 다양한 리듬이 만들어진다.

사람들은 보통 박과 리듬을 혼용하여 사용하고 있다. 박은 동일한 시간 간격으로 흘러가는 소리라면, 리듬은 불규칙인 시간 간격의 흐름이다. 리듬이 이루어지기 위해서 박과 박자의 선상에서 서로 다른 음가(음표, 쉼표)들이 자유롭게 조직된다. 박과 박자가 건축물의 기둥(골격)이라면 리듬은 그 위에 다양한 인테리어로 구성된 장식품이라고 비유할 수 있다(정현주, 2011). [그림 4-4]에서 박,

박자, 장단, 리듬패턴 등 리듬의 하위요소들의 개념적 차이를 이해할 수 있다.

| 그림 4-4 | 리듬의 하위요소 비교

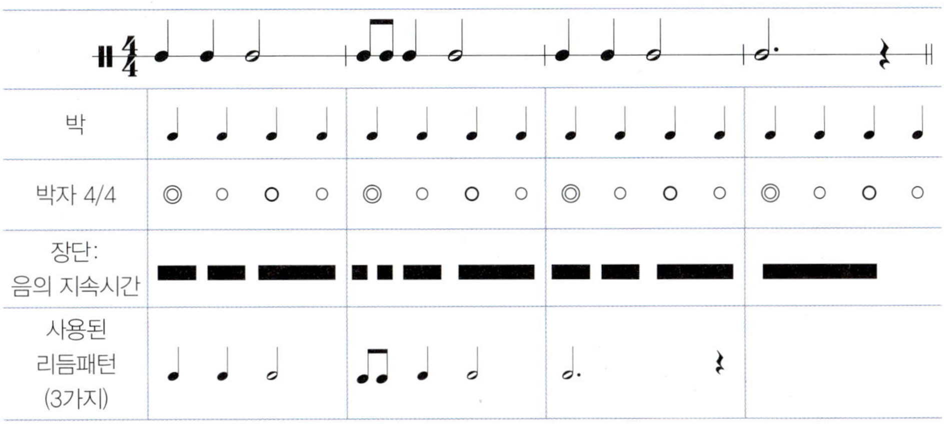

리듬은 음악에서 어떤 역할을 하는 것일까? 리듬의 기능과 관련하여 Gaston (1968)은 다음과 같이 언급하였다(Radocy & Boyle, 2018 재인용).

> "세계 모든 문화에 존재하는 음악에서 가장 기본적으로 나타나는 것은 리듬이다. 리듬은 조직체이며 에너지를 주는 활력자(energizer)이다. 멜로디나 화성이 없는 음악은 있을 수 있지만 리듬이 없는 음악은 존재할 수 없다."

이처럼 리듬은 음악에 역동적인 에너지를 부여한다.

영유아의 리듬발달 능력은 1세 이전에 리듬적 (좌우로) 흔들기를 보이고, 1~2세에 불규칙적 리듬패턴을 흥얼거린다. 3세에는 박자에 대한 느낌이 있고, 짧은 리듬패턴을 모방한다. 4~5세가 되면 악기로 짧은 리듬패턴을 모방할 수 있다. 영유아의 리듬발달을 표로 제시하면 〈표 4-7〉과 같다(Campbell & Scott-Kassner, 2010).

| 표 4-7 | 유아의 리듬발달

연령	발달능력(developmental skill)
1세 이하	· 리듬적 (좌우로) 흔들기, 흔들기(rocking), 흔들기(bouncing)를 보임
1~2세	· 불규칙적 리듬패턴을 흥얼거림 · 춤과 같은 리듬동작들을 함
2세	· 규칙적인 박과 리듬패턴을 중심으로 자발적으로 노래 부름
3세	· 박자에 대한 느낌이 있고 규칙적으로 반복되는 리듬패턴의 노래를 부름 · 짧은 리듬패턴 모방하기
4~5세 (유치원)	· 규칙적인 박(pulse)에 맞추어 두드리기 · 리듬감 있는 손뼉치기와 두드리기를 시작함 · 악기에 짧은 리듬패턴을 모방함
6~7세 (1~2학년)	· 빠르고 느림, 길고 짧음을 구별함 · 더 빠르고 더 느린 노래를 부를 수 있음 · 4분음표, 8분음표, 2분음표 리듬을 할 수 있음 (부모와 함께)

출처: Campbell & Scott-Kassner(2010).

리듬발달에 관한 연구는 영유아가 리듬 패턴의 차이에 반응한다는 것을 보여 주었다. Chang과 Trehub(1977)은 영아는 반복되는 패턴에 익숙해지는 경향이 있지만 변화가 나타날 때 반응한다는 것을 보여 주었다. Jersild와 Bienstock(1935)은 2~5세 아동들이 음악에 따라 박을 치는 능력을 조사한 결과 400개의 가능한 박들(작은 분할로 실행)에서 정확한 박의 평균은 2세는 평균 84.5의 박, 3세는 109.4의 박, 4세는 159.9의 박, 5세는 192.8의 박이 나타나 연령이 증가함에 따라 박을 치는 능력이 크게 향상된다는 것을 입증하였다(Radocy & Boyle, 2018 재인용). 또한 음악적 개념에 기초한 음악활동이 리듬 발달에 긍정적인 영향을 미친다고 보고하고 있다(곽영숙, 2010; 김성신, 2016; 김현, 2016; 남선옥, 2013; 한아람, 2017).

■ 유아기에 경험할 수 있는 리듬패턴

| 그림 4-5 | 2박자 리듬패턴의 예

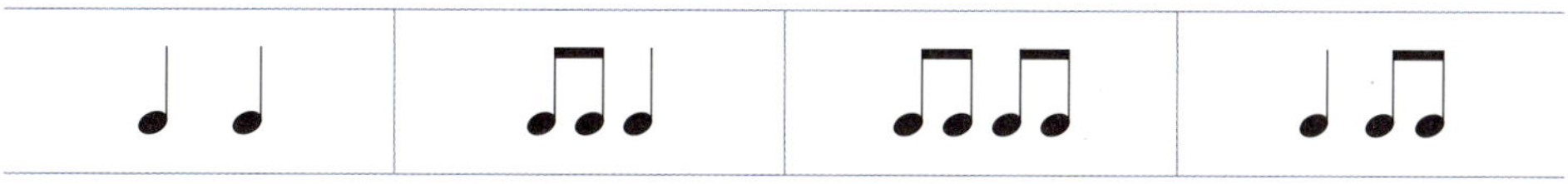

| 그림 4-6 | 4박자 리듬패턴의 예

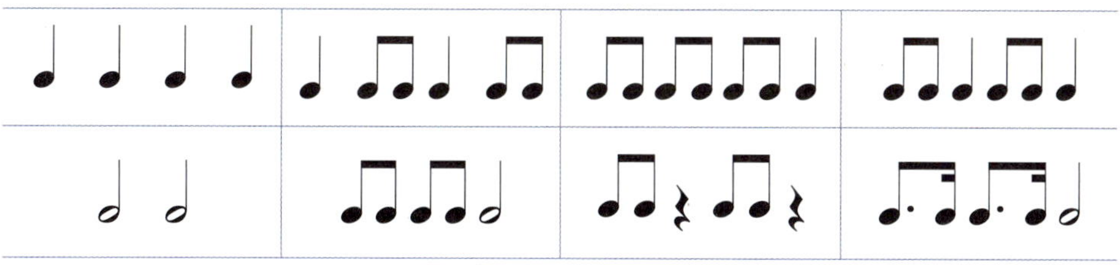

■ 리듬 개념을 발달시키기 위한 음악활동

- 리듬 모방하기

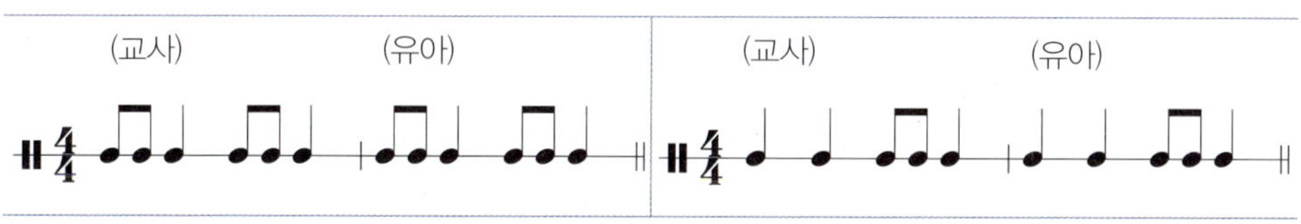

- 이름으로 리듬 만들기

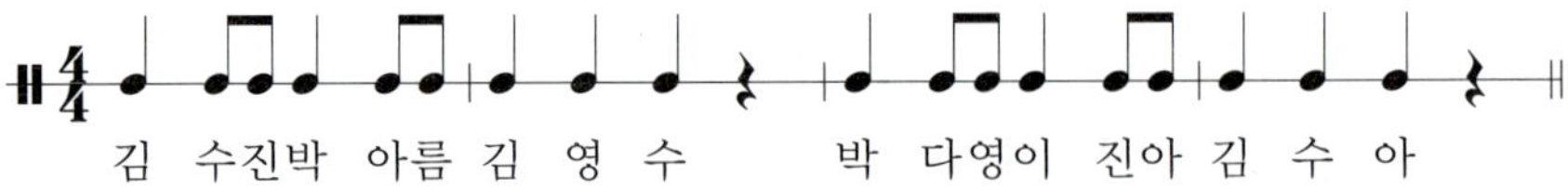

- 같은 말의 다양한 리듬 패턴

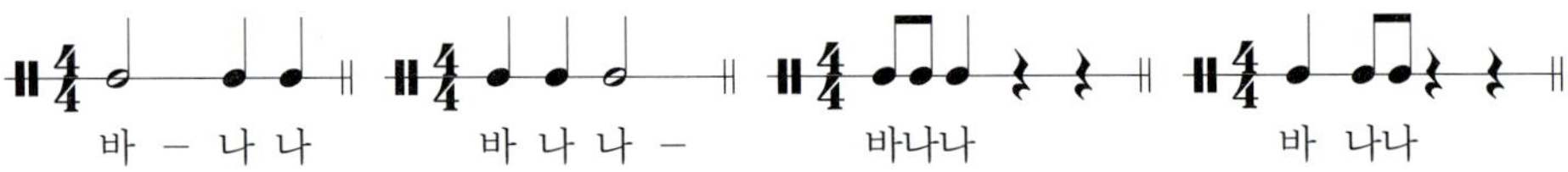

- 속담으로 리듬 만들기

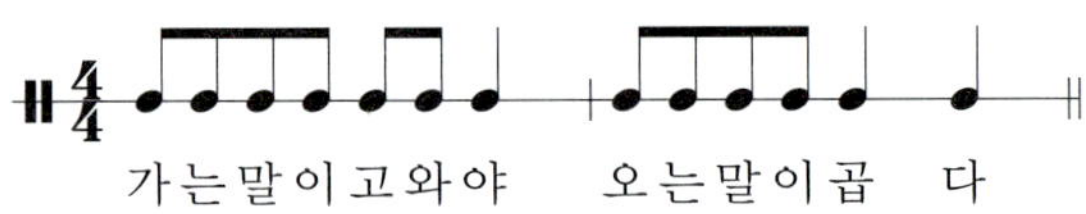

- 묻고 답하기 리듬 패턴

5. 선율(melody)적 요소들

선율(melody)이란 가락 또는 멜로디라고 부르기도 한다. 선율은 '노래(song)'를 의미하는 그리이스의 말 'melos'와 '노래하는 것(to song)'을 의미하는 aeidein으로부터 유래하였다(Campbell & Scott-Kassner, 2010). 선율의 정의를 살펴보면, 음의 고저와 장단의 시간적 구성(김영연, 2007), 음의 높낮이와 긴 소리/짧은 소리가 시간적으로 구성된 것(안재신, 2004), 단일음들의 연결이며, 음높이관계(pitch relationship)와 길이관계(durational relationship)의 두 가지 요인으로 구성된다(Radocy & Boyle, 2018). 다시 말해서 선율은 리듬 구조에 음높이 요소가 추가된 것이다. 따라서 선율은 리듬과 음높이를 모두 포함하고 있으며, 리듬보다 더 큰 개념으로 볼 수 있다. 선율의 하위 요소에는 조성, 음높이, 방향과 진행, 음정, 음역 등이 포함된다(이홍수, 1992). 본 장에서는 영유아가 경험하기 적합한 선율 개념으로 음높이(pitch)와 음 흐름(선율윤곽 melodic contour) 요소를 중점으로 다루기로 하겠다.

1) 음높이(pitch)

음높이(pitch)란 높고 낮은 연속체 위에 음의 분명한 위치와 관련된다(Radocy & Boyle, 2018). 정해진 시간 동안에 일정한 높이의 진동수(주파수 frequency)가 많으면(진동이 빠를수록) 높은 소리가 되고, 진동수가 적으면 낮은 소리가 된다. 소리가 고정 주파수를 지닌 경우는 음으로 불리는데 조율의 기준으로 삼는 가음(a)의 주파수는 440헤르츠(Hertz)[2]이다. 음악에서는 특정 주파수에 특정 음이름(pitch name 혹은 musical alphabet)을 붙여 사용한다.

2) 헤르츠는 국제적인 소리의 높이 단위로 사이클(또는 진동수 frequency)과 동일한 개념이다. 독일 태생의 세계적인 물리학자 하인리히 헤르츠(Heinrich R. Hertz; 1857~1894)가 발견했기 때문에 그의 이름을 따서 명명한 것이다(김영연, 2007).

이처럼 음높이는 소리의 높고 낮음의 정도를 의미한다. 음높이는 C, D, E, F, G, A, B와 같은 음이름을 사용하여 음높이의 수준을 표시한다. 피아노 건반에서의 음이름은 [그림 4-7]과 같다.

| 그림 4-7 | 피아노 건반에서의 음이름

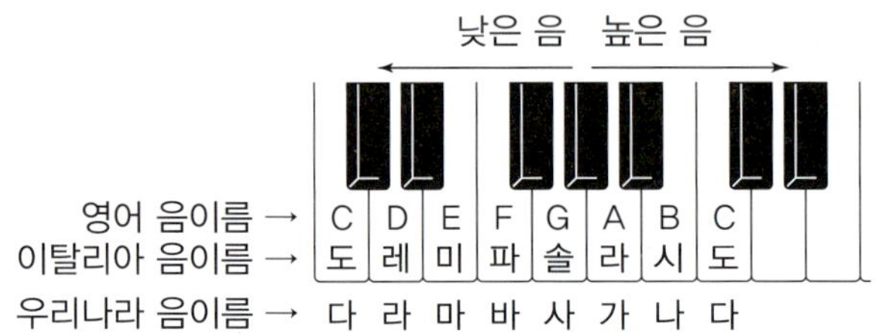

■ 음높이 개념을 발달시키기 위한 음악활동

① 높은 소리와 낮은 소리 듣고 구별하기

| 그림 4-8 | 높은 소리와 낮은 소리

새 소리	돼지 소리

② 주변에서 높은 소리와 낮은 소리 찾아보기

예 새소리와 돼지소리

③ 높은 소리와 낮은 소리로 연주되는 음악을 듣고 알아맞히기

④ 교사가 책을 높게/낮게 읽을 때, 유아가 해당 음높이 카드 고르기

⑤ 실로폰의 높은 소리와 낮은 소리 탐색하기

| 그림 4-9 | 높고 낮은 소리: 실로폰

왼쪽–낮은 소리, 오른쪽–높은 소리

⑥ 높은 소리/ 낮은 소리로 동시 읽기

⑦ 시소가 올라갈 때 높은 소리, 내려갈 때 낮은 소리 내기

| 그림 4-10 | 높고 낮은 소리: 시소타기

올라갈 때 – 솔	내려갈 때 – 미

2) 음 흐름(윤곽 melodic contour)

음 흐름은 높고 낮은 음의 움직임에 따라 나타나는 선율의 형태(윤곽, contour)를 말한다. 따라서 음 흐름은 음의 연속적인 연결이라는 점에서 음높이의 선형적 모양(linear shape)을 갖는다. 음 흐름은 음높이의 방향과 움직임에 따라 올라가기, 내려가기, 차례가기, 건너뛰기, 반복하기, 도약하기 등으로 표현된다.

| 악보 4-5 | 음 흐름의 예

① 올라가기	선율의 형태를 그려보세요.

② 내려가기	선율의 형태를 그려보세요.
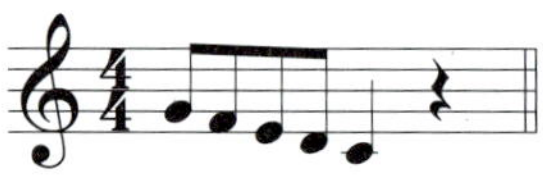	
③ 차례가기	선율의 형태를 그려보세요.

④ 건너뛰기	선율의 형태를 그려보세요.

⑤ 반복하기	선율의 형태를 그려보세요.

⑥ 도약하기	선율의 형태를 그려보세요.

그렇다면 선율은 음악에서 어떤 작용을 하는가? 리듬이 인간의 에너지를 다루어 준다면 선율은 인간의 감정과 정서를 다루어 준다. 정현주(2011)는 선율의 폭(range)과 전개를 감정과 대비해서 설명하고 있다. 선율의 폭이 좁으면 그 선율이 담아내는 감정의 폭이 좁으며, 선율의 폭이 넓으면 감정의 깊이 또는 이를 표현하는 범위도 넓다. 낮은 연령을 대상으로 하는 음악과 높은 연령을 대상으로 하는 음악은 그 선율의 음역이나 전개에 차이가 있음을 알 수 있다. 영유아기에 부르는 노래는 대부분 5도 음역 이내에서 차례가기로 진행(순차진행)되는 선율 형태를 볼 수 있는데 이는 발달적으로 영유아기의 감정의 폭에 매우 적합하다(악보 4-6). 이처럼 음 흐름은 음 사이의 거리(간격, 폭)와 음의 진행(순차진행, 도약진행 등)에 따라 그 음악을 듣는 사람의 감정에 다르게 작용한다.

| 악보 4-6 | 순차진행의 선율 형태 예시

나비

김성균 작사/작곡

또한 선율은 장조[3]의 선율인지 단조의 선율인지에 따라 전혀 다른 정서적 반응이 일어나기도 한다. 장조의 곡은 보통 '도, 미, 솔' 중 한 음으로 시작하여 '도' 음으로 마치는 곡을 말하며, 단조의 곡은 보통 '라, 도, 미' 중 한 음으로 시작하여 '라' 음으로 마치는 곡을 말한다. 흔히, 단조의 선율은 다소 슬프고 어두운 서정적인 정서를(악보 4-7), 장조의 선율은 밝고 경쾌한 정서를 지닌다.

3) 장조/단조: 부록의 '조성(tonality)' 관련 내용 참고.

| 악보 4-7 | 단조의 노래 예시

엄마야 누나야

김소월 작사/ 김광수 작곡

장조의 곡(악보 4-8)과 단조의 곡(악보 4-9)이 주는 서로 다른 느낌을 〈나비야〉 노래로 비교해 보자.

| 악보 4-8 | 다(C) 장조의 노래 〈나비야〉

나비야

독일 민요

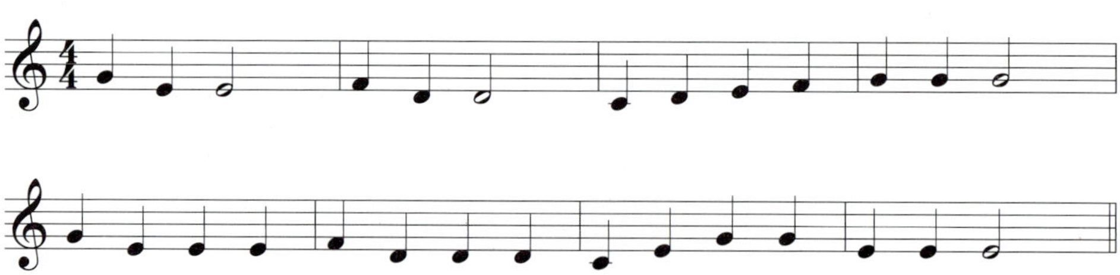

| 악보 4-9 | 가(a)단조의 노래 〈나비야〉

나비야

독일 민요/김향숙 편곡

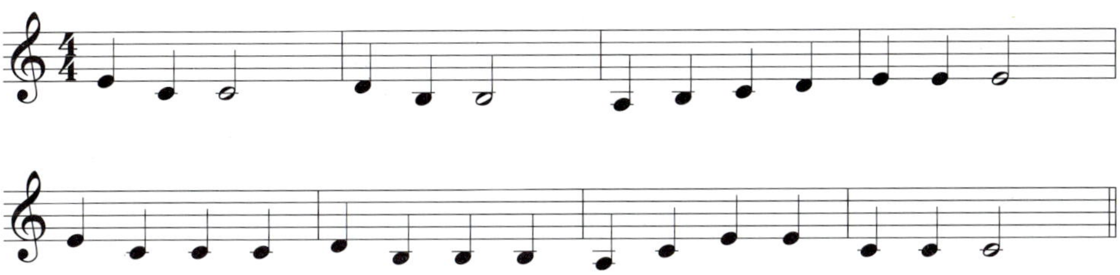

살펴본 바와 같이, 선율은 인간의 감정과 매우 깊은 관련이 있다. 따라서 교사는 유아의 다양한 정서에 반응할 수 있는 곡을 선정하여 음악활동을 계획할 수 있어야 한다.

> **장조 감상곡:** 터키 행진곡
> **단조 감상곡:** 생상스의 〈동물의 사육제〉 중 〈수족관〉

선율 개념의 발달을 보면, 0~2세는 선율의 전체적 흐름을 인식하고, 2~5세에 음높이, 형식 등을 지각하며, 5~8세에 단순한 선율이나 리듬패턴을 사용하는 작업이 가능해진다. 또한 음의 높낮이를 인식하고 이를 시각적으로 표현할 수 있는 능력이 생긴다(Hargreaves & Galton, 1992; 정현주, 2015 재인용).

선율 발달과 관련한 연구를 살펴보면, 유아들이 노래할 때 사용하는 음높이는 좁은 음정으로 나타났다(Davidson, 1983). McKernon(1979)는 생후 23개월 유아 17명의 노래에서 나타난 음정 중 43%는 2도이며, 이들의 음정 폭은 연령에 따라 증가하였다. 2세 반 정도까지 단2도는 장3도와 함께 흔히 나타나며, 이 시기가 되면 4도와 5도 음정이 나타나기 시작한다. 따라서 교사는 선율 발달에 적합한 음악활동을 계획하고 실행해야 한다(Hargreaves, 2010 재인용). 이와 같은 유아의 선율 발달을 표로 제시하면 〈표 4-8〉과 같다(Campbell & Scott-Kassner, 2010).

| 표 4-8 | 유아의 선율 발달

연령	지각과 개념
6개월 이하	• 음높이의 차이에 반응함 • 지속되는 음높이에 목소리를 매치시키고 소리를 모방하기 시작함
6~18개월	• 서로 다른 선율의 윤곽을 구별함 • 프레이즈의 끝과 음정들에 민감함
18개월~4세	• 익숙한 프레이즈를 인식할 수 있고 선율의 윤곽과 리듬에 기초하여 노래함 • 익숙한 자료를 모방할 능력이 향상됨 • 상대음감보다 절대음감에 더 주의를 기울임 • 동작을 통해 보여 준 프레이즈에 민감함
4세~8세 (유치원~3학년)	• 높고/낮음, 위/아래와 같은 음높이와 멜로디의 양상을 개념화하기 시작함 • 처음에는 시각적 자료를 보여 줌으로써 알게 되고(4~5세), 나중에는 말해 줌으로써 알게 됨(5~6세) • 음정(intervals)과 조성(tonality)에 대해 민감해짐 • 단위로서 프레이즈의 발달이 지속됨
8세~12세 (3학년~6학년)	• 음높이의 움직임(차례가기, 건너뛰기, 반복)에 대해 정확히 알 수 있음 • 가장 아래로 움직이는 패턴을 쉽게 지각함(이후로 위로 움직이는 패턴까지) • 멜로디의 동형진행에 대해 재인식함 • 10세~11세 경 음계와 선법(mode) 개념을 세울 수 있음

출처: Campbell & Scott-Kassner(2010).

■ 영유아의 선율 개념을 발달시키기 위한 활동

① 선율 듣고 제목 알아맞히기

② 선율 듣고 같은지 또는 다른지 알아맞히기

③ 선율의 모양(shape)이나 윤곽(contour)은 무엇인지 알아맞히기

④ 음고 기록하기: 어떤 음이 더 높은지/낮은지 알아맞히기

⑤ 음고 방향: 선율이 위로 올라가는지 아래로 내려가는지 알아맞히기

⑥ 음고 움직임: 선율이 차례가기/건너뛰기/반복인지 알아맞히기

⑦ 음정 크기(interval size): 음정이 크게/중간/작게 도약하는지 알아맞히기

⑧ 계단을 오르내릴 때 음높이로 표현해 보기

| 악보 4-10 | 음높이 계단

6. 화음(chords) / 화성(harmony)

음높이와 음 흐름에 대한 개념을 이해하는 유아들은 마침내 한 음이 아닌 두 개 이상의 음들이 동시에 나는 소리에 대해 인식하게 된다. 유아교육기관에서 교사가 연주하는 우쿨렐레나 피아노 반주, 아빠가 들려주는 기타 연주, 성당이나 교회에서 부르는 노래 등은 화음의 개념을 이해하기 위한 기초적 경험이 된다.

화음(chords)은 음높이가 다른 두 개 이상의 음이 동시에 울리는 것을 말하며, 이런 화음들이 연속적으로 연결되는 것을 화성(harmony)이라고 한다(악보 4-12). 화성은 부분적인 각각의 음들이나 화음에 반응하기보다 전체 속에서 반응한다(Mainwaring, 1951, Radocy & Boyle, 2018 재인용). 화음의 구성은 보통 어떤 음을 기준으로 3도의 음정[4)]관계를 유지하여 수직으로 쌓아 올린 세 개의 음으로 이루어지는데 이를 3화음(triads)이라고 한다. 선율을 수평적 구조라고 본다면 화음은 수직적 음높이 구조라고 할 수 있다. 이들 세 개의 음 중 가장 밑에 있는 음을 근음(밑음)이라 하며, 근음에서 3도 위의 음을 3음, 5도 위의 음을 5음이라 한다(악보 4-11).

---

4) 음정(intervals)은 두 음 사이의 거리(distance)를 가리키는 음악용어이다. 음정을 측정하는 방법은 음이름을 센 개수를 숫자로 표기하고 '도'라는 음정 단위를 붙인다. 이때 주의할 것은 1도를 제외한 모든 음정은 주어진 두 음 자체의 음이름도 포함하여 세어야 한다. 예를 들어, 보표 위에서 같은 선이나 같은 칸에 있는 두 음의 거리는 1도라고 하며, 어떤 줄에서 다음 줄에 있는(어떤 칸에서 다음 칸에 있는) 두 음의 거리는 3도가 된다(부록 참고).

| 악보 4-11 | 3화음의 구성

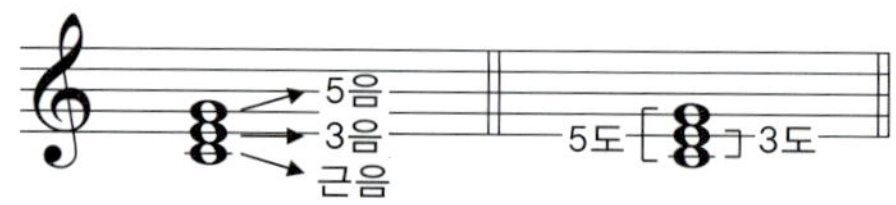

어떤 곡에서 주로 사용되는 세 가지 화음을 주요 3화음이라 하는데 이는 음계[5)]의 첫 번째 음(으뜸음), 네 번째 음(버금딸림음), 다섯 번째 음(딸림음)에서 구성된 3화음을 말한다. 이들 화음의 이름은 근음의 이름을 따서 각각 으뜸화음(Ⅰ), 버금딸림화음(Ⅳ), 딸림화음(Ⅴ)이라고 한다〈표 4-9〉. 이처럼 3화음의 이름은 화음기호(로마 숫자로 표기)로 나타내기도 하지만 악보에서 반주를 쉽게 하기 위하여 코드네임으로 표기하기도 한다. 주요 3화음의 이름과 화음기호, 코드네임은 〈악보 4-12〉와 같다.

| 표 4-9 | 장조의 주요 3화음

화음의 이름	기호	구성 음
으뜸화음	Ⅰ	도, 미, 솔
버금딸림화음	Ⅳ	파, 라, 도
딸림화음	Ⅴ	솔, 시, 레

5) 음계(scale)란 라틴어 'scala(스칼라)', 즉 '사다리(ladder)'라는 뜻으로 한 옥타브 안에서 음을 정렬하는 방법을 말한다(김유희, 2010). 구체적으로 반음 혹은 온음을 이용하여 한 옥타브를 '상향'으로 쌓아 올린 음들의 집합체이다. 온음과 반음이 놓이는 위치에 따라 장음계(major scale)와 단음계(minor scale)로 나뉜다(부록 참고).

| 악보 4-12 | 다(C)장조의 주요 3화음

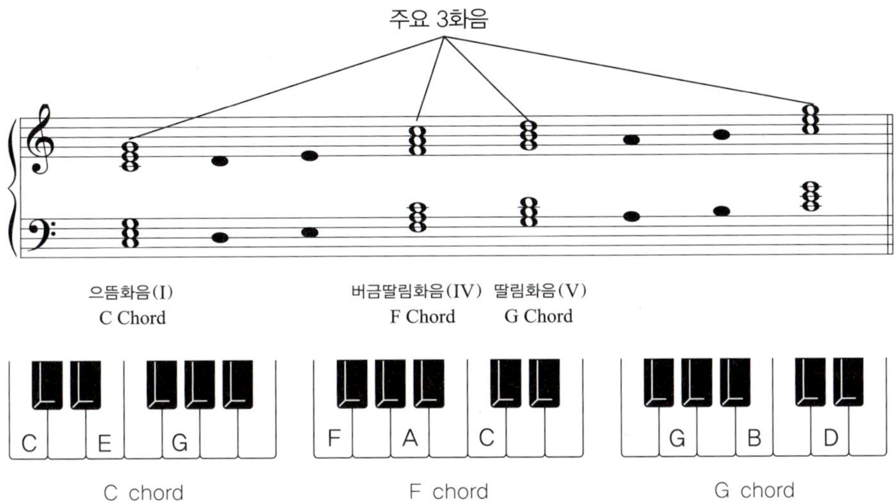

음악 안에서 화음은 어떤 기능을 하는 것일까? 정현주(2011)에 따르면 화음은 선율이 표현하고자 하는 감정을 지지하는 역할을 한다. 화음이 활발하게 움직이는 음악은 선율에 실린 감정을 활발하게 전달하는 역할을 한다. 선율이 아무리 감정적이라 하더라도 화음의 활발한 전개가 없다면 그 전달력은 매우 낮다고 하겠다. 이처럼 화음의 역할은 그 음악의 감정성(emotionality)에 많은 영향을 미친다. 유아들이 화음이 있는 반주음악과 무반주 음악을 듣고 구별하는 활동은 화성 개념을 이해하는 데 도움이 된다. 화음이 있는 선율과 화음이 없는 선율을 들어보고 서로 다른 느낌을 이야기해 보자〈악보 4-13〉.

| 악보 4-13 | 화음이 없는 선율 vs 화음이 있는 선율

A. 화음이 없는 선율

B. 화음이 있는 선율

화성 발달에 관하여, Shuter-Dyson과 Gabriel(1981)은 7~8세에 협화음과 불협화음을 구분하며, 9~10세에 2성부 선율을 지각한다고 하였다(Hargreaves, 2010 재인용).

화성에 관한 연구를 살펴보면, 유아는 불협화음보다 협화음에 바탕을 둔 음악에 좀 더 관심을 보인다(고선미, 2011 재인용). Sloboda(1985)는 대략 5~11세에 불협화음보다 협화음에 대한 선호 경향이 지속적으로 증가함을 발견했다. 화성에 대한 반응은 그가 속한 문화권의 경험으로 발달하는 것으로 익숙하지 않은 화성으로 된 음악을 감상할 때 '이상하다'거나 '다르게' 느껴지는 것이다. 이와 같이 협화음을 선호하는 경향이 강화되는 것은 음악적 사회화가 진행되는 증거이다.

Brehmer(1925)는 6세 아동이 주요 3화음을 갖추지 않은 변화보다 주요 3화음을 갖춘 종결에서 나타나는 변화를 더 쉽게 탐지할 수 있음을 보여 줌으로써, 주요 3화음의 '바른마침'을 종결로 지각할 수도 있다는 점을 입증하였다. Valentine(1962)은 6~14세 아동을 대상으로 한 음정에 대한 선호발달 연구에서, 장2도, 단7도, 장7도, 단2도를 불협화음으로 지정하고 그 밖의 8개의 음정은 '협화음'으로 지정한 후 선호도를 검증한 결과, 6~7세 아동들은 불협화음을 확실히 싫어한다는 것을 입증하였다. Zenatti(1974)는 4~10세의 아동 422명에게 협화음인지

불협화음인지를 비교하는 연구에서 5세까지의 유아들은 협화음에 대한 선호가 나타났다.

■ 영유아의 화음 개념을 발달시키기 위한 활동

① 화성을 이루어 연주되는 음악 감상하기

예 아카펠라, 여성 2부 합창, 혼성 4부 합창

② 핸드벨이나 공명 실로폰으로 화음 연주하기

③ 오르프 선율 타악기(건반타악기)로 동요의 화음 연주해 보기

예 화음별로 색깔 스티커를 붙인 후, 교사의 신호에 따라 동요 반주하기

④ 오토하프, 우쿨렐레, 기타 연주 감상하기

⑤ 한 팀은 노래하고 다른 팀은 화음 연주하기

예 〈올챙이와 개구리〉

살펴본 바와 같이 음악은 음색, 셈여림, 빠르기, 리듬적 요소들, 선율적 요소들, 화음 등으로 구성된다. 따라서 교사는 영유아기에 경험할 음악요소 및 개념들을 이해하고 음악 발달단계에 적합한 음악활동을 계획할 수 있어야 한다.

1) 메트로놈(metronome) 표기법

메트로놈(박자기)은 독일의 발명가 요한 멜첼(Johann Mälzel: 1772~1838)에 의해 고안되었는데 그의 이름을 따서 '멜첼의 메트로놈(Mälzel's Metronome)'이라고 하며, 그 약자를 사용하여 M.M.으로 표기하기도 한다(김유희, 2010).

2) 헤르츠

헤르츠는 국제적인 소리의 높이단위로 사이클(또는 진동수 frequency)과 동일한 개념이다. 독일 태생의 세계적인 물리학자 하인리히 헤르츠(Heinrich R. Hertz; 1857~1894)가 발견했기 때문에 그의 이름을 따서 명명한 것이다(김영연, 2007).

3) 조성(tonality)

우리가 듣는 대부분의 음악은 아주 확고한 중심음(key center)을 갖고 있다. 과거의 곡이든 현재의 곡이든 대부분의 음악은 하나의 중심음을 갖고 있고 또한 그 중심음으로 가려는 '경향성'을 보인다. 그 하나의 중심음은 마치 지구나 우주의 중력이 주변의 물체를 끌어들이는 것과 같이 주변의 모든 음들을 끌어들이는 힘이 있다. 이렇게 중심음을 향한 강한 경향성은 크게는 곡 전체를, 작게는 각 부분을 지배한다. 특히 조성음악에 있어서 어떤 한 곡이 갖는 특정 중심음을 향한 강한 경향성을 우리는 '조성(tonality)'이라고 말한다. 조성의 파악은 곧 중심음의 파악이라고 할 수 있다. 중심음은 그 악곡에 쓰인 음계의 으뜸음과 일치한다(김유희, 2010). 〈고기잡이〉 곡은 사(G)장조의 곡으로 으뜸음은 'G'이다.

| 악보 4-14 | 고기잡이

고기잡이

윤극영 작사/작곡

4) 음정(intervals)

음정은 두 음 사이의 거리를 말한다. 음정을 측정할 때, 두 음 사이의 음이름의 개수만으로 계산할 경우 같은 음정이라도 실제 '소리'로 들었을 때 두 음정의 성질은 다르다. 이는 두 음 사이의 거리가 온음과 반음의 수에 따라 음정의 성질(quality of intervals)이 달라지기 때문이다. 그러므로 두 음정 사이의 거리를 보다 명확히 구분하기 위하여 온음과 반음의 수로 음정을 측정하는 것을 원칙으로 하고 있다(김유희, 2010).

| 그림 4-11 | 음정의 성질

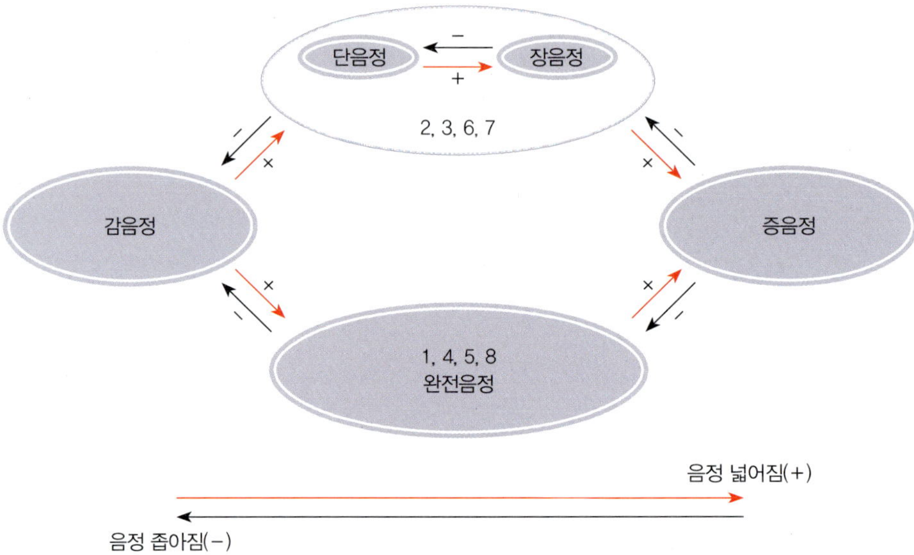

[그림 4-11]에서 볼 수 있듯이 장음계에서 1도, 4도, 5도, 8도는 완전 음정이고, 2도, 3도, 6도, 7도는 장음정이다. 장음계(major scale)의 한 옥타브 안에서는 완정음정과 장음정 두 종류의 음정으로 정리된다. 다(C)장조 음계를 구성하는 음정을 악보로 나타내면 다음과 같다.

| 악보 4-15 | 다(C)장조 음계를 구성하는 음정

(자연) 단음계에서 2도, 3도, 6도, 7도는 단음정이다. 단음계(minor scale)의 한 옥타브 안에서는 완정음정과 단음정 2종류의 음정으로 정리된다. 다(C)단조 음계를 구성하는 음정을 악보로 나타내면 다음과 같다.

| 악보 4-16 | 다(C)단조(자연단음계)의 음계를 구성하는 음정

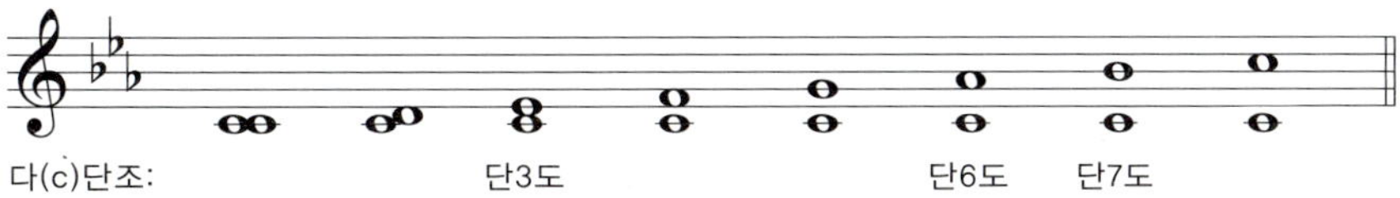

다(C)단조 자연단음계에서 3도, 6도, 7도는 조표의 영향으로 인해 실제로 피아노 건반의 E♭, A♭, B♭을 쳐야 하는 음들이다. 따라서 다(C)장조 음계의 장3도, 장6도, 장7도와 비교해 볼 때 두 음 중 윗 음이 반음씩 낮아진(♭) 음들이다. 즉, 두 음 사이의 거리(폭)는 장음정보다 반음씩 좁아진 단음정이 되는 것이다. 음정을 측정할 때, 두 음 사이의 거리(폭)가 반음씩 넓어질수록 [그림 4-11]의 오른쪽 방향(+)으로, 두 음 사이의 거리가 반음씩 좁아질수록 왼쪽 방향(−)을 향하게 된다.

5) 음계(scale)

음계란 라틴어 'scala(스칼라)', 즉 '사다리(ladder)'라는 뜻으로 한 옥타브 안에서 음을 정렬하는 방법을 말한다(김유희, 2010). 구체적으로 반음 혹은 온음을 이용하여 한 옥타브를 '상향'으로 쌓아 올린 음들의 집합체이다. 온음과 반음이 놓이는 위치에 따라 장음계(major scale)와 단음계(minor scale)로 나뉜다. 장음계는 음계의 3, 4번째 음 사이와 7, 8번째 음 사이가 반음이고, 나머지 음들이 온음으로 이루어진 음계를 말한다. 단음계는 음계의 2, 3번째 음 사이와 5, 6번째 음 사이가 반음이고, 나머지 음들이 온음으로 이루어진 음계를 말한다(자연단음계). 유아들이 사용하는 동요는 대부분 장음계를 사용한 장조의 노래가 대부분이다. 이러한 음계는 문화나 지역에 따라 그 구성방법이 다양할 뿐만 아니라 악곡의 성격이나 스타일이 달라지기도 한다. 따라서 작곡자가 선택한 특정 음계는 악곡의 성격을 밝고 힘차게 살릴 수도 있고, 어둡고 슬프게, 혹은 신비감이나 민속적 정취가 흐르게 만들 수도 있다.

CHAPTER 05
음악교육가의 교수법

사슴반 유아들은 교사가 즉흥적으로 연주하는 악기 소리에 맞추어 걷기, 뛰기, 스키핑, 홉핑을 하고 있다. 토끼반 유아들은 〈작은별〉 노래를 부르면서 멜로디를 손기호로 표현하고 있다. 어떤 유아들은 동시에 리듬을 넣어 말리듬(rhythm speech)을 만들고 이를 핸드드럼과 리듬막대로 연주하기도 한다. 이처럼 유아교실에서의 음악활동은 교사의 교수방법에 따라 다양하다. 교사가 어떤 교수방법을 선택할 것인지는 유아의 음악적 요구와 흥미, 교수목표, 교사의 교육 경험에 따라 다를 것이다. 본 장에서는 달크로즈, 코다이, 오르프, 고든 등 많이 알려진 음악교육가의 교수법에 대해 살펴보고자 한다.

1. 달크로즈 교수법

음악 공부를 위해 가장 먼저 훈련해야 할 악기는 사람의 몸이다.

- Emile Jaques Dalcroze

달크로즈(Emile Jaques Dalcroze, 1865~1950)는 스위스에서 태어난 음악가이며 음악교육자이다. 달크로즈는 음악을 이해하고 표현하기 위해서 가장 먼저 익혀야 할 악기는 인간의 몸 전체라고 주장했다(이홍수, 1990; Campbell & Scott-Kassner, 2010). 그는 대부분의 학생들이 악기 연주에 있어서 테크닉은 능숙하지만, 음악을 느끼거나 잘 표현하지 못한다는 것을 발견하였다. 또한 그들은 아주 간단한 리듬뿐만 아니라 음높이(pitch)와 억양, 조성에 대한 감각도 많이 부족하였다. 달크로즈는 이와 같은 테크닉 위주의 음악학습에 문제점이 있음을 인식하고 '신체'를 사용하여 음악을 표현할 수 있는 독창적인 교수법을 창안하였다. 달크로즈의 교수법은 유리드믹스(Eurhythmics)와 솔페즈(Solfege), 즉흥연주(Improvisation)의 세 영역으로 구분된다.

1) 달크로즈의 음악교육철학

달크로즈는 음악의 원천을 인간의 감정(emotion)으로 보았으며, 이 감정은 몸의 감각에 의해 감지되어 음악적 움직임(musical motion) 즉, 동작으로 전환된다고 하였다. 따라서 음악을 이해하고 음악표현의 가능성을 확대하기 위해서는 인간의 몸 전체를 훈련해야 하는 것이다(이홍수, 1990). 달크로즈의 음악교육철학을 정리해 보면 다음과 같다(안재신, 2004).

① 음악은 지적(知的)이기 이전에 감각적이어야 한다.
② 신체의 모든 부분이 감각기관이므로 이들의 발달을 꾀함이 중요하며 음악적 생각이나 느낌은 신체를 통해 표현되어야 한다.
③ 듣기훈련이 모든 음악학습의 우선이 되어야 한다.
④ 유아들의 음악적 경험은 단계적으로 이루어져야 한다. 리듬 경험과 청각훈련 후에 악기 연주를 배우는 것이 바람직하다.
⑤ 유아 개개인의 개인성과 독창성이 극히 중시되어야 한다.
⑥ 리듬, 셈여림, 박자, 속도, 음의 고저, 음의 구성 등 음악의 기본요소에 대한 학습과 신체를 통해 이들을 이해하고 표현해 보는 경험이 중시되어야 한다.

2) 달크로즈의 음악교육방법

(1) 유리드믹스(eurythmics)

유리드믹스는 몸의 움직임을 사용하여 음악을 배우는 과정으로 리듬, 박자, 프레이즈, 셈여림 등 다양한 음악의 요소들을 음악적인 움직임으로 표현하는 달크로즈의 교수법을 말한다. 유리드믹스라는 용어는 그리스어에서 유래하였는데 '좋은(good)'이라는 의미의 'eu'와 '흐르다'라는 의미를 가진 '리트머스(rhythmos:

flow, river)'의 합성어로 '좋은 리듬(good rhythm)'을 뜻한다(민경훈 외, 2017). 달크로즈 교수법은 리듬이 음악의 주된 요소이며, 모든 음악적 리듬의 근원이 신체의 자연스러운 리듬에서 발견될 수 있다는 사실을 전제로 고안되었다. 즉, 유리드믹스는 신체 움직임(movement)을 통해 음악적 요소(리듬, 셈여림, 멜로디, 음악적 표현과 구조)를 가르친다.

인간은 이미 태어날 때부터 심장박동, 맥박(pulse)과 같은 일정한 소리를 몸속에 지니고 있다. 심장박동이나 맥박의 일정한 소리는 리듬의 기저가 되는 박(beat)과 같은 특성으로 달크로즈의 음악 지도원리가 된다. 달크로즈는 음악을 듣고 음악적 현상을 지각하는 것과 동시에 신체적으로 반응하는 것이 음악적 아이디어를 이해하는 데 필수적이라고 보았다. 음악에 따른 신체적 움직임(동작)은 선율의 흐름, 화성의 변화, 프레이즈 등 음악의 요소를 파악하는 수단이 된다는 것이다(이홍수, 1990).

유리드믹스의 신체 움직임은 크게 이동동작(locomotor movement)과 비이동동작(non-locomotor movement)으로 구분된다. 이동동작은 자유롭게 공간을 이동하면서 이루어지는 동작이며, 비이동 동작은 제자리에서 신체의 특정 부위를 움직이면서 이루어지는 동작이다. 유리드믹스에서 기본적으로 사용하는 동작의 유형은 〈표 5-1〉과 같다.

| 표 5-1 | 유리드믹스에 적용하는 동작

이동동작	비이동동작
· 걷기(walking) · 달리기(running) · 뛰기(jumping) · 기어다니기(creeping) · 미끄러지기(sliding) · 말뛰기(galloping) · 스키핑(skipping) · 홉핑(hopping)	· 손뼉치기(clapping) · 좌우로 흔들기(swinging) · 돌기(turning) · 밀기(pushing) · 지휘하기(conducting) · 잡아당기기(pulling) · 뻗기(stretching) · 구부리기(bending)

출처: 민경훈 외(2017). p. 131.

신체표현을 통해 음악의 요소를 습득하는 달크로즈 음악활동은 다음과 같다(박소연, 2014). 빠르기의 변화를 걸음걸이나 다양한 움직임의 크기로 표현하고(Chosky et al., 2001), 셈여림은 음악을 듣고 강한 소리는 강렬하고 힘찬 움직임으로, 여린 소리는 부드러우며 세심한 움직임으로 표현하도록 한다. 음높이와 선율은 움직임과 방향으로 느끼는 요소(Findlay, 1971)인데, 음높이가 올라가는 선율에서는 몸을 아래에서 위로 세우며, 내려가는 선율에서는 몸을 위에서 아래로 내리며 신체표현을 할 수 있다. 또한 공간 속에서 적절한 팔의 위치로 음높이를 표현할 수도 있다. 이런 활동은 음의 높고 낮음을 구별하고 음들과의 관계를 파악하는 데 도움을 준다.

리듬은 유리드믹스 수업에서 핵심적인 주제이다. 달크로즈는 학생들이 좋은 리듬을 훈련시키기 위해 학습해야 할 리듬의 요소를 단계적으로 34가지를 제시하였다(민경훈 외, 2017).

| 표 5-2 | 달크로즈 교수법의 34가지 리듬 요소

유리드믹스에 적용되는 34가지 리듬의 요소			
1	시간, 공간, 힘, 무게, 균형, 유동성의 상호관계	18	확대
2	규칙 박	19	리듬 대위법
3	빠르기	20	당김음
4	빠르기의 변화	21	반주가 있는 단선율
5	셈여림	22	대위법 형식
6	셈여림의 변화	23	캐논
7	아티큘레이션(스타카토, 레가토 등)	24	푸가
8	다양한 악센트	25	부가리듬
9	박자	26	혼합박자
10	쉼표	27	혼합 박
11	음의 길이	28	혼합박자와 혼합박
12	음의 분할	29	복합박자
13	패턴	30	복합리듬
14	내재된 박	31	해미올라
15	프레이즈	32	리듬적 변화
16	단선율 형식	33	12음 나누기
17	축소	34	루바토

출처: Abramson(1986). 민경훈 외(2017)에서 재인용.

■ 유리드믹스 활동의 예

- 음악에 따라 빠르기 표현하기
  - 교사의 드럼 소리에 따라 다양하게 걷는다.
- 작은 악절(phrase) 표현하기
  - 〈작은별〉 노래를 부르면서 걷다가 교사가 드럼의 테를 칠 때, 반대 방향으로 걷는다.
- 음의 높이 표현하기
  - 음의 높이를 팔의 높이를 나타낸다. 〈작은별〉과 같은 간단한 노래를 부르면서 팔을 위, 아래로 움직인다.

| 표 5-3 | 빠르기에 따른 동작

음표의 길이	동작
	보통의 걸음걸이
	달리는 듯한 걸음걸이
	말 뛰기
	느리게 걷기(한 걸음 걷고 다리 굽히기)

(2) 솔페즈(solfege)

솔페즈는 악보를 보고 계이름으로 노래 부르는 활동으로 청음(ear training)능력을 향상시키는 음악교육방법이다. 달크로즈는 솔페즈를 통해 마음속으로 음을 상상하는 내청능력(inner hearing)이 생겨 음에 대한 의식, 즉 음의 높이를 분별하고 음들 간의 관계를 파악하는 능력이 생긴다고 믿었다. 그리고 그것을 몸동작으로 결합하게 함으로써 리듬패턴과 선율, 음정, 프레이즈, 셈여림표 등을 보면서 마음속에 그 음향을 떠올릴 수 있게 된다고 하였다(이홍수, 1990). 예를 들면, 두 마디의 선율을 큰 소리로 노래 부르고, 다음의 두 마디에 해당하는 시간 동안은 침묵하면서 불렀던 선율을 마음속으로 떠올린다.

또한 달크로즈는 고정도법(fixed do)에 의한 계이름 보고 부르기 방법을 익힐 것을 권장하였다. 고정도법은 '조와 관계없이' 항상 C음을 '도'로, F음을 '파'로 부르는 방법으로서(Campbell & Scott-Kassner, 2010), 절대음감(absolute pitch)을 습득하고자 한 것이며, 음의 높낮이, 음과 음 사이의 관계를 파악하기 위해 손을 위, 아래로 올리고 내리면서 계이름과 음정을 익히는 손동작 또는 몸동작을 사용한다.

■ 고정도법으로 계이름 부르기 활동

| 악보 5-1 |

고기잡이

윤극영 작사/작곡

고정도법: (   )

♤ 괄호 안에 고정도법으로 계이름을 써 보세요.

(3) 즉흥연주(improvisation)

달크로즈의 즉흥연주란 악기뿐만 아니라 말하기, 신체표현, 노래 부르기 등에 사용되며, 리듬 관련 요소들(박, 박자, 장단, 리듬패턴 등)과 선율 관련 요소들(음높이, 화음 등)을 창의적으로 결합하고 표현해 보는 것이다. 달크로즈는 즉흥연주가 유아들의 음악적 충동으로부터 시작해야 한다는 논리를 바탕으로 하였다. 즉, 교사가 유아의 음악적 충동을 이끌어 냄으로써 음악창작의 자료를 마련해 주는 것이다. 무의미하게 반복적으로 교사를 따라하는 교육은 유아들 스스로의 음악적 사고나 표현을 이끌어내지 못한다. 즉흥연주를 통해 자유로운 음악적 표현의 기회를 열어 줌으로써 유아의 잠재된 음악적 창의성을 이끌어내야 한다. 달크로즈는 유아들의 잠재된 창의성을 이끌어 내는 방법으로 즉흥연주를 사용하였다. 달크로즈 즉흥연주 지도에 가장 많이 사용되는 악기는 피아노이다. 이러한 즉흥연주는 피아노뿐만 아니라 다양한 악기, 말하기, 신체표현을 통해서도 이루어지도록 권장한다. 안재신(2004)은 즉흥연주의 기본 원리를 다음과 같이 정리하였다.

■ 즉흥연주의 기본 원리

① 음역을 넓힌다(원 멜로디의 음역을 넓히고 좁히면서 변화를 줌).

② 음을 더한다. (예) 〈작은별〉

③ 아티큘레이션[1]을 바꾼다.

④ 음의 길이에 변화를 준다.

⑤ 강약의 변화를 준다.

⑥ 박자를 변화시킨다.

⑦ 음계를 변화시킨다(장음계를 단음계로).

⑧ 템포를 변화시킨다.

⑨ 그 외에 전통적인 화성구조를 무시하고 클러스터, 글리산도를 이용한 효과음 중심의 즉흥연주도 이용될 수 있다.

1) 아티큘레이션(articulations): 음악에서 연주주법과 관련된 용어로서, 한음 한음, 혹은 여러 음들을 연주할 때 어떤 식으로 '소리를 만들 것'인지에 대한 지시어이다. 따라서 이러한 아티큘레이션의 종류나 방법은 다양하며, 대부분 악보에 '기호'로 표기한다(예: 스타카토: 음의 길이를 원래의 길이보다 1/2정도 짧게 연주, 레가토(legato): 이음줄. 여러 음표들을 부드럽게 연이어 연주, 스포르찬도(sfz): 그 음만 특히 세게 연주)(자세한 내용은 부록 참고).

■ 즉흥연주활동의 예

즉흥연주: 신체표현
• 활동명: 몸으로 표현해요. • 목표: 높고 낮은 소리를 신체로 표현하기 • 활동방법: – 교사의 피아노 소리에 맞추어 걷다가 교사가 피아노의 높은 건반을 연주하면 유아들은 자유롭게 새를 표현하고, 다시 피아노 소리에 맞추어 걷다가 피아노의 낮은 건반을 연주하면 유아들은 신체로 사자 또는 오리를 표현한다.

달크로즈 음악활동은 유아의 발달에 영향을 미친다. 신체의 움직임과 관련하여 Laban(1963)은 신체표현은 유아들로 하여금 미의 세계를 발견하고 창의적인 힘을 기르며 개성적인 인간으로 성장할 수 있게 한다고 하였다. 또한 달크로즈 음악활동은 또래 또는 그룹별로 다양한 음악활동의 기회를 제공해 줌으로써 유아의 사회성 및 정서발달과 표현력을 향상시켜 주며(이선미, 2003), 유아들의 일상적 스트레스를 해소시켜 주고 유치원에서의 적응에도 긍정적인 영향을 미친다(박선영, 2009; 최유정, 2008). 유승지(2001)는 달크로즈 음악활동이 유아의 창의성과 사회성·협동성의 발달에 효과가 있음을 주장하였으며, 임지은(2004)은 달크로즈 음악활동이 유아의 파괴적 충동을 감소시켜 주며, 불안, 분노 같은 부정적인 느낌을 음악적으로 표현하게 하여 감정의 분출을 제공한다고 하였다(박소연, 2014 재인용). 이처럼 달크로즈 음악활동은 유아의 창의성, 사회성 및 정서발달, 표현력발달에 긍정적인 영향을 미친다.

2. 코다이 교수법

음악은 모든 사람의 것이다.

- Zoltán Kodály

코다이 교수법은 헝가리의 작곡가이며 음악교육가인 졸탄 코다이(Zoltán Kodály, 1882~1967)에 의해 창안되었다. 코다이 교수법은 기본적으로 음악교육에 대한 노래 부르기 접근법이다. 코다이는 헝가리의 민족음악에 관심을 가지고 전국을 돌아다니며 민요를 수집 정리하였다. 민요는 여러 세기에 걸쳐 전해 내려온 민족의 음악으로, 음악과 언어의 관계를 가장 자연스럽게 표현하고 있다는 점에서 초기 음악교육의 자료로 삼았던 것이다. 코다이는 음악도 모국어처럼 읽고 쓸 수 있어야 한다고 보았으며, 이를 통해 유아들이 모국어를 자연스럽게 배우는 원리와 과정을 음악교육에 적용시켰다.

1) 코다이의 음악교육철학

코다이의 음악교육철학은 "음악은 모든 사람의 것이다."로 출발하며 모든 어린이들은 음악교육을 받아야 한다고 보았다. 코다이의 음악교육철학은 다음과 같다(안재신, 2004).

① 음악은 모든 어린이의 것이다.
② 음악은 참여를 통해 경험되어야 한다.
③ 음악지도는 어릴 때에 시작되어야 한다.
④ 음악은 모국어를 배우듯이 익혀야 한다.
⑤ 목소리는 모든 사람에게 주어진 자연적인 악기이며, 조기 음악지도에 있어서 '함께 노래 부르기'는 독창이나 악기 연주보다 더 효과적이다.

⑥ 음악은 어린이들의 매일의 일과로써 경험되어야 한다.
⑦ 어린이들을 존중하고 관심을 가지고 대하며, 그들의 음악적 능력을 최대한으로 향상시켜 줌으로써 전인적 성장에 도움을 주어야 한다.
⑧ 민족 음악문화의 유산인 민요와 민족예술 가곡을 주된 교재로 사용해야 한다.
⑨ 예술적으로 가장 가치 있는 악곡만이 음악 학습의 교재가 되어야 한다.
⑩ 음악은 어릴 때부터 바르게 교육받은 훌륭한 음악교사에 의해 가르쳐져야 한다.

2) 코다이의 음악교육방법

코다이의 음악교수법은 크게 계명창법, 손기호, 리듬음절, 기보훈련 등이다. 각각의 교수방법을 살펴보면 다음과 같다.

(1) 이동도법에 의한 계명창

코다이 교수법에서는 이동도법(movable-do system)에 의한 계이름 부르기로 선율을 지도한다. 이동도법은 조성에 따라 으뜸음 '도'의 위치가 달라지며, 그 으뜸음을 기준으로 정해지는 음계의 각 음을 계이름으로 부르는 방법을 말한다. 예를 들면, F(바)장조의 으뜸음 '도'는 F음이며, G장조의 으뜸음 '도'는 G음 이다. 이동도법에 의한 계명창은 조가 바뀌더라도 각 계명 사이의 음정이 일정하여 정확한 음정을 느끼며 노래 부를 수 있어서 고정도법(fixed-do solfege)보다 음정을 익히는 데 쉽다. 즉, 으뜸음 '도'의 위치만 알면 상대적인 음 관계에 의해 여러 조에서 쉽게 노래할 수 있다.

■ 이동도법으로 계이름 읽기

| 악보 5-2 | 숲 속의 음악가

숲속의 음악가

이요섭 작사/작곡

이동도법: ( )
(으뜸음: 솔)

♪ 괄호 안에 이동도법으로 계이름을 써 보세요.

코다이는 계이름을 쉽게 사용하기 위해 계이름의 첫 자음만을 사용하였다. 이 방법은 어린 학생들이 쉽게 계이름을 읽을 수 있으며, 하나의 선율을 여러 조성으로 쉽게 노래할 수 있다.

| 표 5-4 | 코다이의 계이름 표기법

계이름	do (도)	re (레)	mi (미)	fa (파)	sol (솔)	la (라)	si(ti) (시)	do′ (도)
코다이 표기법	d	r	m	f	s	l	t	d′

코다이 교수법은 선율지도에 있어서 음높이와 음정의 학습 순서가 정해져 있다. 유아기에는 '솔'과 '미' 하행의 단3도[2]의 두 음을 사용하기 시작한다. '솔-미' 음정은 엄마가 아이들 이름을 부르는 음형(name-call)에서 자주 듣게 될 뿐만 아

2) 단3도: 두 음 사이의 거리(intervals)가 온음+반음의 관계(예, 도-미♭)인 음정을 말한다. 음정 관련 자세한 내용은 'chapter 04'의 부록 참고.

니라 뻐꾸기 소리, 초인종 소리로도 익숙하게 들어왔던 음정이다. 즉, 친숙하게 들어왔던 음정이 노래 부르기에도 쉽기 때문일 것이다. 하행 단3도의 두음으로 교육한 후에는 세 음(솔-미-라)으로 된 선율, 네 음(솔-미-레-라)으로 된 선율, 그리고 '파'와 '시'를 제외한 오음음계(도, 레, 미, 솔, 라)에 의한 선율 순서로 가르친다(SzÖny, 1994; 안재신, 2004 재인용). 이는 유아들이 '파'와 '시'의 반음 음정을 정확히 소리 내지 못하는 어려움이 있기 때문이다.

| 악보 5-3 | 코다이 표기법으로 계이름 쓰기

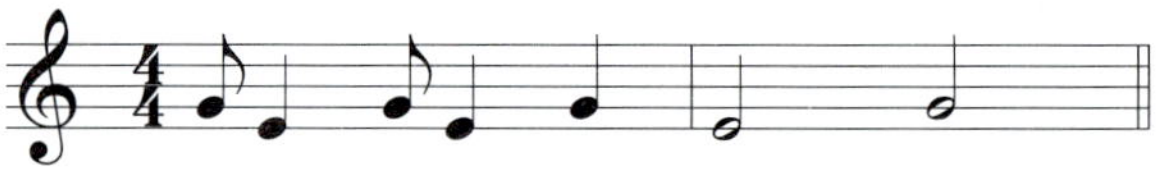

계이름: (s m)

♤ 코다이 표기법으로 계이름을 써 보세요.

(2) 손기호

손기호(hand signs)는 코다이 음악교수법의 중요한 특징 중 하나이다. 손기호는 허리부터 이마까지 손의 위치와 음이름에 따른 손모양의 관계를 통해 공간에서 음높이 감각을 기르고자 고안된 방법이다. 코다이의 손기호는 [그림 5-1]과 같다.

| 그림 5-1 | 코다이 손기호

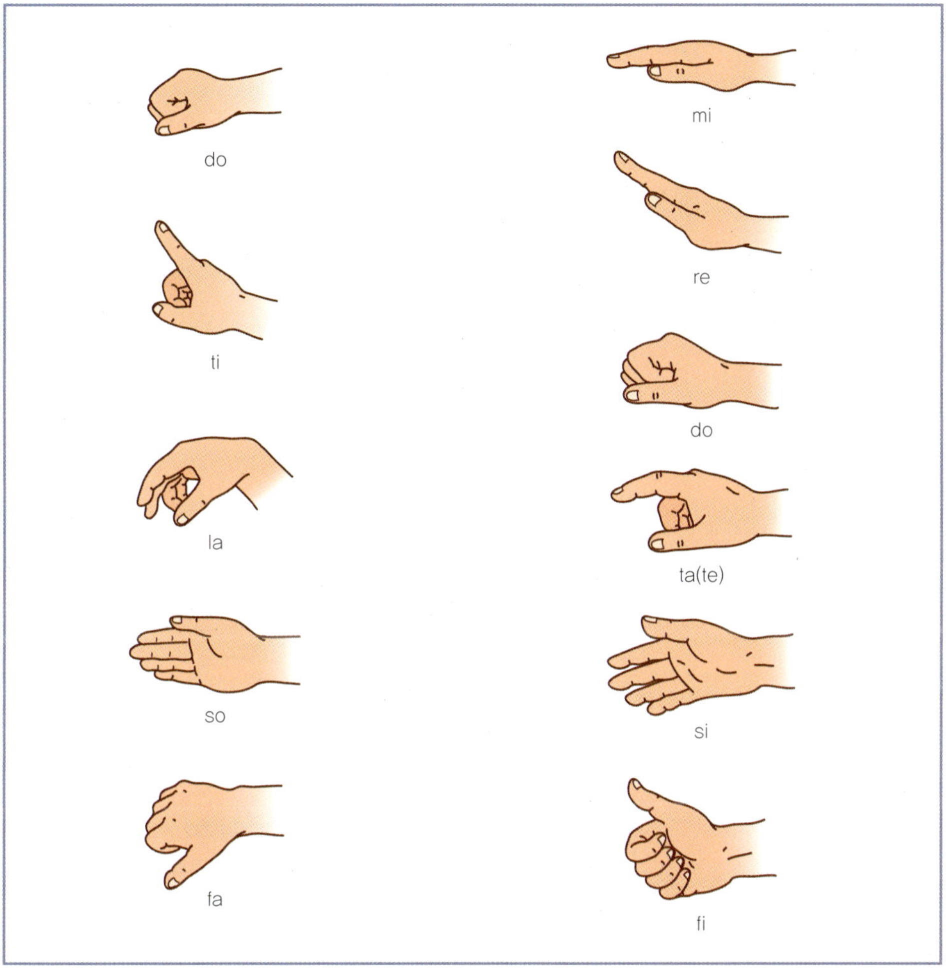

출처: Helen(2002). 유아음악과 조기교육, p. 105.

손기호를 사용한 노래 부르기 활동의 장점은 다음과 같다(이홍수, 1990).

- 음정(음과 음 사이의 거리)에 대한 감각을 기른다.
- 음의 흐름과 음높이를 이해하도록 돕는다.
- 계이름으로 부르는 능력이 발달한다.
- 마음속으로 노래하고 음을 듣는 내청(inner hearing) 능력을 향상시킨다.

(3) 리듬음절(rhythm duration syllables)

리듬음절이란 프랑스의 슈베(Jacques Cheve)에 의해 개발된 것으로 리듬패턴을 음표/쉼표의 길이(duration)에 따라 말로 읽는 것을 말한다(표 5-5). 리듬음절은 음표를 사용할 때 머리가 없이 기둥(| |)과 기(旗)로만 음가를 나타내어 리듬을 쉽게 파악하고 표현하기 위한 방법이다. 이때 강조되는 것은 기본 박을 치는 일이며, 기본 박을 기준으로 하여 각 음표의 길이의 차이를 확실하게 이해했을 때 4분음표, 8분음표 등의 이름을 가르치도록 하였다. 처음에는 4분음표만 있는 리듬꼴을 연습하다가 8분음표와 4분음표가 혼합된 리듬꼴을 연습하고 2분음표, 점 2분음표, 온음표가 있는 리듬꼴을 차례대로 학습하도록 한다.

| 표 5-5 | 코다이의 리듬음절

전통적 기보	코다이식 기보	코다이 리듬음절	전통적 리듬음절	코다이식 기보	코다이 리듬음절
𝅝	𝅝	타오아오	♪. 𝅘𝅥𝅯	♪. 𝅘𝅥𝅯	팀 리
𝅗𝅥	𝅗𝅥	타 아	𝅘𝅥𝅯 ♪.	𝅘𝅥𝅯 ♪.	리팀
♩	|	타	𝅘𝅥𝅯𝅘𝅥𝅯𝅘𝅥𝅯𝅘𝅥𝅯	𝅘𝅥𝅯𝅘𝅥𝅯𝅘𝅥𝅯𝅘𝅥𝅯	티리티리
♫	♫	티티	♪ 𝅘𝅥𝅯𝅘𝅥𝅯	♪ 𝅘𝅥𝅯𝅘𝅥𝅯	티 티리
♩. ♪	♩. ♪	타이 티	𝅘𝅥𝅯𝅘𝅥𝅯 ♪	𝅘𝅥𝅯𝅘𝅥𝅯 ♪	티리 티
♪ ♩ ♪	♪ ♩ ♪	티타 티	𝄽	Z	쉼

출처: 민경훈 외(2009). p. 151 참고.

(4) 기보하기

코다이는 음악도 모국어처럼 읽고 쓸 수 있어야 한다고 보았으며, 음악을 듣고 기록하는 활동을 중요한 학습과정으로 여겼다. 2마디 또는 4마디의 간단한 리듬이나 선율을 듣고 모방한 후 이를 단순하게 기보하도록 하였다.

| 악보 5-4 | 코다이 리듬음절 쓰기

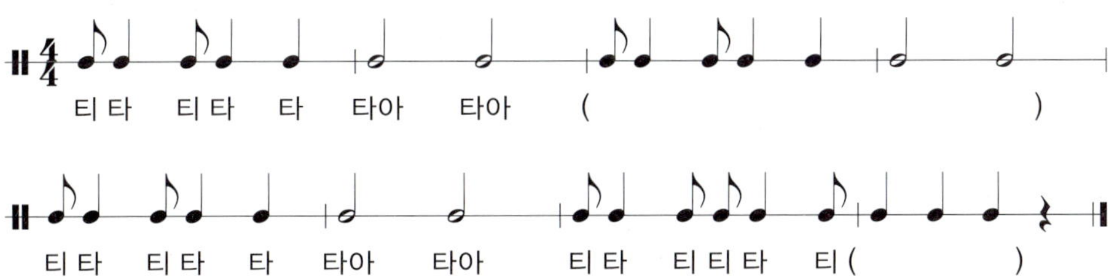

♤ 괄호 안에 코다이 리듬음절을 써 보세요.

코다이 수업에서는 정확한 음정으로 노래 부르는 것을 주 목표로 하였으며, 그러기 위해 음악을 듣고 적는 활동을 중요한 학습과정으로 생각하였다. 초급 단계의 수업에서는 주로 3음으로 된 유아 찬트(chant)나 간단한 5음 음계의 선율을 듣고 기록하는 것이다. 처음에는 '솔-미'의 두 음 선율로 시작하여 '솔-미-라'의 세 음을 사용한 유아 찬트나 게임 노래 등을 즐겨 사용한다.

■ 코다이 선율 기보: 기둥악보 그리기

| 악보 5-5 | 가을길

가을길

김규환 작사/작곡

♤ 위 악보를 코다이식 기보법에 따라 기둥악보로 제시하면 다음과 같다.

코다이식 기둥악보	ǀ	⊓	ǀ	⊓	ǀ	⊓	ǀ	Z
코다이식 계이름 기보	m	mm	m	fs	l	sf	m	–

살펴본 바와 같이 코다이 교수법은 유아의 발달적 측면을 고려하여 다양한 방법으로 리듬과 선율을 지도하였다. 특히 음악학습의 순서와 음악적 문해력(musical literacy 읽고, 쓰기)을 중요시하였다는 것을 알 수 있다.

코다이 교수법과 관련된 연구들은 유아의 음악성뿐만 아니라 창의성, 사회성 발달에도 영향을 미침을 보고하고 있다. 강문진(2009)은 코다이 교수법이 유아의 음정과 리듬감에 주는 효과를 검증하였고, 김선정(2016)은 코다이 교수법 기반 음악활동이 유아의 창의성·사회성 발달에 유의한 효과가 있음을 밝히고 있다.

3. 오르프 교수법

칼 오르프(Carl Orff, 1895~1982)는 독일 뮌헨에서 태어난 현대 독일의 대표적인 작곡가이며 음악교육가이다. 그의 교수법은 리듬이 음악, 춤(동작), 언어(말)에 내재하는 기본요소라는 관점에서 이들을 통합하여 가르쳐야 한다는 생각에 근거하고 있다. 이 접근법의 모든 활동은 즉흥연주를 위한 것으로 아동의 창의적인 즉흥연주가 핵심이 되도록 하였다.

1) 오르프의 음악교육철학

오르프의 음악 작품이나 저술 등에 나타난 음악교육철학 및 사상은 다음과 같다(안재신, 2004).

① 음악은 나이와 능력에 상관없이 모든 사람의 것이다.
음악교육은 재능을 가진 사람들만을 위한 것이 아니라 평범하고 재능이 별로 없는 사람도 모두 참여할 수 있는 폭넓은 것이어야 한다.

② 음악은 직접적인 경험이어야 한다.
타인에 의해 작곡된 악곡을 연주하기에 앞서 음악이 형성되는 과정을 스스로 체험하게 하며, 유아가 음악적 기교를 배워 어려운 음악을 연주하기 전에 자기의 힘으로 음악을 만들어 표현하는 직접적인 기회를 갖도록 하는 것이 중요하다.

③ 음악의 체험은 어릴 때 시작해야 하며, 천진한 놀이의 음악세계로부터 시작하여, 성장 단계에 따라 점차 복잡해지는 과정을 거치면서 학생의 나이 수준의 음악으로까지 이끌어 주어야 한다.

④ 음악적 체험은 적극적인 참여를 통해 이루어진다.

⑤ 음악은 원초적인 것이어야 한다.

원초적 음악이란 다듬어지지 않고 자연스러우며 거의 신체활동에 가까운 음악이다. 두드리고 부딪치고 흔들고 굴리면서 만들어 내는 동심의 음악, 곧 자연 그대로의 음악을 말한다.

⑥ 음악은 말하기, 노래, 신체동작, 악기 연주 등이 놀이와 통합되어 이루어지는 하나의 총체적 체험이어야 한다. 유아들의 세계에서 말하기와 노래 부르기, 시와 음악, 음악과 신체동작, 놀이와 춤 등은 분리되지 않는 것이어서 하나일 수밖에 없으며 결국은 놀이 본능에 의해 조종된다고 하였다.

⑦ 리듬과 선율이 음악의 출발점이다.

리듬과 선율은 음악을 이루는 기본적인 힘이며, 리듬은 말의 형태로부터 나온 것이고, 선율은 그 리듬의 형태로부터 발전된 것이라고 했다. 또한 리듬은 선율보다 더 강력한 음악의 요소이며 화음보다 강력한 요소라고 믿는다.

⑧ 비음악적인 어린이는 없다.

전혀 음악적이지 않은 어린이는 없으며 누구나 어떤 한 시점에서 음악에 접근할 수 있다고 믿는다.

2) 오르프의 음악교육방법

오르프 교수법은 말 리듬(rhythm speech), 노래 부르기(singing), 신체표현(movement), 악기 연주(instruments)의 네 가지 학습매체를 사용하여 이루어진다. 이런 활동은 자연스러운 유아들의 행동영역이라고 믿었기 때문에 이를 주요 활동방법으로 보았다. 오르프 교수법은 말리듬에 기초하여 리듬활동이 시작되고 그것이 발전하여 노래 부르기, 신체표현, 악기 연주활동으로 전환된다. 이들은 하나씩 사용하기도 하지만, 둘 이상의 활동으로 통합되어 이루어지기도 한다. 오르프의 네 가지 교수법을 살펴보자.

(1) 말리듬

말리듬(rhythm speech)은 사물이나 사람의 이름, 속담, 동시 등 일상적인 단어에 리듬을 붙이고 이 리듬을 신체동작, 악기 연주, 노래 부르기 등으로 발전시켜 나가는 오르프의 중요한 교수법이다(윤영배, 2005). 말리듬은 손뼉치기, 무릎치기, 발구르기, 손가락 튕기기 등의 신체악기나 리듬 타악기 반주로 발전시킬 수 있다. 즉 오르프는 글을 습득하기 이전의 말하기 활동으로 언어에 내재된 말의 리듬을 음악활동의 수단으로 이용하였다. 또한 유아의 이름, 동물, 과일 이름, 짧은 문장 등 자국어의 친숙한 말에 리듬을 넣어 셈여림, 박자, 빠르기, 레가토(legato), 스타카토 등의 음악적 개념을 지도한다. 이러한 말리듬 활동의 효과는 유아들이 어렵고 까다로운 리듬을 쉽게 습득할 수 있다는 데 있다. 다음은 유아들이 할 수 있는 말리듬 활동이다.

■ 말리듬 활동의 예

(1) 단어를 활용한 말리듬

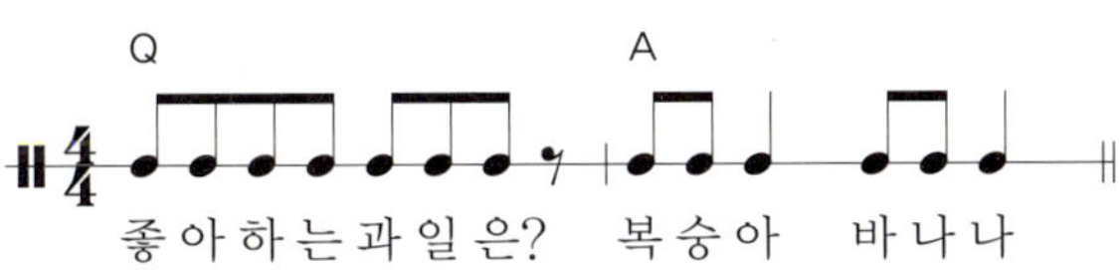

(2) 이름을 활용한 말리듬

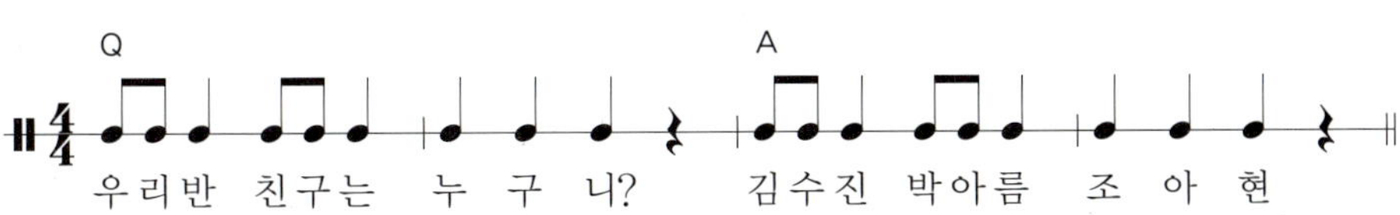

(3) 전래 동요를 활용한 말리듬 패턴

(4) 말리듬으로 묻고 답하기

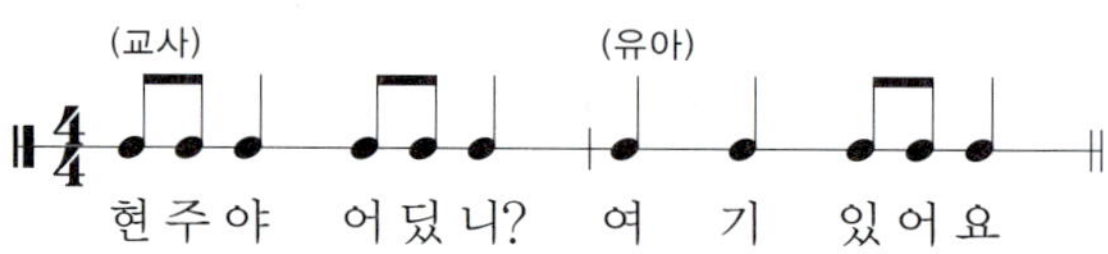

(5) 속담/동시로 말리듬 만들기

속담: 가는 말이 고와야 오는 말이 곱다.

말리듬

(2) 노래 부르기(singing)

오르프의 노래 부르기 지도는 말 리듬에 음높이를 넣어 선율을 만들어 부르는 방법으로 리듬으로부터 선율이 발생하도록 지도하였다. 이렇게 만들어진 선율을 노래 부르며 동작으로 표현하고 악기로도 연주하게 된다. 오르프의 노래 부르기 지도는 단계적 순서로 이루어지는데 선율지도의 단계는 다음과 같다(민경훈 외, 2009; 윤영배, 2005).

① 2음: 솔-미

② 3음: 라-솔-미

③ 4음: 라-솔-미-도

④ 5음: 라-솔-미-레-도

5음 음계에 의한 노래지도가 충분히 이루어지고 익숙해지면 '파'와 '시' 음을 포함한 8음계를 익히는 순서로 전개된다. 이와 같이 노래 부르기 초기단계에 5음 음계를 사용하는 것은 '파'와 '시'의 반음이 존재하지 않아 불협화음이 초래되지 않고 어떤 음을 소리 내도 음판 악기의 즉흥연주가 쉽기 때문이다.

■ 노래 부르기의 예

(1) 묻고 답하기 노래

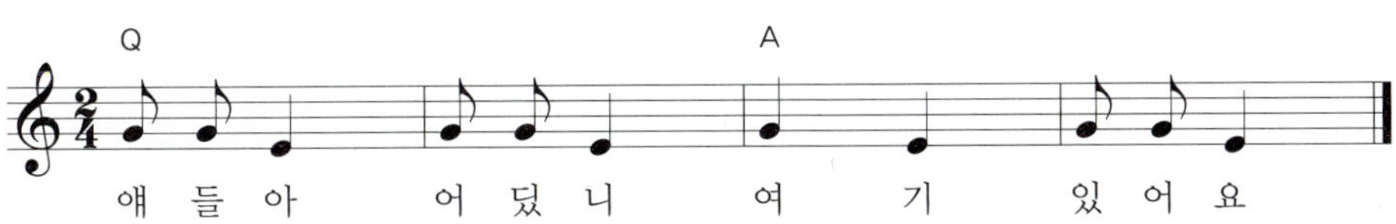

(2) 노래로 대화하기

(3) 신체표현(movement)

오르프 음악활동에서 신체표현은 걷기, 뛰기, 달리기, 돌기, 손뼉치기, 발구르기, 손가락 튕기기, 무릎치기 등 유아들의 자연스럽고 일상적인 움직임이 모두 포함된다. 음악을 신체로 표현하는 것은 아동에게 가장 본능적이고 자연스러운 학습 방법이다. 신체표현은 말하기와 같이 가장 먼저, 가장 자연스럽게 적용되는 음악학습이며 창의적 표현의 기초가 된다(윤영배 외, 2005). 오르프는 이러한 신체표현을 중요한 교수매체로 다루고 있으며, 오르프 접근법에서 동작을 활용하는 것은 음악의 개념을 형성하도록 하는 데 효과적인 지도방법으로 이용된다.

(4) 악기 연주(instruments)

오르프 접근법에서 악기 연주는 필수적인 학습이다. 오르프 수업에서 사용하는 악기는 사람의 목소리, 신체 타악기를 포함하여 다양한 무선율 악기, 선율 타악기, 관악기, 현악기 등 거의 모든 종류의 악기가 사용된다. 특히 오르프가 개발한 선율 타악기는 탈착이 가능한 음판 악기로 제작되어 있어서 선율에 어울리지 않는 음판을 떼어내고 사용할 수 있기 때문에 불협화음이 없으며 초보적 수준으로 쉽게 연주할 수 있다. 오르프 수업에서 사용되는 악기의 종류는 chapter 06의 악기 연주하기에서 살펴보겠다.

오르프 교수법에 관한 연구를 살펴보면, 김혜영(2015)은 오르프 교수법에 의한 통합음악교육 프로그램은 유아의 인지적 음악능력과 표현능력, 그리고 자기조절능력, 타인인식능력, 타인조절 대인관계능력에서 긍정적인 효과가 있음을 밝히고 있다. 백경민(2018)은 오르프 음악활동이 발달지연 유아의 사회적 상호작용에 긍정적인 영향이 있음을 증명하였다. 이와 같은 연구들은 오르프 교수법이 유아의 음악적 능력과 정서지능, 언어발달, 신체발달, 사회성발달에 영향을 미치고 있음을 알 수 있다. 따라서 교사들은 유아의 발달을 위해 오르프 교수법을 이해하고 유아들의 음악활동을 계획하고 실행할 수 있어야 한다.

4. 고든 교수법

에드윈 고든(Edwin Gordon, 1927~2015)은 미국에서 태어난 음악교육학자이다. 그는 유아들이 음악을 이해하고 즐기는 능력을 기르는 것이 음악교육의 기본목표라고 전제하고, 그러기 위해서는 반드시 음악을 오디에이션 할 수 있어야 하며 오디에이션 능력만큼 음악을 즐길 수 있다고 하였다.

고든은 지금까지 유아의 음악적성, 듣기, 음악학습이론, 음과 리듬패턴, 음악발달 연구에 기여했으며, 1959년 처음으로 음악적성검사(PMMA)를 개발해 적용한 이래 미취학 유아부터 성인에 이르는 전 과정에 적용할 수 있는 음악적성검사를 만들었다(윤은미, 2006). 고든의 음악교육철학과 방법에 대해 알아보자.

1) 고든의 음악교육철학

고든의 음악교육철학을 살펴보면 다음과 같다(안재신, 2004).

① 음악을 배우는 과정은 언어를 배우는 과정과 유사하다.
사람이 어떤 언어로 말하고 듣고 읽고 쓰기 위해서는 그 언어로 '생각할 수 있는 능력'이 있어야 한다. 고든에 의하면 오디에이션(audiation)이란 '실제로 들리지 않는 음악을 상상하여 마음속으로 듣고 이해하는 능력'이다(Gordon, 1993).

② 오디에이션은 오랜 시간에 거쳐 형성되는 기술이다.

③ 유아는 여러 가지 음악활동을 통하여 오디에이션하는 것을 배운다.
음악을 듣거나 연주하기, 음악을 읽거나 쓰기는 물론이고 그 외의 어떤 음악활동을 통해서도 오디에이션 하는 것을 배울 수 있다.

2) 고든의 음악교육방법

고든의 음악교육의 특징은 음악적성, 오디에이션, 음악학습이론으로 알 수 있다. 이들을 살펴보면 다음과 같다.

(1) 음악적성

음악적성(music aptitude)은 음악을 배울 수 있는 잠재능력이다(Gordon, 2000). 음악적 성취가 배워온 것을 의미하는 '외적 현상'이라면, 음악적성은 음악을 배우기 위한 잠재능력 즉, '내적 가능성'을 나타낸다. 고든에 따르면, 모든 어린이가 지능을 가지고 태어나는 것처럼 누구나 선천적으로 어느 정도의 음악적성을 가지고 태어난다. 또한 음악적성은 환경에 의해 영향을 받는다. 타고난 음악적성이 높을지라도 풍부한 음악적 환경을 경험하지 못한다면 음악적성은 그보다 발달하지 못할 것이다. 즉 고든의 음악적성은 선천적인 요인과 후천적인 음악환경 요인 모두에 영향을 받는다고 볼 수 있다.

고든(1990)은 9세 이전까지는 음악환경에 의해 음악적성이 변화되기 때문에 '발전적 음악적성(developmental music aptitude)' 단계로 보았고, 9세 이후는 환경적 영향이 아동의 음악적성에 아무런 작용을 주지 않기 때문에 '고정적 음악적성(stabilized music aptitude)'의 단계로 보았다. 따라서 유아의 음악적 잠재력을 향상시키기 위해서는 9세 이전에 적절한 음악학습과 질 높은 음악환경을 제공하는 것이 중요하다.

(2) 오디에이션

고든의 음악학습이론은 오디에이션(audiation) 능력을 키우는 것이다. 고든에 의하면 오디에이션이란 '실제로 들리지 않는 음악을 상상하여 마음속으로 듣고 이해하는 능력'(Gordon, 1993)이다. 즉, 음악 소리가 더 이상 들리지 않거나 물리적으로 존재하지 않는 상태에서 음악을 이해할 수 있는 능력을 말한다. 사라지는 소리를 포착하고 기억하며 질서를 찾아내고 그 다음 들을 소리를 예측하는 모든 음악에 대한 이해의 전제는 '잘 들을 수 있는 능력'이다. 이는 단순히 소리를 듣는 물리적 귀가 아니라 마음이 담긴 내면의 귀를 의미한다(정현주, 2006). 윤은미(2006)는 음악을 듣는 순간에 오디에이팅(audiating) 하는 것은 상대방의 말(언어)을 듣는 동안 생각하는 것과 같아서(Gordon, 2000) 유아가 음악을 배워 가는 과정이 언어발달 과정 및 인지발달 과정과 유사하다고 보았다. 따라서 음악을 잘 이해하기 위해서는 음악적 경험이 풍부해야 하고, 그러기 위해서는 오디에이션하는 능력을 키워야 한다.

고든에 따르면 유아들은 오디에이션 준비과정인 '예비 오디에이션(preparatory audiation)과정에 참여하는데 이 과정은 세 가지 유형으로 구성되고, 총 7개의 하위 단계로 발달한다. 고든의 예비 오디에이션의 유형과 단계별 특징은 〈표 5-6〉과 같다.

| 표 5-6 | 예비 오디에이션 단계

유형	단계별 특징	
1. 문화화 (acculturation) 출생~만 4세	1단계: 흡수 (absorption)	주위 환경에 있는 음악 소리를 듣고 실제로 그 소리를 청각적으로 받아들인다.
	2단계: 무의도적 반응 (random responses)	주위에 있는 음악 소리와 관련은 없지만 거기에 따라 동작하고 옹알이 한다.
	3단계: 의도적 반응 (purposeful responses)	주위에 있는 음악 소리에 동작과 옹알이를 연관시키려고 노력한다.

<table>
<tr><th>유형</th><th colspan="2">단계별 특징</th></tr>
<tr><td rowspan="2">2. 모방(imitation)
만 2~5세</td><td>4단계: 자기중심성 탈피
(shedding egocentricity)</td><td>자신의 동작과 옹알이가 주위 환경에 있는 음악 소리와 맞지 않는다는 것을 인식한다.</td></tr>
<tr><td>5단계: 음악적 기호 이해하기
(breaking the code)</td><td>주위 환경에 있는 음악 소리, 특히 음 패턴과 리듬패턴을 다소 정확하게 모방한다.</td></tr>
<tr><td rowspan="2">3. 동화
(assimilation)
만 3~6세</td><td>6단계: 자기반성
(introspection)</td><td>노래 부르면서 숨쉬기, 찬팅하면서 신체동작(숨쉬기를 포함)에 협응이 부족함을 인식한다.</td></tr>
<tr><td>7단계: 조화
(coordination)</td><td>노래 부르기와 찬팅에 있어서 숨쉬기와 동작을 협응시킨다.</td></tr>
</table>

출처: Gordon(1990). A Music Learning Theory for Newborn and Young Children. Chicago: GIA Publication. 1997. p. 33.

Gruhn(2002)은 고든의 이론에 기초하여 유아의 음악활동 및 음악에 대한 반응에서 분명하게 인식할 수 있는 단계가 있음을 알아내고 인지적 발달(cognitive levels)에 따른 음악학습의 5단계를 제시하였다. 그의 연구는 고든의 음악학습이론의 구조를 더욱 확실하게 보여 주는 것으로 이들 단계들은 연령에 반드시 일치하지는 않지만 항상 순차적으로 나타난다. 이들 각 음악학습의 단계별 인지적 수준을 요약하면 다음과 같다.

| 표 5-7 | Gruhn(2002)의 음악학습의 심리학적 단계

단계	음악학습의 인지적 수준
1. 문화화 (enculturation)	· 의도적인 반응 없이 주변 환경의 소리를 듣고 흡수한다. · 음악(노래, 찬트, 패턴들)에 주의를 기울이지 않는 것처럼 보이지만 음악에 단순히 노출되어도 인식과 인지를 위한 소리의 모델을 습득한다.
2. 주의(attention)	· 적극적이고 의식적으로 음악을 지각한다. · 음악(노래, 리듬, 소리)을 인식하는 순간 고개를 돌리고 동작을 멈추며 음원을 쳐다보는 등 모든 주의를 기울인다.
3. 모방(imitation)	· 보는 동작과 듣는 소리를 모방하기 시작한다. · 음악 또는 동작이 관찰된 행동과 동시에 협응되지 않지만 지연된 모방이 일어난다. · '같다'와 '다르다'를 인식한 후, 음악활동과 일치시키려고 시도한다.

단계	음악학습의 인지적 수준
4. 조화 (co-ordination)	· 음악에 더욱 의도적으로 반응한다. · 노래에 대한 음과 리듬의 특징, 동작을 더 정확하게 안다. · 새롭게 발달시킨 인지적 틀에 음악활동을 조절함으로써 지각한 것과 오디에이트 한 것을 일치시킨다. · 교사 또는 음악과 함께 노래 부르고, 신체표현하기를 동시에 진행할 수 있다. · 노래 부르기는 더욱 가락과 박에 맞게 된다. · 노래를 창작하고 즉흥연주 할 준비가 되어 있다.
5. 정교화 (elaboration)	· 신체와 목소리에 대한 탐색이 더 깊어지고 듣기 경험이 풍부해진다. · 익숙한 음악적 요소에 적절히 조합할 수 있다. · 무엇을 들었는지 노래 부르기를 통해 음악적으로 생각할 수 있다. · 리듬음절(rhythm syllables)을 사용하여 대화하고 노래를 창작한다.

(3) 음악학습이론

음악교수학습의 최근 발달이론 중 하나는 고든의 학습이론이다. 고든은 음악을 가르치는 순서가 중요하다고 여겼으며, 이를 위해 음악학습순서를 체계화하는 음악학습위계(music learning sequence)를 계발하였다[그림 5-2]. 음악 기술학습위계는 청각적 듣기와 구별하기로 시작하여 음악 읽기와 쓰기, 즉흥연주, 음악의 이론적 이해의 과정으로 진전된다. 음악학습위계는 장조, 단조, 모드 등의 학습순서를 정리해 놓은 음 학습위계(tonal learning sequence)와 두 박자계, 세 박자계 등의 리듬학습내용을 정리해 놓은 리듬학습위계(rhythm learning sequence)를 주요 내용으로 다룬다(최은식, 1991).

음악 기술학습과 음 내용학습의 계열화는 음악교사들이 학습자의 음악적 수준에 적합한 내용을 순서에 맞게 선택함으로써 음악교육과정을 설계하는 데 도움이 될 수 있다. 고든의 음악학습위계는 [그림 5-2]와 같다.

| 그림 5-2 | 고든의 음악학습위계

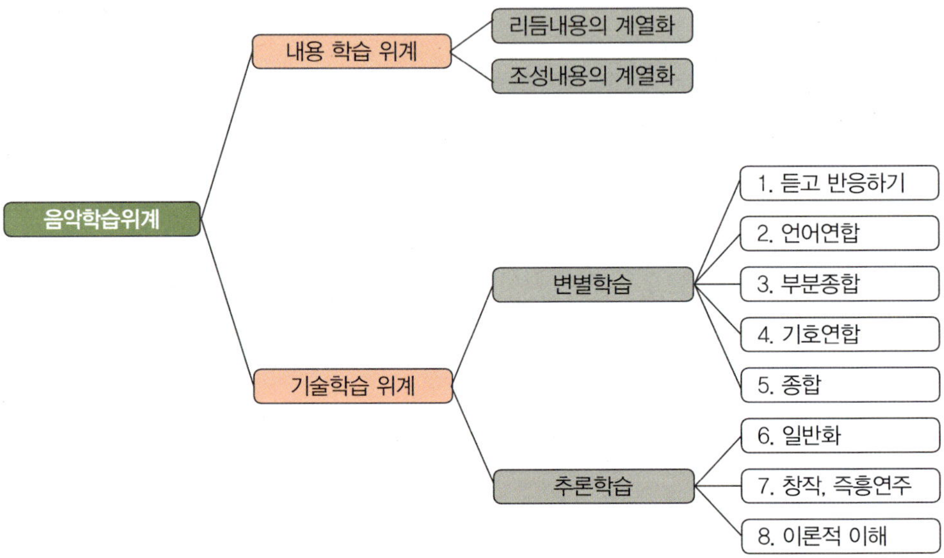

출처: 최은식(1991).

고든의 교수법에 관한 연구를 살펴보면, 김정숙(2010)은 고든의 음악학습이론에 근거한 음악활동은 유아의 음악소질과 친사회적 행동에 긍정적인 영향을 미친다고 주장하였다. 조효진(2008)은 고든의 유아음악 교육방법이 전통적 유아음악 교육방법에 비해 음감과 리듬감발달에 효과적임을 밝히고 있다. 또한 윤은미(2006)는 고든의 음악학습이론에 기초한 음악과 동작의 통합활동 프로그램이 유아의 음악적 표현력과 신체표현력을 향상시켰음을 증명하였다. 즉, 고든의 교수법은 유아의 음악적 능력과 더불어 사회성 발달, 신체발달에 긍정적 영향이 있다고 볼 수 있다.

1) 아티큘레이션(articulations)

음악에서 연주주법과 관련된 용어로서, 한 음 한 음, 혹은 여러 음들을 연주할 때 어떤 식으로 '소리를 만들 것'인지에 대한 지시어이다. 따라서 이러한 아티큘레이션의 종류나 방법은 다양하며, 대부분 악보에 '기호'로써 표기한다. 아티큘레이션의 종류와 방법의 예시는 다음과 같다.

| 표 5-8 | 아티큘레이션의 종류와 방법 예시

용어/약자	기호	뜻
테누토 (*tenuto*)		음을 끌어 충분히 길게 연주하기 위해 한음 한음 꾹꾹 누르면서 연주한다.
스타카토 (*staccato/stacc.*)	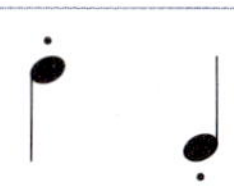	음의 길이를 원래의 길이보다 1/2정도 짧게 연주한다.
스타카티시모 (*staccatissimo*)	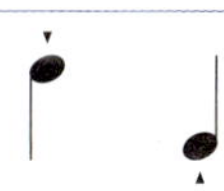	음의 길이를 원래의 길이보다 1/4정도 짧게 연주한다.
레가토 (*legato*)	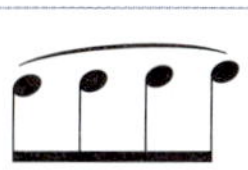	이음줄(slur)을 이용하여 여러 음표들을 부드럽게 연이어 연주한다.
스포르찬도 (*sforzando/sfz*)	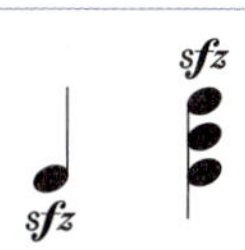	그 음 또는 그 화음만 '특히' 세게 연주한다.
페르마타 (*fermata*)	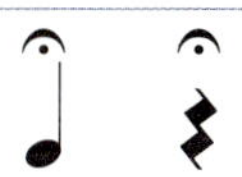	① 음표/쉼표 위에 사용할 경우: 그 음/쉼표를 원래 음가보다 약 두 배 정도 길게 연주하거나 쉰다.
		② 세로줄 위에 사용할 경우: 곡의 진행을 일시적으로 중지했다가 다음 부분으로 넘어간다.
		③ 겹세로줄 위에 사용할 경우: 악곡의 마침표로서 Fine(피네)와 같은 뜻이 된다.

출처: 김유희(2010).

CHAPTER 06
유아음악활동

유아들은 어릴 때부터 음악적 경험을 하면서 성장한다. 엄마의 자장가를 들으며 잠들고, 놀이 시간에 흥얼거리거나 놀잇감을 두드리기도 하고, 친구와 함께 노래 부르며 춤을 추기도 한다. 이처럼 유아들이 일상 속에서 자연스럽게 접한 음악 경험은 교사가 제공하는 음악활동으로 이어진다. 음악활동이란 특정한 음의 표현 형태를 통해 사람의 느낌과 감정, 아름다움, 의미 등을 수용하고 표현하는 일이다(이홍수, 1992). 유아음악교육은 이와 같은 음악활동을 통해 이루어지며, 음악의 구성요소에 대한 개념 형성도 음악활동을 통해 이루어진다. 따라서 유아 교사는 다양한 음악활동을 계획하고 실행할 수 있어야 한다. 유아기에 적합한 음악활동을 음악 감상(듣기), 노래 부르기, 신체표현, 악기 연주, 음악 만들기(창작하기) 등으로 구분하여(김향숙, 2016; Campbell & Scott-Kassner, 2010) 살펴보고자 한다.

1. 음악 감상하기

음악 감상하기란 음악의 미적 의미를 이해하고 즐기는 행위로서 음악적 개념, 즉 리듬, 선율, 화성, 셈여림, 빠르기, 음색 등의 표현적 요소에 대해 지각하고 반응하는 활동을 말한다(Leonhard & House, 1992). 음악 감상이란 음악의 예술적 내용에 민감하게 반응하는 과정을 의미하는 것으로(Mursell, 1991), 음악의 구성요소를 감지 및 식별하고 이들의 구조와 형태 등을 파악하고 훈련하는 과정(이홍수, 1990)이라고 할 수 있다. 유아들의 음악 감상하기의 구체적인 예로 녹음된 노래나 연주 감상하기, 자연의 소리 들어 보기, 교사의 노래나 연주 들어 보기, 상상하며 들어 보기, 교사/친구들의 연주 감상하기, 음률영역의 녹음기로 감상하기 등을 들 수 있다.

1) 음악 감상의 중요성

음악 감상하기는 '듣기'라는 용어와 함께 사용되는데 음악을 듣는 것은 음악의 모든 활동에서 요구된다. 즉, 노래를 부르고 악기를 연주하며, 음악을 창작하고, 음악에 따라 신체표현을 하려면 우선 소리를 감지할 수 있어야 하기 때문이다. 국가수준의 누리과정에서도 음악에 대한 기본개념의 이해와 흥미, 선호를 증진시킬 수 있는 음악 감상활동의 중요성을 강조하고 있다. 이처럼 듣기 활동은 모든 음악활동의 기초이며 가장 중요하고도 자주 사용된다.

음악 감상은 수동적 음악 감상과 능동적 음악 감상으로 구분할 수 있다. 수동적 음악 감상은 놀이시간이나 휴식시간, 간식 시간, 잠잘 때 등의 시간에 배경음악으로 들려주는 활동의 형태를 말하고, 능동적 음악 감상은 음악을 듣고 음악과 관련된 활동으로 표현하는 것을 말한다. 즉, 능동적 음악 감상은 음악의 느낌을 그림으로 그려 보기, 신체로 표현하기, 주제 선율을 노래로 불러 보고, 가사를 만들며 즉흥연주하기 등으로 표현하는 활동을 말한다. 이와 관련하여 Campbell(2004)은 '주의 깊게 듣기(Deep-Listening)'의 3단계를 제시하였다(표 6-1). 유아들은 주의 깊게 듣는 활동을 통해 음악의 구성요소(chapter 04 참고)와 의미에 대해 철저하게 이해할 수 있다.

| 표 6-1 | 주의 깊게 듣기(Deeping-Listening)의 3단계

단계	내용
집중하여 듣기 (Attentive Listening)	그림을 사용하여 주제 선율, 멜로디 윤곽, 셈여림 변화, 음색 변화 등에 집중하게 하는 단계
참여하여 듣기 (Engaged Listening)	박(beat)을 치기, 오스티나토 연주하기, 멜로디 노래 부르기에 참여하는 단계
적극적 듣기 (Enactive Listening)	음악 작품의 뉘앙스를 반영하거나 전통 양식의 음악을 연주하는 것과 같은 보다 더 깊은 수준의 감상 단계

출처: Campbell과 Scott-Kassner(2010).

〈표 6-1〉에서 알 수 있듯이 주의 깊게 감상하는 활동은 선율, 셈여림, 음색, 박 등의 음악의 구성요소에 주의를 기울이고 이를 신체로 표현하거나 노래 부르기, 악기 연주 등의 활동으로 표현되는 과정이다. 멜로디의 윤곽을 선으로 그려보기, 음악의 셈여림을 신체로 표현하기, 일정박으로 손뼉치기, 음악의 느낌을 언어로 표현하기 등의 감상활동에 참여함으로써 영유아는 주의 깊게 들을 수 있으며, 음악의 구성요소를 감지 및 식별하고 이들의 구조와 형태 등을 파악하는데 도움을 받게 된다.

■ 주의 깊게 듣기 활동의 예

- 음색: 핸드드럼 연주하는 소리의 패턴으로 손뼉치기
- 음색: 첫 번째 트럼펫 소리에 손을 올리고, 첫 번째 플루트 소리에 머리를 끄덕이기
- 리듬: 리듬 또는 일정박에 따라 다양한 신체 부위를 치기
- 리듬: 리듬에 따라 교실을 걷다가 프레이즈(phrases)[1]가 끝날 때 방향을 바

1) 프레이즈(phrase): 음악을 글에 비유했을 때 하나의 단어나 문장을 의미하는 것으로 악구라고 할 수 있다. 한 문장이 끝나면 마침표를 찍듯이 하나의 악구가 끝날 때 '호흡'이나 '정지'로 구분하고, 그 구분을 이음줄로 묶어 준다. 프레이즈는 일반적으로 4마디로 구분하고 있지만 사실상 그 구분은 상당히 까다롭다(부록 참고).

꾸기

- 음높이: 음악의 가장 높은/낮은 음에 몸을 높게/낮게 움직이기
- 셈여림: 힘의 변화에 따라 몸을 크고 부드럽게 움직이기

이와 같이 음악 감상활동은 음악의 다른 활동에 우선하여 이루어지고, 음악의 구성요소들을 감지하고 식별하여 음악요소의 개념을 형성하는 데 도움을 주는 데 그 중요성이 있다. 따라서 교사는 유아의 음악 감상 능력을 향상시킬 수 있는 곡을 선정하여 주의 깊은 음악 감상을 하도록 계획할 필요가 있다.

2) 음악 감상활동의 내용

음악 감상활동은 음악의 원재료라고 할 수 있는 '소리' 듣기가 그 기초적 단계가 된다. 따라서 소리 듣기와 음악 감상으로 구분하여 그 내용을 살펴보고자 한다.

(1) 소리 듣기

① 자연의 소리 듣기
- 동물의 소리, 파도, 물, 바람, 비, 천둥, 시냇물 소리 등

② 목소리 듣기
- 부드러운 소리/날카로운 소리, 낮은 소리/높은 소리, 밝은 소리/어두운 소리, 말 하는 소리/노래하는 소리, 어른의 소리/아이의 소리 등

③ 생활주변의 소리 듣기
- 부엌에서 나는 소리, 화장실에서 나는 소리, 문 닫는 소리, 수돗물 소리 등

④ 음악의 구성요소와 관련된 소리 듣기

- 매미 소리

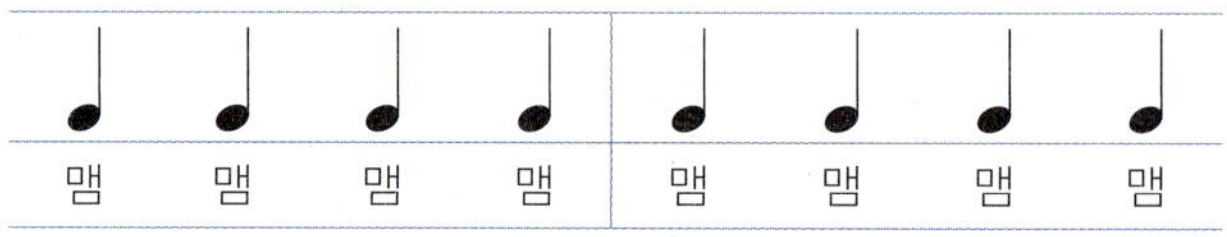

- 야채를 써는 소리

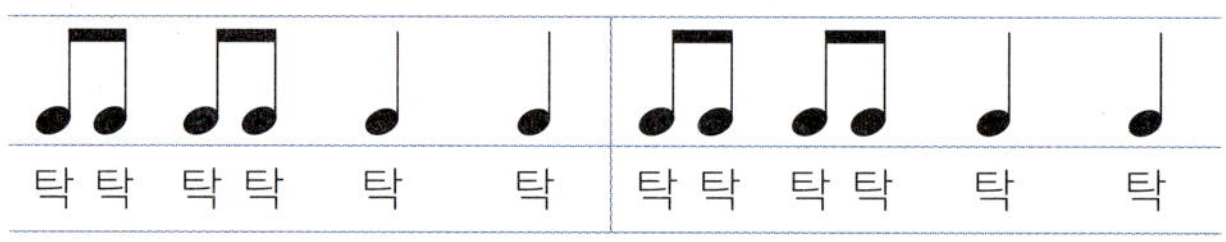

- 양치질하는 소리

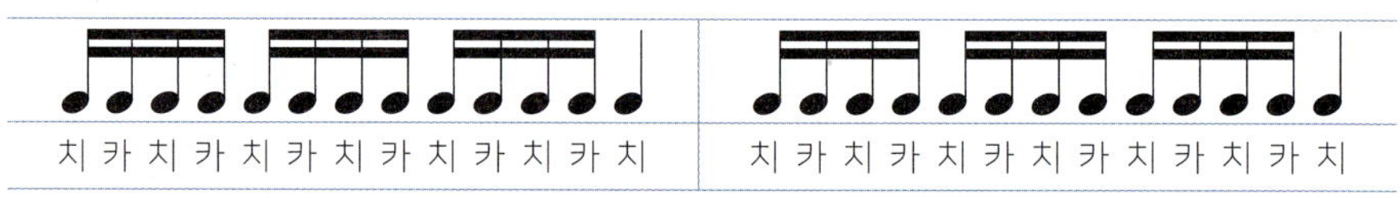

(2) 음악 감상

영유아가 음악을 감상하려면 먼저 감상할 곡을 선정해야 한다. 유아의 바람직한 음악 감상활동을 위해 곡을 선정하는 데 고려해야 할 점을 살펴보자.

첫째, 다양한 장르, 유형, 문화적 배경의 음악을 선정한다. 영유아에게 적합한 음악 감상곡은 전래 동요, 동요, 민요, 클래식, 독주곡, 기악곡, 합주곡, 합창곡, 독창곡, 춤곡, 행진곡, 만화영화음악, 세계 민속음악 등 장르와 유형의 다양성을 포함한다. 〈작은별〉을 피아노, 바이올린, 플루트 등으로 연주된 곡을 감상할 경우 유아는 다양한 느낌을 경험할 수 있다. 이처럼 같은 곡이라도 다양한 악기, 다양한 유형으로 연주된 곡을 감상하는 것이 바람직하다. 장르별 영유아가 감상하기 적합한 곡을 살펴보면 〈표 6-2〉와 같다.

| 표 6-2 | 영유아에게 적합한 장르별 감상곡 예시

장르	감상 예시곡
동요	올챙이와 개구리(윤현진), 원숭이(방시혁)
창작동요	바람의 속삭임(진동주), 하늘나라 동화(이강산)
클래식	위모레스크(드보르작), 뻐꾹왈츠(요나슨)
이야기가 있는 음악	피터와 늑대(프로코피에프), 동물의 사육제(생상스)
종교음악	고요한 밤 거룩한 밤(프란츠그루버), 사랑받기 위해 태어난 사람(이민섭)
만화 주제가	아기공룡 둘리(김동성), 뽀롱 뽀롱 뽀로로(박희준), 아기상어(외국곡)
우리 가락	아리랑, 사물놀이, 도라지 타령, 새야 새야
대중음악	산 할아버지(김창완), 아빠와 크레파스(이혜민)

둘째, 음악의 구성요소(셈여림, 빠르기, 음색, 선율, 리듬 등)가 명료하게 구별될 수 있는 곡을 선정한다. 빠르고 느린 곡, 크고 부드러운 곡, 음색의 특징이 분명한 곡, 높고 낮은 선율의 곡, 리듬감이 있는 곡 등은 대비되는 특징을 갖고 있어 음악적 개념을 이해하는 데 도움이 될 수 있다. 음악요소에 따른 음악 감상곡을 정리하면 다음과 같다.

| 표 6-3 | 음악요소에 따른 음악 감상곡과 활동 예시

음악요소	감상곡	활동의 예
음색	〈동물의 사육제〉 중 '숲속의 뻐꾸기' (생상스)	스카프로 얼굴을 가리고 있다가 클라리넷으로 뻐꾸기를 표현한 부분에서 얼굴 보여 주기
	무반주 첼로 모음곡 1번 (바흐)	첼로 음색을 들으며 모형악기로 첼로 연주 흉내 내기
	〈타이프 라이터〉 (앤더슨)	음악에 맞춰 컴퓨터 타이핑하는 모습을 흉내 내면서 벨소리가 날 때 크게 치기(엔터키)
셈여림	〈천둥과 번개 폴카〉 (요한 스트라우스 2세)	두 팀으로 나누어 음악을 듣다가 작은소리에 에그 셰이커가, 큰 소리에 심벌즈/큰북 팀이 연주하기

음악요소	감상곡	활동의 예
빠르기	토끼와 거북(린다 워슬리)	빠른 음악에 토끼, 느린 음악에 거북이가 되어 신체표현하기
	왕벌의 비행(림스키코르사코프)	종이로 만든 왕벌을 손가락에 꽂고 음악에 따라 벌의 비행을 신체표현하기
	동물의 사육제 중 '당나귀'(생상스)	당나귀의 빠른 움직임을 신체표현하기
	동물의 사육제 중 '거북이'(생상스)	거북이의 느린 움직임을 신체표현하기
	동물의 사육제 중 '수족관'(생상스)	물고기의 느리게 움직이는 모습을 신체로/스카프로 표현하기
리듬	군대 행진곡(슈베르트)	2박에 맞춰 걷기
	G장조 미뉴엣(베토벤)	3박에 맞춰 종이 스케이트 타기
	싱코페이드 클락(앤더슨)	일정박에 맞춰 걷기/리듬막대 치기
선율	동물의 사육제 중 '백조'(생상스)	올라가는 선율 찾기/그리기
	동물의 사육제 중 '캥거루'(생상스)	캥거루가 뛰는 소리를 신체로 표현하기/선으로 그려 보기

셋째, 유아가 흥미를 느끼고 상상력을 자극하는 곡을 선정한다. 재미있는 이야기를 표현한 곡(프로코피에프 〈피터와 늑대〉), 동물의 모습을 표현한 곡(생상스 〈동물의 사육제〉), 가사의 내용이 유아의 흥미를 느끼게 하는 곡(김성균 〈잉잉잉〉) 등은 음악을 듣고 신체로 표현하기, 그림으로 표현하기, 노래로 표현하기와 같이 쉽고 재미있게 표현할 수 있도록 돕는다.

2. 노래 부르기

노래 부르기란 유아가 노래의 가사를 이해하고 가사와 선율의 관련성을 파악하며, 악곡의 구조와 선율의 의미를 느끼고 이해할 수 있도록 소리 내기가 아닌 목소리를 사용하여 음악의 의미를 만들어 가는 활동을 말한다(이홍수, 1992). 유아들이 부르는 노래 부르기의 구체적인 예로 한 음으로 부르기, 노랫말을 넣어 부르기, 따라 부르기, 함께 부르기, 혼자 부르기, 반주에 맞추어 부르기, 음악에 맞춰 부르기, 모둠으로 나누어 부르기 등을 들 수 있다.

1) 노래 부르기 활동의 중요성

유아들은 말을 배우는 것과 마찬가지로 태어나면서부터 노래 부르는 것을 배운다. 목소리를 내는 훈련으로 시작해서 다양한 억양의 발성을 시도하고, 음악음의 흐름을 기억하고, 이것을 자신의 목소리와 연결시키는 것을 배운다(안재신, 2004).

노래 부르기는 유아교육기관에서 가장 빈번히 이루어지는 음악활동으로 유아음악교육에서 가장 큰 비중을 차지하며(양지애 · 이영애, 2011), 혼자 부르기, 함께 부르기, 새 노래 부르기, 주의집중이나 전이활동으로 노래 부르기, 놀이시간에 흥얼거리기 등 다양하게 이루어진다.

유아는 노래 부르기 활동을 통해 음악요소에 대한 개념을 학습한다. 박과 리듬에 맞춰 부르기, 크게/작게 부르기, 빠르고 느리게 부르기 등의 활동은 음악의 구성요소를 경험하게 한다. 또한 유아는 노래를 통해 유아의 생각과 느낌을 표현할 수 있으며 노랫말을 통해 다양한 어휘를 경험하고 이해하게 된다. 뿐만 아니라 유아는 노랫말에 담긴 내용을 상상하기도 하고, 노래에 맞추어 손유희를 하거나 신체를 이용한 노래 부르기를 함으로써 기쁨과 즐거움을 표현하고 슬픔을 정화한다. 이처럼 노래 부르기 활동은 음악적 능력의 발달 이외에도 신체,

언어, 정서, 사회, 창의성, 표현력 발달과 관련되어 있다. 따라서 교사는 유아의 발달에 적합한 곡을 선정하여 노래 부르기 활동을 계획하고 실행할 수 있어야 한다.

2) 노래 부르기 활동의 내용

유아의 노래 부르기 활동의 내용을 살펴보기에 앞서 어떤 곡을 선정하느냐에 대한 기준을 먼저 살펴볼 필요가 있다. Campbell과 Scott-Kassner(2010)가 제안하는 노래 선곡을 위한 가이드라인 세 가지는 다음과 같다.

| 표 6-4 | 유아의 노래 선곡을 위한 고려할 사항

고려사항	세부 내용
연령 적합성 (age-appropriate)	노래의 음역(range)
	노래의 구조(tessitura)
	노랫말(text)
형식(style)	노래할 수 있는 형식의 노래
음악적 강조점	선율: 별개로 노래할 수 있는 선율 악구(tonal phrase)
	리듬: 별개로 찬트할 수 있는 리듬 악구(rhythmic phrases)
	악보: 이야기, 시, 역사적/문화적 문제에 대한 토론과 관련된 아이디어

출처: Campbell과 Scott-Kassner(2010).

제시한 〈표 6-4〉에 의하면 유아를 위한 노래 부르기 곡 선정은 일반적인 발달, 음악적 발달 능력을 고려하고 있음을 알 수 있다. 연구자들의 노래 부르기의 곡 선정 관련 내용을 참고하여 노랫말, 리듬, 선율, 조성, 형식으로 나누어 그 내용을 살펴보면 다음과 같다(심성경 외, 2015; 하정희 외, 2015).

(1) 노랫말

- 일상생활에서 경험한 노랫말
- 아름다운 상상을 촉진하는 노랫말
- 이해할 수 있고, 실감할 수 있는 노랫말
- 새로운 것을 발견하고 기쁨을 체험할 수 있는 노랫말
- 유아의 세계 속에서 이루어진 노랫말
- 교육적으로 내용이 구체적이며 흥미로운 노랫말
- 음악적으로 내용이 체계적으로 구성된 노랫말

| 악보 6-1 | 그냥 두고 나갔더니

그냥 두고 나갔더니

김성균 작사/작곡

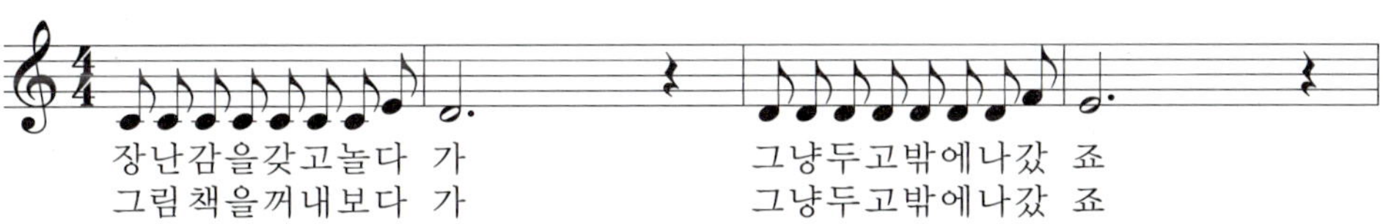

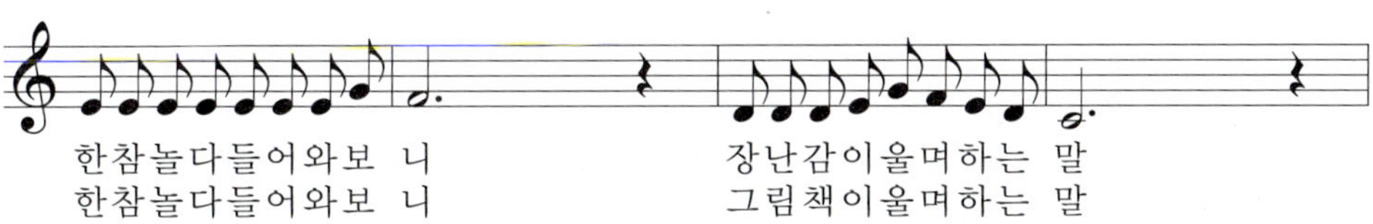

1. 나를 바닥에 그냥 두고 나갔기 때문에 지나가는 사람이 나를 뻥 찼단 말이야.
2. 나를 바닥에 그냥 두고 나갔기 때문에 지나가는 사람이 나를 꽉 밟았단 말이야.

(2) 리듬: 박자, 장단(음 길이), 리듬 패턴

유아가 부르는 곡은 발달에 적합한 리듬으로 구성되어야 한다. 리듬의 하위 요소인 장단, 박자, 리듬패턴으로 나누어 살펴보자.

① 장단

유아가 쉽게 구별할 수 있는 길이의 음표는 주로 점 2분음표(𝅗𝅥.), 2분음표(𝅗𝅥), 점 4분음표(♩.), 4분음표(♩), 8분음표(♪)이다. 4박자 노래에서 온음표(𝅝)의 사용은 유아의 호흡에 무리가 되므로 피하는 것이 좋다.

② 박자

3박자 계열보다 2박자와 4박자의 곡이 선호된다.

③ 리듬패턴

- 유아들은 복잡한 리듬꼴(♪.𝅘𝅥𝅯♪.𝅘𝅥𝅯 '팀리 팀리')의 노래는 듣기는 좋아하지만 연속 사용 시 정확하게 표현하기는 다소 무리가 있어 피하는 것이 좋다.
- 당김음[2] 리듬이나 연속된 셋잇단음표(♫♩)의 리듬도 유아가 부르기엔 발달적으로 어렵다.

(3) 선율/음역

유아가 부르는 곡은 발달에 적합한 선율로 구성되어야 한다. 또한 유아가 느끼기에 아름다움, 친근감, 즐거움, 기쁨을 주며, 동기를 유발하는 선율이어야 한다. 선율의 하위 요소인 음높이(음역), 음 흐름(움직임, 방향)과 관련하여 적합한 조건을 살펴보자.

2) 당김음(syncopation)이란 약박에 긴 음가가 놓이면서 순간적으로 강-약의 악센트 패턴(셈여림 패턴)이 바뀜으로써 정상적인 박자나 리듬에 역행하는 리듬 형태를 말한다. 이러한 당김음의 사용은 한 악곡에 예기치 않은 역동감을 주기도 한다(예시곡 부록 참고).

■ 유아에게 적합한 노래의 선율

① 반복되어 단조로우면서 흥미로운 선율

② 음의 도약이 무리 없이 연결된 선율

③ 유아의 음역 안에서 이루어진 선율

④ 어릴수록 단순하고 쉬운 흐름의 단계적인 선율의 진행

⑤ 음 흐름이 온음으로 구성된 노래에서 점차 도약하는 흐름의 선율

■ 음역

음역은 노래 부르기 활동의 난이도를 결정하는 중요한 요소이다. 유아에게 부를 수 있는 노래는 가장 편안한 음역에서 이루어진 노래이어야 한다(악보 6-3). 유아의 음역은 개인차가 심하나 대략 유아가 노래하기 가장 편한 음역은 '레~솔'이다(안재신, 2004). 각 연령별로 최대 음역(점선 표시)과 편한 음역('기'로 연결)에 다소 차이가 있으나 연령이 높을수록 음역이 넓어진다.

| 악보 6-2 | 유아가 노래하기 가장 편한 음역

| 악보 6-3 | 유아의 음역

출처: 안재신(2004).

(4) 조성[3)]

유아들이 부르기 쉬운 노래는 다장조, 바장조, 사장조의 순이다. 또한 영유아들은 단조(minor)의 어둡고 우울한 곡보다 장조(major)의 밝고 경쾌한 곡을 선호한다.

(5) 형식[4)]

영유아가 부르기에 적합한 노래는 한도막형식(8마디)이나 작은 세도막형식(12마디)의 곡이 적당하다. 또한 돌림노래와 문답노래, 반복하는 노래 등이 있다.

① 돌림노래

예 〈퐁당퐁당〉, 〈아직 자니〉

② 문답노래

예 〈당신은 누구십니까〉, 〈참 재미있었지〉, 〈우리집에 왜 왔니〉

③ 반복하는 노래

예 〈엄지야 엄지야〉, 〈한 마리 코끼리가 거미줄에 걸렸네〉, 〈똑같아요〉

---

3) 조성(tonality)이란 어떤 한 곡이 갖는 특정 중심음(key center)을 향한 강한 경향성을 말한다(chapter 04의 부록참고).

4) 형식(form)이란, 음악은 반복과 변화의 연속으로 이루어지는데 곡의 형식은 곡의 주제를 중심으로 하여 이러한 반복과 변화를 효과적으로 구성한 음악적 구조이다. 형식을 구성하는 부분들은 A, B, C 등으로 구분하며, 기능과 역할에 따라 한도막형식(8마디), 두도막형식(16마디), 론도형식, 소나타형식 등으로 나타낸다.

3. 신체표현하기

신체표현이라는 용어는 '동작'이나 '움직이기' 라는 용어와 혼용되어 사용되고 있다. 본 장에서 신체표현하기는 '음악에 맞추어', '음악에 따라', '음악을 듣고', '음악을 들으면서' 등의 수식어를 동반한 의미로서 '음악관련 신체표현'이라는 의미로 사용하고자 한다.

신체표현하기란 음악을 들으면서 이루어지는 인지와 감정의 동시적 반응이 신체를 통해 나타나는 자발적 표현활동을 말한다(이민정, 2002). 다시 말해서 소리의 특징을 온몸으로 표현하거나 음악을 듣고 기분, 감정 등 곡에서 느껴지는 느낌을 몸의 움직임으로 표현하는 활동을 말한다. 신체는 원초적인 악기로 신체 언어로 인식된다. 음악을 듣고 특정한 느낌을 몸동작으로 표현하는 것은 유아가 그 음악에 관해 이해한 바를 보여 주는 것으로 이해될 수 있으므로 음악에 따른 신체표현은 훌륭한 음악활동이다(이홍수, 1992).

1) 신체표현의 중요성

음악에 반응하는 신체표현은 유아음악교육과 뗄 수 없을 만큼 본능적이고 천성적이다. 의도하든 의도하지 않았든 영유아들은 거의 매일 걷기, 뛰기, 기기,

손뼉치기, 뻗기 등의 동작을 한다. 유아음악교육에서 신체표현은 주로 음악을 듣고, 음악에 따라, 음악에 맞추어 움직이는 것으로 음악과 관련되어 있으며, 교사는 영유아가 리듬, 선율, 셈여림, 빠르기 등의 음악요소를 이해하도록 자연스럽게 신체표현과 결합시킬 수 있다. 이때, 교사는 움직임 그 자체보다 영유아의 내면에 있는 음악적 느낌이나 감정적, 미적, 신체적 충동을 신체로 표현하는 데 그 중요성이 있다(이홍수, 1992).

대부분의 많은 음악 교육가들은 음악관련 신체표현하기에 대하여 그 중요성을 강조하였다. 오르프는 음악의 요소는 동작(movement), 춤(dance), 언어(speech)와 함께 이루어지므로 음악교육 내용에 동작, 춤, 언어가 포함되어야 함을 강조하였다. 코다이는 최상의 음악교육과정은 움직임과 노래게임이라고 하였으며, 달크로즈는 생활과 가장 밀접한 음악의 강력한 요소는 리듬동작이라고 하였다. 즉 리듬과 신체움직임 간의 통합을 강조하였다.

신체표현은 노래 부르기 게임(singing game)과 손유희와 같은 활동을 통해 또래와 협력하는 기회를 주기도 하며, 포크댄스를 통해 다른 나라의 음악을 이해하는 통로가 되기도 한다. 뿐만 아니라 음악에 따라 크고 작게, 느리고 빠르게, 높고 낮게 등 자신만의 느낌과 생각을 자유롭게 표현함으로써 새롭게 표현하는 방법을 습득할 수 있으며, 즐거움과 기쁨을 느끼기도 한다. 이와 같이 음악 관련 신체표현하기는 음악적 능력의 발달뿐만 아니라 언어, 인지, 정서, 신체, 창의성 발달 등 균형 잡힌 전인발달에 도움을 준다는 데 그 중요성이 있다.

2) 음악관련 신체표현의 내용

유아음악교육에서 음악관련 신체표현하기의 내용을 기본동작, 음악의 구성요소에 따른 신체표현, 노래 내용(노랫말)에 따른 신체표현, 창의적 신체표현, 손유희 활동으로 구분하여 살펴보고자 한다.

(1) 기본동작

동작은 신체의 움직임을 말하며, 신체표현은 느낌이나 감정을 신체 움직임을 통해 드러내는 것으로 신체표현에 앞서 기본동작에 대해 이해할 필요가 있다. 영유아기에 경험할 수 있는 기본동작은 공간 이동의 유무와 기구를 사용하는지에 따라 비이동 동작, 이동 동작, 조작적 동작으로 구분된다(Gallahue, 1993).

① 비이동 동작(non-locomotor movement)

비이동 동작이란 신체가 한 자세를 유지하는 동안 일반적으로 행해지는 기본적인 동작으로 몸을 축으로 하여 장소를 이동하지 않고 움직이는 동작을 말한다. 이러한 동작 기술은 창의적인 표현을 위한 도구 및 신체 탐색을 위한 도구로 사용되어야 한다(Pica, 2004). 비이동 동작은 구부리기, 뻗기, 꼬기, 회전하기, 흔들거리기, 구르기, 균형 잡기, 피하기 등이 포함된다.

② 이동 동작(locomotor movement)

이동 동작이란 공간 속에서 신체의 위치를 바꾸면서 움직이는 동작을 말한다. 이동 동작은 비이동 동작과 함께 이루어지는 경우가 많으며, 이동동작의 경험이 많을수록 유아의 리듬적 운동 능력과 표현 능력이 증진되어 균형감이 풍부해져서 창의적인 동작에 활용할 수 있는 기초를 이루게 된다. 이동 동작에는 걷기, 달리기, 뛰어넘기, 뛰기, 앙감질, 미끄러지기, 스키핑, 오르기 등이 있다.

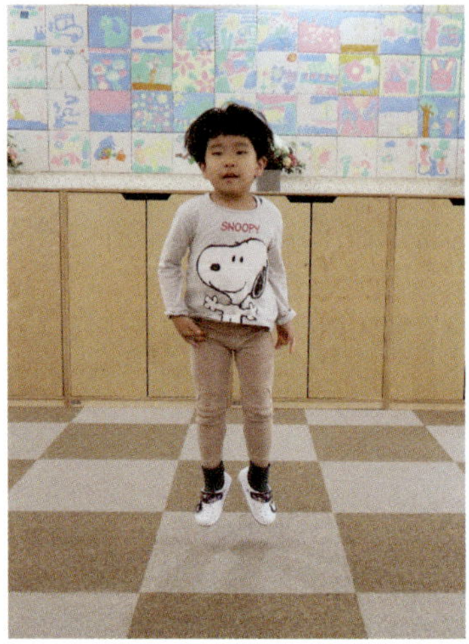

③ 조작적 동작(manipulative movement)

조작적 동작은 기구와의 관계에서 이루어지며 손과 발을 이용하여 기구를 이동시키는 동작을 말한다. 이러한 조작적 동작은 비이동 동작과 이동 동작이 어느 정도 이루어져야 가능한 동작이다. 조작적 동작에는 던지기, 받기, 차기, 공 되받아치기, 공 튀기기 등이 포함된다. 기본동작의 유형을 정리하면 〈표 6-5〉와 같다.

| 표 6-5 | 기본동작의 유형

비이동 동작	이동 동작	조작적 동작
구부리기(bending)	걷기(walking)	던지기(throwing)
뻗기(stretching)	달리기(running)	받기(catching)
꼬기(twisting)	뛰어넘기(leaping)	차기(kicking)
회전하기(turning)	뛰기(jumping)	공 되받아치기(volleying)
흔들거리기(swinging)	앙감질(hopping)	공 튀기기(bouncing)
구르기(rolling)	말뛰기(galloping)	
균형 잡기(balancing)	미끄러지기(sliding)	
피하기(dodging)	스키핑(skipping)	
	오르기(climbing)	

출처: Gallahue(1995); Pica(1995); 오연주 외(2013)에서 재인용.

(2) 음악의 구성요소에 따른 신체표현

음악의 구성요소는 리듬, 선율, 셈여림, 빠르기, 화음, 음색 등 음악을 이루는 요소 및 개념을 말한다(chapter 04 참고). 음악교육의 본질은 음악요소가 갖는 미적 특성에 대한 이해를 돕고 이에 대한 반응능력을 발달시킴으로써 인간의 감정을 훈련시키는 교육활동이다(김영연, 2002). 리듬과 선율은 신체표현을 통해 영유아를 음악에 적극적으로 참여하도록 하며, 유아의 자연스러운 신체표현을 음악요소에 결합시킬 때 보다 효과적으로 음악학습이 이루어질 수 있다(Campbell & Scott-Kassner, 2010). 음악의 구성요소에 따른 신체표현활동을 위한 곡 선정은 음악의 구성요소가 분명하게 나타나 있는 곡을 선정하는 것이 좋다.

■ 음악의 구성요소에 따른 신체표현의 예

- 빠르기: 우쿨렐레 반주에 따라 느리게/빠르게 움직여 보기
- 빠르기: 음악을 듣고 빠르기에 반응하여 움직여 보기
  림스키코르사코프 〈왕벌의 비행〉
  생상스, 동물의 사육제 중 〈거북이〉 〈코끼리〉

(3) 노래 내용에 따른 신체표현

여기에서 노래 내용은 노랫말을 뜻한다. 유아들이 부르는 동요에는 노랫말이 행동을 지시할 때가 있다. 이때 노랫말에 의해 영유아의 동작이 제한될 수 있으므로 창의적인 신체표현을 위한 수업에서는 곡 선정에 유의해야 한다.

■ 노랫말에 따른 신체표현의 예

〈머리 어깨 무릎 발〉

〈둘이 살짝〉

〈우리 모두 다같이〉

〈그대로 멈춰라〉

| 악보 6-4 | 그대로 멈춰라

그대로 멈춰라

김방옥 작사/작곡

(4) 창의적 신체표현

창의적 신체표현이란 음악에 대한 자신만의 느낌이나 생각을 신체로 표현하는 것을 말한다. 언제 어떻게 움직이라는 지시가 없이 음악을 듣고 느낀 것을 자유롭게 표현하는 것으로 영유아의 상상력을 자극하는 이야기나 사건, 질문을 사용한다(심성경 외, 2015).

■ 창의적인 신체표현의 예

- 〈아기 코끼리의 걸음마〉 코끼리 되어 보기
- 생상스, 동물의 사육제 〈수족관〉 물고기 되어 보기
- 쇼팽 〈강아지 왈츠〉 강아지 되어 보기

(5) 손유희

손유희(finger play)는 대부분 안정된 자세에서 간단한 노래나 찬트에 맞추어 주로 손과 팔, 그리고 경우에 따라서는 상반신을 이용해 동작하도록 되어 있다(심성경, 2015). 손유희는 일반적으로 전이활동 시에, 또는 모든 집단활동의 도입이나 주의집중을 위해 사용한다. 그 외에도 소근육 운동능력, 눈과 손의 협응력, 근육조절 능력, 언어표현, 창의적 사고와 표현능력의 발달 등의 교육적 가치를 갖는다.

■ 손유희에 사용되는 곡의 예

〈올라가는 눈〉

〈통통통통〉

〈나는 콩〉

| 악보 6-5 | 손유희에 사용되는 곡의 예

나는 콩

김성균 작사/작곡

4. 악기 연주하기

영유아음악교육에서 악기 연주는 '악기 다루기', '악기 소리 탐색하기'라는 용어로도 불리는데 여기에서는 둘 다를 포함하는 용어로 사용하고자 한다. 악기 연주하기란 유아가 자신의 내면세계, 즉 느낌이나 정서, 심정을 악기라는 매개체를 통하여 표현하는 활동을 말한다(이민정, 2002). 유아의 악기 연주활동의 구체적인 예로 노래에 맞추어 연주하기, 주변 환경의 소리를 악기로 표현하기, 박자·리듬에 맞춰 연주하기, 그림악보 보며 연주하기, 다양한 리듬악기 소리탐색하기, 친구들과 함께 연주하기 또는 악기 다루기 등을 들 수 있다. 영유아의 발달과 관련하여 악기 연주하기 활동의 중요성과 그 내용을 살펴보자.

1) 악기 연주하기의 중요성

쿵 하는 소리(핸드드럼), 비 오는 소리(레인 메이커), 종소리(벨), 날아오르는 소리(슬라이드 휘슬), 시계 소리(리듬막대)처럼 다양한 음색의 악기 소리는 영유아들의 관심을 자극한다. 모양, 재질, 크기, 연주법에 따라 여러 가지 소리를 내는 악기는 영유아의 호기심을 자극하며, 이 호기심은 음악활동에 동기를 유발시키고, 영유아의 음악학습을 촉진시킨다.

악기 연주활동은 영유아의 음악적 능력발달에 도움을 준다. 영유아는 핸드드럼을 크게/작게 쳐 보면서 강약 개념을 익히고, 트라이앵글과 리듬막대 소리를 탐색하면서 음색의 차이를 느끼며, 리듬감을 습득할 수 있다. 서로 다른 스텝벨을 연주하면서 음높이 개념과 선율의 흐름을 이해한다. 또한 건반타악기의 보둔 반주를 통해 화음에 대한 관심도 높아진다. 이처럼 악기 연주활동은 영유아의 음악적 개념을 이해하는 데 도움을 줌으로써 음악성 발달에 중요한 역할을 한다(송연아, 2001; 윤은미, 2012).

음악성 발달 외에도 유아들은 자신의 생각과 느낌을 다양한 악기로 표현하면서 창의성을 향상시키고 정서지능을 높이기도 한다(윤영배, 2008). 또한 리듬악기 연주를 통해 또래와의 음악적 상호작용을 시도하고 사회적 유능감을 키워간다(고영자, 2010). 이처럼 악기 연주하기 활동은 음악성뿐만 아니라 유아의 정서, 창의성, 사회성 발달에 긍정적 효과가 있다. 따라서 교사는 영유아의 발달에 적합한 악기를 제공하고 악기 연주활동을 계획하고 실행할 수 있어야 한다.

2) 악기 연주활동의 내용

악기 연주활동의 내용은 악기 소리 탐색하기, 악기 연주하기로 구분하여 살펴보고자 한다.

(1) 악기 소리 탐색하기

악기를 연주할 수 있으려면 우선 악기 소리를 충분히 탐색할 수 있어야 한다. 악기를 만져 보기, 흔들어 보기, 문질러 보기, 두드려 보기, 긁어 보기 등의 탐색하는 과정을 통해서 영유아는 큰 소리/작은 소리, 긴 소리/짧은 소리, 음높이가 있는 소리/없는 소리, 높은 소리/낮은 소리와 같이 악기의 음색과 특성을 경험하게 된다. 악기 소리를 탐색하는 시간이 즐거운 시간이 되려면 악기가 단순한 소리 나는 물건이 되지 않도록 교사가 놀이나 게임을 통해 접근할 수 있도록 계획해야 한다.

■ 악기 소리 탐색하기의 예

〈소리 내 보자〉 노래를 부르면서 악기 소리를 탐색하기

| 악보 6-6 | 소리 내 보자

악기가 지닌 소리는 악기의 종류만큼 다양하다. 악기 연주를 위해서 우선 악기의 종류와 특징, 연주방법 등을 알아보자. 악기는 크게 신체악기, 무선율 타악기, 선율 타악기 그리고 관악기, 현악기 등으로 구분할 수 있다. 악기의 종류는 〈표 6-6〉과 같다.

| 표 6-6 | 악기의 종류

<table>
<tr><th colspan="2">악기 종류</th><th>세부 악기</th></tr>
<tr><td rowspan="5">신체악기
(body percussion)</td><td>목소리(voice)</td><td>다양한 유성음, 무성음 등(혀 차기, 입술 불기, 휘파람 불기)</td></tr>
<tr><td rowspan="4">신체 타악기
(body percussion)</td><td>손가락 튕기기(snapping)</td></tr>
<tr><td>손뼉 치기(clapping)</td></tr>
<tr><td>무릎 치기(knee slapping)</td></tr>
<tr><td>발 구르기(stamping)</td></tr>
<tr><td rowspan="4">무선율타악기
(unpitched percussion)</td><td>금속 울림 타악기</td><td>트라이앵글, 카우벨, 아고고벨, 핑거심벌, 윈드차임 등</td></tr>
<tr><td>나무 울림 타악기</td><td>리듬스틱, 우드블록, 캐스터네츠, 템플블록, 귀로, 라첫 등</td></tr>
<tr><td>가죽 울림 타악기</td><td>핸드드럼, 큰북, 봉고, 탬버린, 콩가, 젬베 등</td></tr>
<tr><td>흔드는 악기</td><td>마라카스, 에그 셰이커, 방울, 슬레이벨 등</td></tr>
<tr><td rowspan="9">선율타악기
(pitched percussion)</td><td rowspan="4">목금
(xylophone)</td><td>소프라노 자일로폰(SX)</td></tr>
<tr><td>알토 자일로폰(AX)</td></tr>
<tr><td>베이스 자일로폰(BX)</td></tr>
<tr><td>콘트라베이스 바(CBB)</td></tr>
<tr><td rowspan="3">철금
(metallophone)</td><td>소프라노 메탈로폰(SM)</td></tr>
<tr><td>알토 메탈로폰(AM)</td></tr>
<tr><td>베이스 메탈로폰(BM)</td></tr>
<tr><td rowspan="2">종금
(glockenspiel)</td><td>소프라노 종금(SG)</td></tr>
<tr><td>알토 종금(AG)</td></tr>
<tr><td colspan="2">선율 악기</td><td>핸드벨, 공명바, 터치벨, 계단 실로폰, 멜로디언, 붐웨커 등</td></tr>
<tr><td colspan="2">관악기
(wind instrument)</td><td>리코더, 카주 등</td></tr>
<tr><td colspan="2">현악기
(string instrument)</td><td>우쿨렐레, 기타 등</td></tr>
</table>

출처: 권오선(2011).

① 목소리/신체 타악기

신체 타악기(body percussion)는 사람의 신체를 악기화하여 여러 가지 소리를 내는 것이다. 수업에 사용되는 대표적인 신체 타악기는 손가락 튕기기(finger snapping), 손뼉치기(clapping), 무릎 치기(knee slapping), 발 구르기(stamping) 등이 있으며 혀 차기, 입술 불기, 목소리도 악기로 사용된다. 신체 타악기는 신체를 이용하여 오스티나토를 연주하거나 실제 악기를 연주하기 전에 연주 타법을 미리 연습해 보는 예비 과정으로 사용되기도 한다.

② 무선율 타악기

무선율 타악기(unpitched percussion)는 음정을 낼 수 없는 타악기로 리듬 타악기를 말한다. 무선율 타악기는 악기의 재질이나 연주방법에 따라 금속 울림 타악기, 나무 울림 타악기, 가죽 울림 타악기, 흔드는 악기 등으로 구분할 수 있다. 무선율 타악기는 두드리기, 흔들기와 같이 연주방법이 쉽고 악기의 모양이나 소리의 특성이 유아로 하여금 주의를 집중하고 흥미를 끌게 한다. 신체 타악기로 리듬이 익혀지면 무선율 타악기로 전환하여 연주할 수 있다.

| 표 6-7 | 무선율 타악기

악기종류	악기이름		
금속 울림 타악기	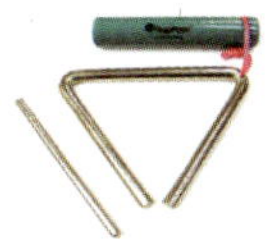		
	트라이앵글	카우벨	아고고벨
		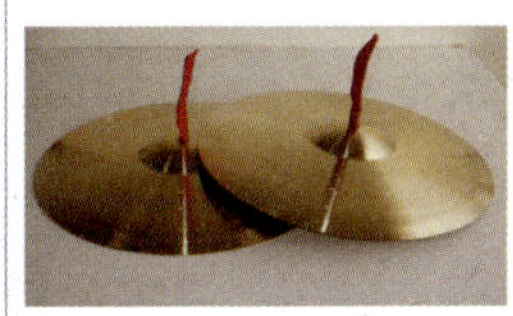	
	핑거심벌	심벌즈	에너지 차임

	카바사	손잡이 심벌즈	뮤직스푼
나무 울림 타악기			
	크라베스	우드블록	캐스터네츠

	투톤블록	귀로	라쳇

<table>
<tr><th>악기종류</th><th colspan="6">악기이름</th></tr>
<tr><td rowspan="8">가죽 울림 타악기</td><td colspan="2"></td><td colspan="2"></td><td colspan="2"></td></tr>
<tr><td colspan="2">핸드드럼</td><td colspan="2">탬버린</td><td colspan="2">봉고</td></tr>
<tr><td colspan="2">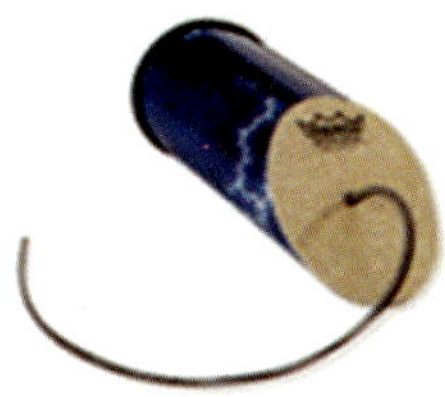</td><td colspan="2"></td><td colspan="2"></td></tr>
<tr><td colspan="2">스프링 드럼</td><td colspan="2">젬베</td><td colspan="2">소고</td></tr>
<tr><td colspan="2"></td><td colspan="2"></td><td colspan="2"></td></tr>
<tr><td colspan="2">장구</td><td colspan="2">북</td><td colspan="2">롤리팝 드럼</td></tr>
<tr><td colspan="3"></td><td colspan="3"></td></tr>
<tr><td colspan="3">큰북</td><td colspan="3">게더링 드럼</td></tr>
</table>

악기종류	악기이름		
흔드는 악기			
	손목방울	메탈 셰이커	핸드방울

	나무 마라카스	플라스틱 마라카스	에그 셰이커

출처: http://www.spmi.co.kr/

| 표 6-8 | 무선율 타악기의 특징과 연주법

악기이름	사진	연주법 및 특징
트라이앵글 (triangle)	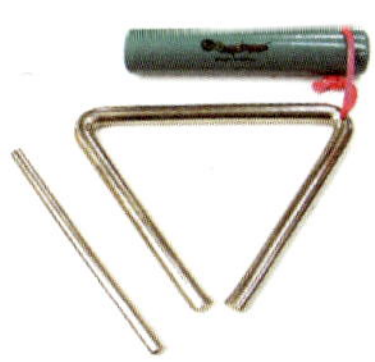	· 악기를 가슴높이에 두고 악기의 열린 모서리가 오른쪽이 되도록 함 · 왼손의 엄지손가락과 검지손가락으로 고리를 잡고 오른손의 엄지손가락과 검지손가락으로 채를 가볍게 쥐고 악기 밑면의 2/3지점을 침 · 멈출 때는 왼손으로 악기를 잡음 · 트레몰로 주법: 곡의 아름다움과 화려함을 표현할 때 사용하며, 삼각형의 위쪽 양변을 빠르게 치되 되도록 모서리를 침 · 강박 악기
카우벨 (cow bell)		· 소의 목에 달린 방울 모양의 금속 울림 타악기 · 손잡이를 잡고 채로 금속의 겉면을 연주함 · 금속의 안쪽 면을 화려하게 트레몰로 연주도 가능함 · 울림이 크고 날카로운 금속 소리가 남

악기이름	사진	연주법 및 특징
아고고 벨 (agogo bell)		· 두 개의 서로 다른 톤의 소리가 나는 금속 울림 타악기 · 카우벨보다 높은 톤의 울림이 있고 날카로운 소리가 남 · 토끼가 뛰어가는 모습을 흉내 낼 때 연주할 수 있음 (♪.♬리듬)
휭거 심벌즈 (finger cymbals)		· 고리 부분을 양쪽 손가락에 끼우고 금속의 가장자리 부분을 가볍게 쳐서 소리 내거나 한쪽 심벌을 세우고 다른 한쪽으로 부딪쳐서 소리 내는 금속 울림 타악기 · 소리가 작으면서 맑고 은은하여 부드러운 노래나 느린 노래를 부를 때 효과적임 · 연주 후 울림이 지속될 때 악기를 흔들어 나비가 날아가는 모습을 상상할 수 있음
심벌즈 (cymbals)	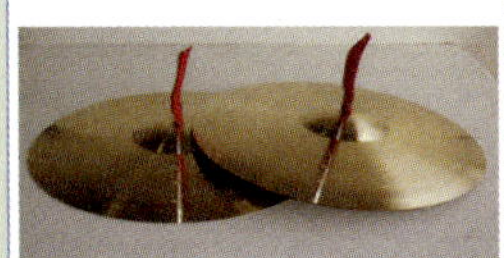	· 두 손으로 각 고리를 거머쥐고 두 개의 심벌을 마주쳐서 소리 내는 금속 울림 타악기 · 소리가 크고 울림이 길어서 역동적인 음악의 부분에 사용됨(예: 천둥과 번개 폴카–요한 스트라우스) · 한 개의 심벌을 들고 다른 한 손의 말렛(채)으로 심벌즈를 쳐서 연주할 수도 있음(행잉 심벌)
에너지 차임 (energy chime)		· 두 개 또는 세 개의 둥근 금속막대를 말렛의 고무 부분으로 가볍게 쳐서 소리 내는 금속 울림 타악기 · 막대 밑에 나무와 금속이 분리되어 있어 한 번 치면 울림이 길게 지속됨 · 맑고 영롱한 음색을 지닌 악기 · 리듬막대의 짧은 소리와 대비되는 긴 소리의 악기로 장단의 개념을 습득하기에 효과적임
카바사 (cabasa)		· 구슬 부분을 손바닥에 올려 놓고 다른 한 손으로 손잡이를 잡고 좌우로 손목을 돌리면서 연주함. 유아들의 경우 구슬 부분을 쓸어내리면서 소리 낼 수도 있음 · 파도소리 또는 쌀 씻는 소리를 내는 효과가 있음
뮤직 스푼 (spoon)		· 두 개의 숟가락 뒷면이 마주 보게 붙여 놓은 형태의 금속 울림 타악기 · 손잡이 부분을 잡고 숟가락 부분을 손바닥이나 무릎 등의 신체에 두드려서 소리 냄 · 금속의 울림은 길지 않아 짧은 리듬을 연주할 때 효과적임

악기이름	사진	연주법 및 특징
클라베스 (claves)		· 두 개의 나무 막대로 구성된 악기 · 리듬을 모방할 때 기본박이나 리듬패턴을 연주함 · 짧은 리듬을 연주하는 데 적합함 · 가볍고 빠른 음악이나 행진곡 등에 맞추어 리듬을 연주함
우드블록 (wood block)		· 나무의 안쪽을 파내어 공명이 되도록 만들어진 나무 울림 타악기 · 말렛으로 악기의 윗 부분을 두드려서 연주함
테이블 캐스터네츠 (table castanets)		· 나무의 안쪽을 둥글게 파내고 플라스틱 부분으로 나무의 아랫부분을 부딪쳐서 소리 나는 악기 · 테이블 위에 올려놓고 두 손으로 연주하기 때문에 손가락 사이에 끼워서 소리 내는 기존의 형태와 달리 유아들이 사용하기에 적합함
투톤블록 (two tone block)		· 크기가 다른 두 개의 원통형 우드블록을 붙여 만든 악기로 말렛으로로 두드려서 소리 내는 악기 · 톤이 다른 두 음(two tone)을 연주할 수 있음(고저가 구별됨) · 원통형 나무 안쪽은 공명이 되도록 파여 있으며 겉쪽은 귀로처럼 홈이 파여 있음 · 말렛으로 악기의 겉면을 긁어서 다양한 소리를 낼 수 있음(예, 개구리 소리) · 기본박이나 악센트 박, 규칙적인 리듬을 표현할 때 쓰임 · 말발굽 소리, 시계 소리 등의 표현에 적절함
귀로 (guiro)		· 빈 나무통의 겉면에 일정하게 홈을 내어 얇고 뾰족한 스틱으로 문질러서 소리 내는 악기 · 스틱의 뾰족한 부분으로 연주할 때와 둥근 부분으로 연주할 때 소리 나는 음색은 다소 차이가 있음 · 채로 긁어서 연주(긴 소리)하거나 짧게 두드려서(짧은 소리) 소리 냄

악기이름	사진	연주법 및 특징
라첼 (ratchet)		· 손잡이를 돌리면 일정하게 홈이 파인 둥근 부분에 납작한 나무가 부딪쳐서 소리 나는 악기 · 돌리는 속도에 따라 느리고 빠른 소리가 남 · 문 열 때 나는 삐걱거리는 소리로 음악동화나 음악극 할 때 효과음으로 사용하기 적합함
핸드드럼 (hand drum)		· 손에 들고 다른 한 손으로 가죽 면을 치거나 긁거나 튕겨서 소리 내는 가죽 울림 타악기 · 말렛으로 가죽면이나 테를 쳐서 소리 내기도 함 · 강박이나 느리고 무거운 느낌을 표현하기에 적합함
탬버린 (tambourines)		· 핸드드럼 가장자리에 방울을 달아 다양한 소리를 낼 수 있는 악기 · 강박을 칠 때 손바닥으로, 약박을 칠 때 손가락을 사용함 · 가죽면을 치거나 좌우로 가볍게 흔들어 트레몰로를 연주할 수 있음
봉고 (bongo)		· 크기가 다른 두 개의 북(음 높이가 다름)을 붙여 두 손으로 두드려서 소리 내는 악기 · 두 손으로 빠른 리듬을 연주할 수 있음
스프링 드럼 (spring drum)	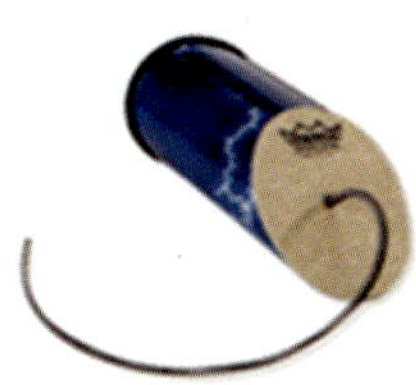	· 드럼 아랫부분에 스프링이 달린 악기 · 흔들거나 가죽 면을 긁기, 스프링을 잡아 당겨서 소리 내는 악기 · 천둥 소리, 비 소리, 번개소리, 바람 소리 등을 낼 수 있음 · 음악동화나 음악극에 사용됨
젬베 (djembe)		· 울림통이 막히지 않도록 다리 사이에 끼고 두 손으로 가죽 면을 두드려서 소리 내는 악기 · 손가락 끝, 손가락 마디, 손바닥 등 가죽 면을 두드리는 신체부위에 따라 음색이 다름

악기이름	사진	연주법 및 특징
소고		· 원형으로 만든 통에 가죽을 양쪽에 대고 끈으로 얽어 매어 만든 국악기의 하나 · 나무로 만든 스틱으로 가죽 면이나 테를 두드려서 소리 냄 · 가죽 면 양쪽을 모두 연주할 수 있음
장구		· 우리나라의 대표적인 타악기로 궁편과 채편을 이용하여 연주함 · 앉아서 연주할 수도 있고 몸에 메고 걸으면서 연주할 수 있음 · 우리나라의 다양한 장단을 연주함
북		· 우리나라의 전통 가죽 타악기의 하나 · 몸의 정면에서 왼쪽으로 놓고, 왼손의 엄지는 통 둘레의 가죽에 걸치고 손가락으로 북면을 치고, 오른손으로 북채를 쥐고 가죽 면이나 테를 쳐서 장단을 맞추는 악기 · 추임새를 넣을 때나 중심이 되는 박을 연주함
롤리팝 드럼 (lollipop drum)		· 연주법이 핸드드럼이나 소고와 유사한 타악기 · 스펀지로 된 부드러운 말렛으로 북면을 두드려서 소리 냄 · 손잡이가 있어서 유아들이 걸으면서 연주하기에 적합함
큰북 (bass drum)		· 한 손으로 북의 옆면을 잡고 북채로 북의 가운데 부분을 쳐서 소리 내는 악기 · 북의 크기가 커서 강박이나 무거운 느낌을 표현하는 데 사용됨

악기이름	사진	연주법 및 특징
게더링 드럼 (gathering drum)		· 가죽악기 중 크고 웅장한 소리를 연주할 때 사용되는 타악기로 부드러운 헝겊으로 싸인 말렛으로 연주함 · 울림이 크고 길어서 짧은 리듬보다 중심 박을 연주하기에 적합함 · 유아들 3~4명이 두 손으로 두드리기, 문지르기, 손톱으로 긁기 등 소리탐색을 즐기기도 함
손목방울		· 손목에 끼우고 팔을 흔들어서 연주하는 악기 · 영아들의 대근육 발달에 도움을 줄 수 있음
메탈 셰이커 (metal shaker)		· 유아들의 경우, 두 손으로 악기의 끝부분을 잡고 빠르게 또는 느리게 흔들어서 연주하는 악기 · 비 오는 소리, 쌀 씻는 소리, 파도소리 등의 효과음을 내는 데 적합한 악기
핸드방울		· 손잡이 부분을 잡고 흔들어서 연주하는 악기 · 주로 영아들에게 사용됨
마라카스 (maracas)		· 나무의 열매 안에 씨앗, 곡식, 구슬 등을 넣어 만든 악기 · 양손에 하나씩 들고 앞뒤, 위아래로 흔들어서 연주함 · 나무 마라카스, 플라스틱 마라카스 등이 있음
에그 셰이커 (egg shaker)		· 달걀 모양의 악기로 흔들어서 연주하는 악기 · 양손에 하나씩 쥐고 앞뒤로 흔들어서 소리 냄

③ 선율 타악기

선율 타악기는 건반타악기 또는 음판 타악기로 불리기도 한다. 이는 음의 높낮이를 지니고 있어 멜로디 연주나 화음 반주로 쓰이며, 공명 상자에 음판을 붙여 밝고 공명된 소리가 난다. 필요에 따라 음판을 떼었다 붙였다 할 수 있게 제작되어 있어서 유아들이 흥미를 느끼며 부담 없이 사용할 수 있다. 예를 들어, 단3도(솔-미)로 이루어진 2음 음정을 노래할 때, 필요 없는 음판(도, 레, 파, 라, 시)을 빼고 '솔'과 '미' 두 개의 음판만 끼워놓고 칠 수 있다. 이는 비화성음이 없는 협화음만을 연주하기 때문에 오류를 범할 염려가 없으며, 울림이 좋아 정서적인 안정감을 준다. 말렛(채)으로 건반을 쳐서(대근육 사용) 연주하는 점 또한 소근육을 사용하여 연주하는 피아노에 비해 유아의 발달에 적합하다.

또한 선율 타악기는 음역에 따라 소프라노, 알토, 베이스로 세분화되고, 음판의 재질(음색)에 따라 목금(나무 음판), 철금(금속 음판), 종금(작은 금속 음판)으로 나뉘어 총 8개의 악기로 구분된다. 이와 같은 선율 타악기의 특징은 기악곡에서 훌륭한 합주 체험을 가능하게 해 준다. 선율 타악기의 자세한 명칭과 사진을 소개하면 〈표 6-9〉와 같다.

| 표 6-9 | 선율 타악기

소프라노 목금(SX)	알토 목금(AX)	베이스 목금(BX)
■ 목금	· 건반의 재질이 나무로 된 음판악기 · 소프라노, 알토, 베이스 음역으로 나누어짐 · 편안한 음색으로 목가적이며 주선율 파트나 빠른 연주에 효과적임(윤영배 외, 2005)	

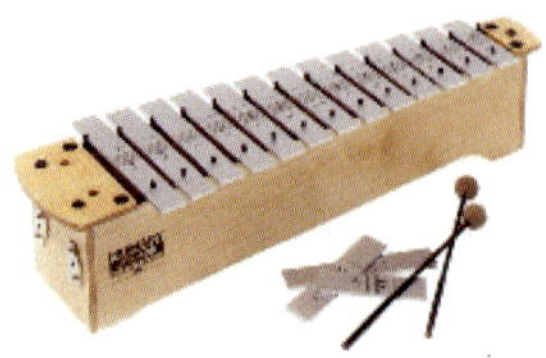	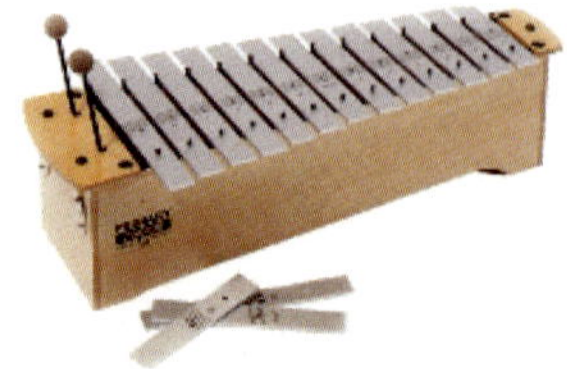	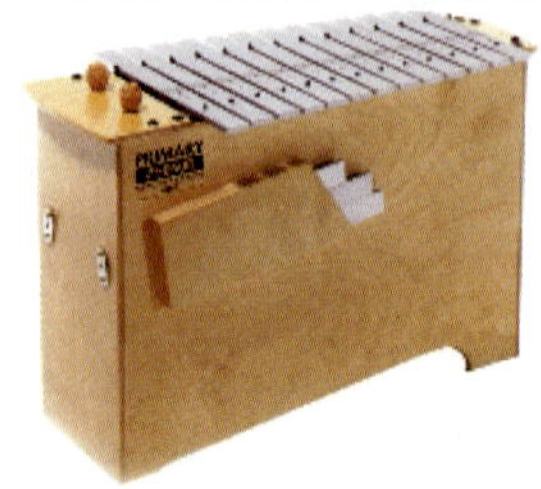
소프라노 철금(SM)	알토 철금(AM)	베이스 철금(BM)

■철금	· 건반의 재질이 금속으로 된 음판악기 · 소프라노, 알토, 베이스 음역으로 나누어짐 · 낮은 음색이며 느린 리듬이나 길게 지속되는 음가에 적합함

	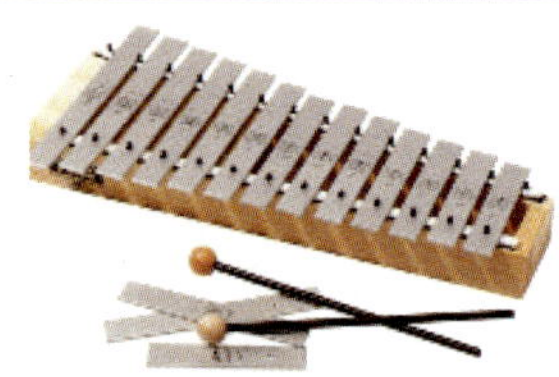
소프라노 종금(SG)	알토 종금(AG)

■종금	· 건반의 재질이 작은 금속으로 된 음판악기 · 소프라노, 알토 음역으로 나누어짐 · 높은 음색으로 장식적인 리듬이나 화려함을 더해 주는 파트의 연주에 적합함(윤영배 외, 2005)

■말렛(채) 사용법

– 채의 2/3 부분을 검지손가락과 엄지손가락으로 잡고 다른 손가락을 가볍게 잡는다.
– 양손의 각도는 보통 직각이 되게 한다.
– 어깨와 팔의 힘을 빼고 편안한 자세로 음판의 가운데 부분을 가볍게 튕기듯이 친다.

④ 선율 악기

| 표 6-10 | 선율악기의 특징과 연주법

악기이름	사진	특징 및 연주법
핸드벨 (hand bell)		· 손잡이를 잡고 앞으로 손을 쭉 편 후 손목의 스냅을 이용하여 벨을 울려 소리 내는 악기 · 4박자일 때는 큰 원을, 3박자일 때는 그보다 작은 원을, 2박자일 때는 더 작은 원을 그리며 연주함
공명바 (resonate bar)	 	· 나무/플라스틱으로 공명통을 만들어 그 위에 금속으로 만든 건반을 하나씩 부착한 악기 · 한 음씩 분리되기 때문에 멜로디나 따로 떼어낸 음을 연주할 때 매우 유용함 · 유아들이 한 음씩 들고 화음을 연주하기에 적합함
터치벨 (touch bell)		· 바닥이나 손에 올려놓고 윗부분을 터치하여 연주하는 악기 · 공명바와 핸드벨과 같이 8음계를 연주할 수 있음 · 영아들도 소리낼 수 있음
계단 실로폰 (stair xylophone)		· 멜로디가 높은음과 낮은음, 올라가거나 내려가는 선율 또는 같은 높이에 머무르는 것을 시각적으로 볼 수 있게 제작된 악기
멜로디언 (melodion)	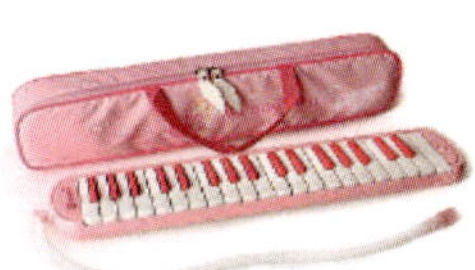	· 공기 주입 호스를 입에 물고 바람을 부는 동시에 건반을 눌러서 소리 내는 건반악기 · 마우스피스를 윗니와 아랫니로 가볍게 문 채 바람이 새어 나가지 않도록 입술을 다물고 연주함 · 오른손은 건반 위에 올려놓고 불면서 손가락으로 연주함
붐웨커 (boomwhacker)		· 8개의 플라스틱 원통형으로 제작된 악기 · 바닥이나 벽 또는 손바닥, 무릎 등의 신체에 두드려서 연주함 · 몇 명의 유아들이 한 음씩 들고 화음과 멜로디 모두 연주할 수 있음 · 독주뿐만 아니라 두 명 이상의 합주도 가능함 · 여러 가지 색깔로 만들어져 있어서 유아들에게 흥미를 유발함

⑤ 관악기와 현악기

기악곡에서 선율성부를 연주하는 악기로 관악기인 리코더가 많이 사용되며, 보둔이나 단순한 형태의 저음반주를 연주할 때 기타, 첼로 등의 현악기가 사용된다.

(2) 악기 연주하기

영유아들의 악기 연주는 박/박자 연주하기, 리듬패턴 연주하기(오스티나토), 코드 연주하기(반주 형식) 등으로 진행할 수 있다.

① 박/박자[5] 연주하기

박은 일정한 간격(거리)을 두고 울리는 규칙적인 소리(steady pulse)이고, 박자는 더 강하고 더 약한 박(pulses)들이 되풀이해서 일어나는 패턴을 말한다. 즉 3박자는 강약약(◎∘∘)의 패턴이 반복된다. 다음의 예시곡을 부르면서 박과 박자를 손뼉치기해 보자.

■ 예시곡 〈옹달샘〉

- 노래 부르면서 박을 연주하기
- 노래 부르면서 3박자 연주하기

5) chapter 04. 음악의 구성요소 중 '리듬적 요소들' 중 박/박자 참고

② 리듬패턴[6] 연주하기(리듬 오스티나토)[7]

음악 〈크시코스의 우편마차〉를 들으면서 보기의 리듬패턴(리듬 오스티나토)을 연주해 보자.

리듬패턴 ①	리듬패턴 ②

▪ 예시곡 〈크시코스의 우편마차〉

- 음악 〈크시코스의 우편마차〉를 들으면서 리듬패턴 ①을 연주하기
- 음악 〈크시코스의 우편마차〉를 들으면서 리듬패턴 ②를 연주하기
- 교사의 지휘에 따라 리듬패턴 ①과 리듬패턴 ②를 번갈아 연주하기

③ 코드 연주하기(반주 형식)

다음의 곡에 맞는 화음을 연주해 보자.

6) chapter 04. 음악의 구성요소 중 '리듬적 요소들' 중 리듬패턴 참고

7) 오스티나토(ostinato)란 리듬, 선율, 화성 구조에서 동일한 패턴이 반복되는 반주의 한 형태를 말한다. 특정 리듬이 반복되면 리듬 오스티나토, 선율이 반복되면 선율 오스티나토가 된다.

| 악보 6-7 |

춤을 춰요

김향숙 작사/작곡

유아들을 세 그룹으로 나눈다. A그룹의 유아들은 공명바 도, 미, 솔 건반을 배부하고, B그룹의 유아들에게는 솔, 시, 레, 파 건반을 배부한다. 교사는 노래의 코드에 맞게 A그룹과 B그룹이 연주하도록 지휘한다. 또 C그룹의 유아들은 노래를 부른다. 그룹별 역할을 바꾸어서 해 본다.

■ 공명바 화음 연주

G7: 솔, 시, 레, 파

C: 도, 미, 솔

5. 음악 만들기

음악 만들기란 유아가 소리나 음악으로부터 어떤 특정한 느낌을 가질 때 그것을 새롭고 독창적이며 변화된 방법으로 표현하는 활동을 말한다(이홍수, 1992). 음악 만들기는 '음악 창작하기'라는 용어로 불리기도 한다. 유아들의 음악 만들기 활동의 구체적인 예로 즉흥적으로 노래를 만들어 보기, 자신만의 방법으로 악기 연주하기, 신체로/악기로 소리 만들기, 노랫말에 맞추어 동작 만들기, 익숙한 노래의 노랫말을 만들어 부르기, 간단한 (말)리듬 만들기, 동물 소리/자연의 소리/교통기관의 소리를 입으로 흉내 내기 등을 들 수 있다.

1) 음악 만들기의 중요성

음악 영역뿐만 아니라 모든 교과 영역에서 창의성의 중요성은 강조되고 있다. 영유아가 음악적으로 하는 모든 것은 창의적인 상상력과 탐구에서 나온다. 영유아들이 모래놀이나 블록놀이를 하면서 자신만의 선율을 혼자 흥얼거리는 모습을 상상해 보자. 이는 누구의 지시나 방해도 없는 자발적이고 자연스러운 표출이며, 음악 만들기의 초기적 양상으로 볼 수 있다. Campbell(1998)은 이것을 '음악적 언어'처럼 자발적인 반응이라고 설명한다(Campbell & Scott-Kassner, 2010). 놀이를 통한 음악활동이나 자유로운 음악 경험이 음악 창의성과 높은 상관관계가 있음을 볼 때 음악 만들기 수업은 유아기로부터 경험되어야 한다(Auh, 1995; 김영연, 2002 재인용).

음악 만들기는 노래 부르기, 악기 연주, 음악관련 신체표현, 음악 감상 등 다양한 음악활동에서 이루어질 수 있다. 예를 들어, 노랫말에 맞추어 '동작' 만들기, 즉흥적으로 '노래'를 만들어 보기, '악기'로 소리 만들기, 또래가 연주하는 음악 '감상'하기 등의 활동은 음악 만들기가 음악활동의 모든 영역에서 통합적으로 이루어진다는 점에서 의미가 있다. 따라서 교사는 음악활동의 각 영역에서 음악 만들기 활동이 이루어질 수 있도록 계획할 수 있어야 한다.

2) 음악 만들기의 내용

음악 만들기 활동은 소리 만들기, (말)리듬 만들기, 선율(멜로디) 만들기, 즉흥연주하기 등의 활동으로 진행할 수 있다.

(1) 소리 만들기

- 신체악기 소리 만들기:
  - 목소리, 손뼉치기, 무릎치기, 발구르기, 손가락 튕기기 등
  - 동물 소리/자연의 소리/교통기관의 소리를 입으로 흉내 내기
- 일상생활용품 등을 이용하여 여러 가지 소리 만들기
  - 이유식 그릇, 냄비, 국자, 식탁, 의자 등을 두드려 보기
- 긴 소리/짧은 소리, 높은 소리/낮은 소리, 큰 소리/ 작은 소리 만들기
- 감정을 표현하는 소리
  - 기쁠 때, 화날 때, 슬플 때, 즐거울 때 등의 기분이나 감정을 악기로 표현해 보기

(2) 말리듬 만들기

말리듬(rhythm speech)[8]은 사물이나 사람의 이름, 속담, 동시 등 일상적인 단어에 리듬을 붙이고 이 리듬을 신체동작, 악기 연주, 노래 부르기 등으로 발전시켜 나가는 오르프의 중요한 교수법이다(윤영배, 2005). 이러한 말리듬 활동의 효과는 유아들이 어렵고 까다로운 리듬을 쉽게 습득할 수 있다는 데 있다.

■ 다음의 단어로 4박자 말리듬을 만들어 보세요.

단어	귤, 딸기	단어	콩, 작은 콩
말리듬		말리듬	
4박자 리듬		4박자 리듬	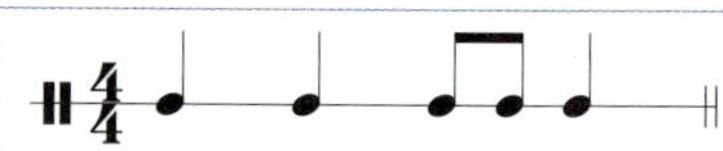

(3) 선율(멜로디) 만들기

선율악기 공명바(bar) 또는 터치벨 '솔-미'음으로 간단한 선율(멜로디)을 만들어 본다. 교사가 터치벨 '솔'과 '미'음을 들고 있다가 노래가 끝날 때 유아에게 악기를 제시하며 즉흥적으로 터치벨을 칠 수 있게 한다. 유아가 두 음(솔, 미)으로 연주한 선율을 노래로 불러 준다.

8) 말리듬: chapter 05. 오르프 음악교육방법 참고

▪ 선율 만들기 예시활동

| 악보 6-8 |

노래로 이름 말하자

(4) 즉흥연주하기[9]

| 악보 6-9 |

악기 연주

김향숙 작사/작곡

살펴본 바와 같이 영유아기의 음악활동은 음악 감상(듣기), 노래 부르기, 신체 표현, 악기 연주, 음악 만들기(창작하기) 등으로 구분되고 있다. 이들 음악활동은 통합적으로 이루어진다. 교사는 흥미와 발달단계를 고려하여 지원해 줌으로써 유아는 다양한 음악활동을 통해 음악요소 및 음악적 개념을 형성하고, 아름다움과 즐거움을 표현할 수 있을 것이다.

9) 즉흥연주: chapter 05. 달크로즈의 음악교육방법 참고.

1) 프레이즈(phrase)

음악을 글에 비유했을 때 하나의 단어나 문장을 의미하는 것으로 악구라고 할 수 있다. 한 문장이 끝나면 마침표를 찍듯이 하나의 악구가 끝날 때 '호흡'이나 '정지'로 구분하고, 그 구분을 이음줄로 묶어 준다. 프레이즈는 일반적으로 4마디로 구분하고 있지만 사실상 그 구분은 상당히 까다롭다.

| 악보 6-10 | 프레이즈의 예시곡 〈바흐의 미뉴엣〉

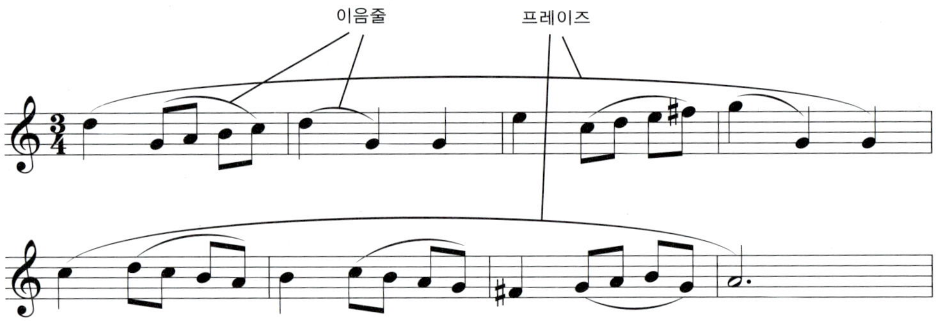

2) 당김음(syncopation)

약박에 긴 음가가 놓이면서 순간적으로 강-약의 악센트 패턴(셈여림 패턴)이 바뀜으로써 정상적인 박자나 리듬에 역행하는 리듬 형태를 말한다. 이러한 당김음의 사용은 한 악곡에 예기치 않은 역동감을 주기도 한다.

| 악보 6-11 | 당김음 리듬 예시

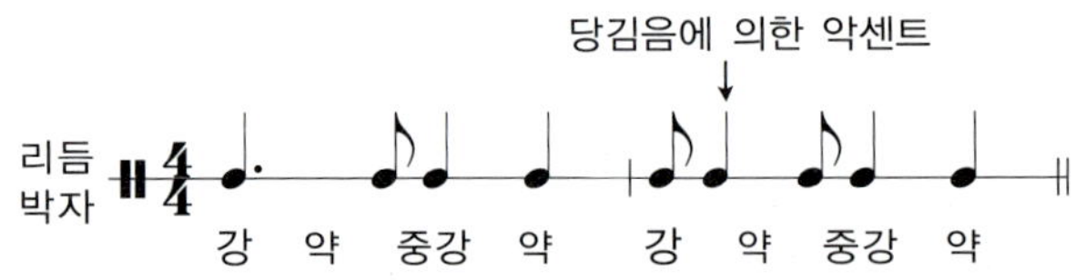

3) 조성

chapter 04의 부록 참고

4) 형식(form)

음악은 반복과 변화의 연속으로 이루어지는데 곡의 형식은 곡의 주제를 중심으로 하여 이러한 반복과 변화를 효과적으로 구성한 음악적 구조이다. 형식을 구성하는 부분들은 A, B, C 등으로 구분하며, 기능과 역할에 따라 한도막형식(8마디), 두도막형식(16마디), 론도형식, 소나타형식 등으로 나타낸다.

5) 박/박자

chapter 04. 음악의 구성요소의 '리듬적 요소들' 중 박/박자 참고

6) 리듬패턴

chapter 04. 음악의 구성요소의 '리듬적 요소들' 중 리듬패턴 참고

7) 오스티나토(ostinato)

오스티나토란 리듬, 선율, 화성 구조에서 동일한 패턴이 반복되는 반주의 한 형태를 말한다. 특정 리듬이 반복되면 리듬 오스티나토, 선율이 반복되면 선율 오스티나토가 된다.

8) 말리듬

chapter 05. 오르프의 음악교육방법 참고

9) 즉흥연주

chapter 05. 달크로즈의 음악교육방법 참고

10) 보둔 반주

보둔(bordun)이란, 완전 5도(도-솔), 완전 8도(도-도′)의 두 음을 사용하는 저음부의 단순한 지속적 반주형태를 말한다. 보둔 반주의 유형은 코드 보둔(chord bordun), 브로큰 코드 보둔(broken chord bordun), 레벨 보둔(level bordun), 크로스 오버 보둔(crossover bordun)의 네 종류가 있다.

Chord Bordun

Broken Chord Bordun

Level Bordun

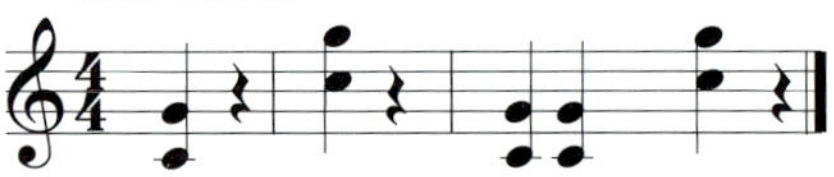

Crossover Bordun

CHAPTER 07

누리교육과정에서의 유아 음악교육과정

「2019 개정 누리과정」은 국가가 고시한 교육과정으로 3~5세 유아가 다니는 유치원과 어린이집에서 누리과정을 편성·운영할 때 필요한 공통적이고 일반적인 기준을 제시하고 있다.

개정 누리과정은 「3~5세 연령별 누리과정」의 과다한 세부 내용을 교육과정 대강화 경향에 따라 간략화하자는 요구에 부합하며 교과지식을 적정화하여 학습자의 학습 부담을 줄이고, 학습의 질을 개선하는 목적을 가진다.

이에 연령별 구분 없이 유아가 경험해야 할 내용으로 구성된 교육내용은 유아가 놀이하는 실제 내용을 중심으로 누리과정을 운영해 갈 수 있도록 제시하고 있다.

개정 누리과정은 신체운동·건강, 의사소통, 사회관계, 예술경험, 자연탐구의 5개 영역이 있다. 각 영역은 유아가 누리과정을 통하여 자연스럽게 경험하거나 경험해야 하는 교육내용을 5개 영역으로 나누어 제시한 것이다. 다만 개정 누리과정의 5개 영역을 분절하여 이해하거나 특정 교과 또는 연령별로 가르쳐야 하는 세부 내용으로 이해하지 않도록 유의할 필요가 있다고 안내하고 있다.

유아의 경험은 대부분 놀이를 통해 이루어지고 이러한 놀이는 5개 영역 내용을 통합적으로 포함하고 있으므로, 유아·놀이 중심 교육과정의 운영은 곧 5개 영역의 통합적 실천으로 이해해야 한다.

1. 예술경험의 목표

예술경험 영역의 목표는 유아가 일상에서 아름다움과 경이감을 느끼고 즐기며 표현하는 풍부한 감성을 가진 존재로서 아름다움과 예술에 관심을 가지고 창의적 표현을 즐기는 것을 목표로 한다(교육부·보건복지부, 2019).

아름다움과 예술에 관심을 가지고 창의적 표현을 즐긴다.

예술경험의 구체적인 하위 목표는 다음과 같다.

가. 자연과 생활 및 예술에서 아름다움을 느낀다.

나. 예술을 통해 창의적으로 표현하는 과정을 즐긴다.

다. 다양한 예술 표현을 존중한다.

예술경험 영역은 '아름다움 찾아보기', '창의적으로 표현하기', '예술 감상하기'의 세 가지 내용 범주로 구성되어 있다. 유아의 경험 대부분은 놀이를 통해 이루어지므로, 교사는 이 세 가지 범주를 구분하기보다는 유아가 놀이를 통해 자연, 생활, 예술에서 아름다움을 찾아보고 느끼며 다채롭고 창의적인 방법으로 자신의 경험, 생각, 느낌을 표현해 보고, 다양한 예술 표현을 존중하는 경험을 지닐 수 있도록 누리과정을 운영해 가도록 한다(교육부·보건복지부, 2019).

| 표 7-1 | 개정 누리과정 중 예술경험 영역 내용 체계

내용범주	내용
아름다움 찾아보기	자연과 생활에서 아름다움을 느끼고 즐긴다.
	예술적 요소에 관심을 갖고 찾아본다.
창의적으로 표현하기	노래를 즐겨 부른다.
	신체, 사물, 악기로 간단한 소리와 리듬을 만들어 본다.
	신체나 도구를 활용하여 움직임과 춤으로 자유롭게 표현한다.
	다양한 미술 재료와 도구로 자신의 생각과 느낌을 표현한다.
	극놀이로 경험이나 이야기를 표현한다.
예술 감상하기	다양한 예술을 감상하며 상상하기를 즐긴다.
	서로 다른 예술 표현을 존중한다.
	우리나라 전통 예술에 관심을 갖고 친숙해진다.

2. 예술경험의 내용 체계와 유아 음악교육

- '아름다움 찾아보기'는 유아가 자연과 생활, 예술에서 아름다움을 느끼고 즐기는 경험을 반영하여 예술적 요소에 관심을 갖고 찾아보는 내용이다.
  유아 음악교육에서는 유아가 자연과 생활 속에서 자연스럽게 들리는 소리에 관심을 갖고 음색이나 셈여림, 빠르기, 선율 등에 대한 음악적 요소를 탐색하는 내용을 다룰 수 있다.
- '창의적으로 표현하기'는 유아가 노래를 즐겨 부르고 신체, 사물, 악기 등을 통해 간단한 소리와 리듬을 만들어 보며 신체나 도구를 활용하여 자유롭게 움직이며 춤추고, 다양한 미술재료와 도구를 활용해 표현하며 경험과 이야기를 극놀이로 표현하는 내용이다.
  유아 음악교육에서는 노래 부르기를 통해 음악적 요소 탐색하기, 신체, 사물 악기 등을 활용하여 음악적 요소를 표현해 볼 수 있는 경험을 가질 수 있다. 또한 유아·놀이 중심 교육과정의 통합성 측면에서 노래극, 소리극 등의 다양한 종합 예술로서 표현할 수 있다.
- '예술 감상하기'는 유아가 다양한 예술을 통해 상상하기를 즐기고, 서로 다른 예술 표현을 존중하며, 우리나라 고유의 전통 예술에 친숙해지는 경험의 내용이다.
  유아 음악교육에서는 여러 형태의 음악을 감상하며 상상해 보거나 우리나라 전통 민요, 전래 동요, 악기 등을 탐색하며 다양한 예술 감상에 지속적인 관심과 흥미를 갖도록 내용을 다룰 수 있다.

3. 누리과정에서의 유아 음악교육

개정 누리과정은 놀이를 통한 유아의 배움을 강조하고 있다. 유아는 어디서나 자유롭게 놀이할 수 있다. 유아교육 현장에서 유아의 놀이는 교사의 지원을 통해 더욱 의미 있는 배움의 기회가 될 수 있다. 다양한 방식으로 유아가 놀이를 통해 배우고 성장할 수 있도록 교사는 유아 음악교육을 지원해야 한다.

이에 개정 누리과정 예술경험 영역에서 유아 음악교육이 어떠한 놀이 경험으로 내용이 다루어질 수 있는지 살펴보겠다.

내용범주: 아름다움 찾아보기

목표 자연과 생활에서 아름다움을 느끼고 즐긴다.

내용
- 자연과 생활 속에서 들리는 소리의 아름다움을 느끼고 즐긴다.
- 자연과 생활 속에서 들리는 소리의 음악적 요소에 관심을 갖고 찾아본다.

유아 경험의 실제

비 오는 날 우산 위에 빗방울이 떨어지는 것을 느끼며 산책한다. 유아들이 "똑똑똑 소리가 들려. 꽃잎도 떨어진다. 예쁘다!" 하며 즐거워한다. 유아들은 빗물을 향해 손을 뻗어 비를 맞기도 하고, 비바람에 떨어지는 벚꽃잎을 바라보며 감탄한다.
비가 후드득 더 많이 떨어지고 바람이 거세지자 "빗소리가 더 커졌어!" 하며 탐색하고 "소리가 더 커지면서 더 많이, 빨리 비가 내리는 것 같아." 신나 한다.

유아는 바깥놀이터 사육장에서 기르는 닭의 울음소리가 다르다고 이야기한다. "어제는 꼬꼬꼬하고 울었는데, 오늘은 꼬끼오! 길게 우네."

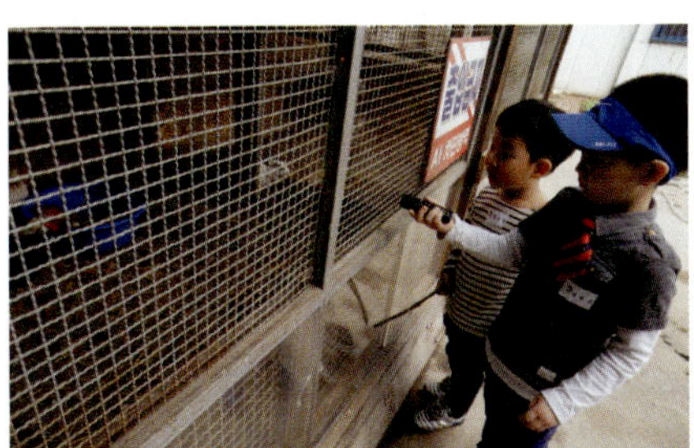

화장실에서는 변기에서 물을 내릴 때 소리가 난다며 "물을 내릴 때 손잡이를 누르고 있으면 소리가 더 커져" 하며 소리를 녹음하며 즐거워한다.

내용 이해

자연과 생활 속에서 들리는 소리의 아름다움을 느끼고 즐긴다.

유아가 자신의 주변에서 만나는 자연, 공간, 사물 등의 아름다움을 풍부하게 느끼며 즐기는 내용이다.
비내리는 소리를 듣고 소리에 귀기울이며 즐거워한다. 사육장의 닭의 울음소리를 느끼고 발견한다. 생활 속에서 이용하는 화장실 변기의 소리를 인식한다.

자연과 생활 속에서 들리는 소리의 음악적 요소에 관심을 갖고 찾아본다.

유아가 주변의 자연과 생활에서 다양한 소리의 음색, 셈여림, 빠르기 등의 음악적 요소를 발견하여 탐색하고, 즐거움을 느끼고 경험하는 내용이다.
비가 많이 내릴 때의 소리의 크기나 빠르기를 찾아본다. 닭 울음소리의 차이를 관심 갖고 찾아본다. 생활 속에서 사용하는 변기의 물소리 세기 차이를 찾아본다.

내용범주: 창의적으로 표현하기

목표 예술을 통해 창의적으로 표현하는 것을 즐긴다.

내용
- 노래를 즐겨 부른다.
- 신체 사물, 악기로 간단한 소리와 리듬을 만들어 본다.
- 음악에 맞추어 움직임과 춤으로 자유롭게 표현한다.
- 생활 도구를 활용하여 자신의 생각과 느낌을 음악으로 표현한다.
- 음악극 놀이로 경험이나 이야기를 표현한다.

유아 경험의 실제

유아가 역할놀이 영역의 주방놀이 도구들을 숟가락, 주걱으로 여기저기 두드린다. "소리가 다르네." 유아들은 곰 세 마리 노래에 맞춰 주방도구를 두드리며 노래를 부른다. "종소리 악기 같아." 교사는 "정말 종을 치는 것 같네." 하며 유아의 곁에서 함께 노래한다.

유아들은 '토끼가 들은 소리'라는 이야기를 지어 이야기를 음악극으로 표현하는 경험을 가졌다.

우식: 나는 물소리 역할이니까 물소리가 나는 레인보우 스틱으로 춤추며 움직일 거야.

경진: 토끼가 들은 소리 중에 천둥소리가 가장 크니까 깜짝 놀라는 표현을 해야지.

수진: 천둥소리가 나올 때는 내가 큰북을 세게 두드릴게.

승민: 빗소리는 비닐봉지를 구겨서 내는 건 어떨까?

유아들은 자신의 역할에 맞는 `악기나 생활도구를 찾아 소리를 내고 움직임으로 표현하고, 이야기 장면에 어울리는 소리가 무엇이 있는지 탐구하여 표현하는 것을 즐거워한다.

내용이해

노래를 즐겨 부른다.

유아가 흥얼거리거나 친구들과 함께 소리와 박자들을 연주하며 친숙한 곰 세 마리 노래 부르기를 즐기는 내용이다.

신체 사물, 악기로 간단한 소리와 리듬을 만들어 본다.

유아가 자신의 신체, 주변의 사물, 리듬악기 등을 사용하여 소리와 리듬을 창의적으로 만들어 보는 내용이다. 유아들은 주방놀이 도구를 사용하여 소리를 내며 표현한다.

음악에 맞추어 움직임과 춤으로 자유롭게 표현한다.

유아가 자연과 생활 속에서 발견한 다양한 움직임의 요소나 느낌을 다양한 도구를 활용하여 움직임으로 표현하는 내용이다. 유아는 비닐끈을 사용하여 자신이 맡은 역할의상으로 만들어 악기 소리에 맞춰 춤으로 즐겁게 표현한다.

생활 도구를 활용하여 자신의 생각과 느낌을 음악으로 표현한다.

유아가 생활에서 발견한 다양한 재료를 활용하여 여러 가지 방법으로 표현하는 내용이다. 물소리, 천둥소리, 빗소리 등에 어울리는 악기, 도구, 재료들을 활용하여 소리로 표현한다.

음악극 놀이로 경험이나 이야기를 표현한다.

유아가 자신의 경험, 다양한 상황, 이야기를 자유롭게 상상하여 극놀이로 표현하는 것을 즐기는 내용이다. 유아들은 새로운 이야기를 지어 이야기를 음악극으로 표현하고, 어울리는 소리나 움직임의 동작들을 창의적인 방법으로 표현한다.

내용범주: 예술 감상하기

목표 다양한 예술 표현을 존중한다.

내용
- 다양한 예술을 감상하며 상상하기를 즐긴다.
- 서로 다른 예술 표현을 존중한다.
- 우리나라 전통 예술에 관심을 갖고 친숙해진다.

유아 경험의 실제

학부모 자원 인사를 초청하여 전통 악기인 아쟁의 소리를 감상한다. 유아들은 "할머니가 애앵~ 하는 소리 같아." 하며 키득거리며 흥미 있어 한다. "저거 근데 바이올린이랑 비슷한데 더 작은 것 같은데." 교사는 "그렇게 보이는 구나, 그래 우리나라 악기와 다른 나라의 악기 중에는 비슷한 점도 있고 다른 점도 있는 것 같지?" 안내하며 다양한 각 나라들의 악기에 흥미와 관심을 보이는 것을 발견하였다.

우리나라 사물놀이 악기에 관심을 가진 유아들은 징, 장구, 꽹과리, 북 소리의 차이를 인식하고 즐겁게 두들기며 놀이하였다. 북을 세우지 않고, 눕혀 놓고 손으로 북을 두드리는 유찬이에게 민천이는 "저렇게 엎어 놓고, 손으로 칠 수 있네." 하며 자신의 징도 바닥에 눕혀 보며 연주해 본다. "근데 징은 걸고 해야 겠다. 소리가 잘 안울리는 것 같아." 하며 사물놀이 악기의 소리 내기 방법에 관심을 보인다.

유아들은 교사와 함께 자진모리 장단으로 '별달거리'를 연주하였다. 장구 장단 연주를 친숙하게 하게 된 유아들에게 교사는 캐롤 메들리에 맞춰 장구 장단을 연주하며 놀이할 수 있도록 지원하였다. 유아들은 "우리나라 악기가 크리스마스 노래에도 어울리네.", "더 신나고 재미있다."는 반응을 하였다.

내용이해

다양한 예술을 감상하며 상상하기를 즐긴다.

유아가 자신과 또래의 작품이나 음악, 춤, 미술 등 다양한 예술을 감상하고 자유롭게 상상하기를 즐기는 내용이다. 유아들은 아쟁 소리를 감상하며 할머니 소리 같기도 하고, 모기 소리처럼 들리기도 한다고 표현한다. 이처럼 악기 소리를 감상하고, 다양한 상상을 한다.

서로 다른 예술 표현을 존중한다.

유아가 자신과 또래의 작품이나 음악, 춤, 미술 등에 포함된 다양한 표현을 존중하는 내용이다. 우리나라와 다른 나라 악기의 비슷한 점과 다른 점에 관심을 가지고, 그 차이를 인식하고 존중한다. 우리나라 장단을 캐롤에 맞추어 연주하며 즐거움을 느낀다.

우리나라 전통 예술에 관심을 갖고 친숙해진다.

유아가 우리나라 고유의 전통 음악, 춤, 미술, 건축물, 극 등에 관심을 가지고 전통 예술을 감상하며 우리나라 문화에 친숙해지는 내용이다. 사물악기를 다양한 방법으로 연주하면서 친숙해진다.

CHAPTER 08

유아음악활동의 실제

앞서 우리는 chapter 04와 chapter 06에서 유아들의 수준에서 경험할 수 있는 음악의 구성요소와 음악활동을 알아보았다. chapter 04에서 설명하는 음악의 구성요소 중 화성은 3~5세 유아들이 화성의 요소를 인식하고, 이해하는 것에는 발달상 어려움이 있다.

본 장에서는 실제 유아교육현장에서 음색, 셈여림, 빠르기, 리듬, 선율의 음악 구성 요소가 감상하기, 노래 부르기, 신체표현하기, 악기 연주하기, 음악 만들기의 음악활동으로 실제 어떻게 진행되는지를 살펴보려고 한다.

유아의 경험은 대부분 놀이를 통해 나타나며, 통합적으로 이루어지고 있다. 음악활동이 분절되어 나타나기도 하지만 감상하기와 신체표현하기 등이 통합적으로 이루어질 수 있음을 유념하고, 통합적으로 이루어진 실제를 본 장에서 살펴보자. 또한 유아들이 생활 속에서 음악요소를 직접 탐색하며 경험하는 모습과 현장에서 유아들이 음악의 구성요소를 느끼며 놀이할 수 있도록 하는 교사의 놀이지원 실제도 함께 살펴보려고 한다.

1. 음색에 기초한 음악활동의 실제

1) 감상하기 : 음색

• 놀이 주제 •

소리 수수께끼

• 목표 •

- 여러 가지 물체(악기)를 사용하여 소리를 만들어 본다.
- 여러 가지 물체(악기)의 음색의 차이를 감상한다.

• 누리과정 관련요소 •

- 예술경험 – 여러 가지 물체(악기)로 소리를 만들어 보고, 서로 다른 음색의 차이를 감상하는 것을 즐긴다.

• 자료 •

- 수수께끼 상자, 여러 물체 통(단추, 클립, 구슬, 조약돌 등)

• 활동 내용 •

유아는 단추, 클립, 구슬, 작은 돌 등이 들어 있는 미술 재료통을 흔들기 시작했다. 유아는 각 재료의 특성에 따라 달리 들리는 음색에 관심을 가졌다. 그리고 클립을 많이 넣을 때와 적게 넣어 흔들 때의 음색의 차이도 느낄 수 있었다. 다양한 재료를 섞어 보기도 하고, 재료의 양의 차이를 다르게 하여 달라지는 소리에 흥미를 보였다.

"마라카스처럼 흔들면 소리가 나."
"클립은 찰찰찰 제일 잘 들려."
"돌은 쿵쿵쿵 무거운 느낌 같아."
"단추를 조금 넣었을 때랑, 많이 넣을 때 소리가 다른 것 같은데."

며칠 동안 각 재료를 흔들며 들리는 음색에 대해 관심을 보인 유아들에게 교사는 수수께끼 상자를 준비해 놓아 주었다. 각 재료들이 담겨 있는 소리통을 2개씩 놓아주고 한 명의 유아는 수수께끼 상자 안에서 소리를 흔들어 표현하고, 다른 유아는 반대편에서 소리를 감상하며 어떤 재료를 흔들었을 때 나는 소리인지 소리를 맞혀 보는 놀이를 즐기게 되었다.

"내가 소리 수수께끼를 내는 사람 할게.
(단추통 흔들기) 이게 무슨 소리게?"
"(구슬통을 흔들며) 음… 이 소리는 아닌 것 같은데, 다시 한번 들려줘."
"(단추통을 흔들며) 이거다! 맞지?"
"딩동댕~ 맞습니다. 이거야! 단추 소리."

생활 속 재료의 음색에 관심을 가진 유아들은 각 재료의 음색에 대한 관심에서 음률영역 무선율 타악기의 음색의 차이에 관심이 확장되며 악기 소리 수수께끼를 하며 놀이가 연계 확장되었다.

• 교사놀이 지원 실제 •

- 교사는 단추, 클립, 구슬, 돌, 나무조각, 작은 방울 등 여러 가지 다양한 재료와 통을 내어 주었고, 유아들이 각 재료를 흔들며 들리는 음색의 차이를 탐색할 수 있도록 하였다.
- 유아들의 흥미와 호기심을 유지시키며 놀이가 진행될 수 있도록 소리 수수께끼 상자를 만들어 내어 주었다. 이후 각 여러 가지 악기들의 음색을 감상하고, 표현할 수 있도록 놀이를 지원하였다.

2) 노래 부르기 : 음색

• 놀이 주제 •

엄마처럼, 아빠처럼 노래 부르기

• 목표 •

- 음색을 다르게 하여 노래를 불러 본다.
- 여성과 남성의 음색의 차이를 느끼며 감상한다.

• 누리과정 관련요소 •

- 예술경험 – 음색의 차이를 인식하고 표현해 본다.
  – 다른 사람의 노래 소리를 즐겁게 감상한다.

• 자료 •

- 곰 세 마리 노래판, 성악가들의 노래 부르는 모습 영상, 스피커 등

• 활동 내용 •

유아들은 곰 세 마리 노래를 평소에 즐겨 부른다. 노래를 부르며 '아빠 곰은 뚱뚱해', '엄마 곰은 날씬해', '아기 곰은 너무 귀여워' 노래 부분들을 부를 때 낮고 굵게, 높고 가늘게, 아기 목소리처럼 귀엽게 부르며 즐거워하는 모습이 보인다.

교사는 유아들이 아빠 목소리, 엄마 목소리, 아기 목소리를 흉내 내며 노래 부르기에 흥미를 느끼는 것을 발견하고 유아들에게 남자 성악가와 여자 성악가들이 노래 부르는 영상을 함께 보며 감상하였다.

"남자 성악가와 여자 성악가들의 노래 부르는 목소리가 어떻게 다른 것 같니?"
"워~ 하면서 하하하 아저씨 목소리로 부르는 것 같아."
"여자는 드레스를 입고 엘사처럼 노래를 오오~~ 하면서 예쁘게 부른다."
"남자는 좀 아래(낮게)로 여자는 위로(높게) 부르는 것 같아요."
"너희들도 성악가처럼 곰 세 마리 노래를 불러볼 수 있겠니?"

교사는 아이들과 함께 곰 세 마리 각 노래 부분을 저마다 성인 남자, 여자처럼 흉내 내며 음색을 다르게 하여 노래 부르기를 하였다.

• 교사놀이 지원 실제 •

- 유아들이 익숙한 노래를 부르는 장면에서 어떤 부분들을 재미있어하는지 관찰한다.
- 유아들이 흥미로워하는 부분에서 음악적 요소의 어떤 부분과 관계가 있는지 인식하고, 그와 관련된(음색) 음악 감상을 통해 탐색할 수 있는 경험을 제공한다.

3) 신체표현하기 : 음색

• 놀이 주제 •

악기 소리 듣고 신체로 표현하기

• 목표 •

- 다양한 악기 소리를 감상한다.
- 악기의 음색을 인식하고 신체 움직임으로 표현한다.

• 누리과정 관련요소 •

- 예술경험 – 다양한 악기 소리를 감상하고, 자신의 생각을 신체를 활용하여 자유롭게 표현한다.

• 자료 •

- 여러 가지 악기(바이올린, 첼로, 꽹과리, 북, 우쿨렐레 등 음색의 차이를 느낄 수 있는 악기 등)

• 활동 내용 •

유아들과 현악기, 타악기, 화성악기 등의 다양한 소리를 탐색한다. 유아들이 악기의 음색을 탐색하고 느끼게 된 후 교사는 유아들과 신체 활동을 진행하였다.

"바이올린 소리는 어떻게 들렸니?"
"끼~익 하고 들렸어요."
"꽹과리는 갱갱갱갱 시끄러운 느낌이에요."
"아름다운 느낌인 우쿨렐레가 저는 좋아요."

"끼~익 하는 바이올린의 소리를 몸으로 움직여서 표현한다면 어떻게 하겠니?"
(팔을 쭉 뻗으며) "길쭉하게 몸을 쭉 펼 거에요."
(뱅글뱅글 돌며) "꽹과리는 시끄러우니까 뱅글뱅글 돌며 움직일 거야."
(양팔을 동그랗게 모아 돌며) "우쿨렐레 소리는 발레리나처럼 이렇게 춤출 거에요."

각 악기를 소리 내는 유아들이 악기 소리를 연주하면, 선 안에 있는 친구들은 악기의 소리를 들으며 자유롭게 자신의 느낌을 움직임으로 표현한다.

• 교사놀이 지원 실제 •

- 교사는 다양한 음색을 가진 악기들을 유아들에게 제공하여 유아들이 각 음색을 탐색할 수 있도록 한다. 각 음색의 차이를 인식하여 신체로 자유롭게 표현할 수 있도록 지원한다.

4) 악기 연주하기 : 음색

• 놀이 주제 •

사물놀이 악기 연주하기

• 목표 •

- 우리나라 악기에 관심을 갖는다.
- 사물놀이 악기의 음색에 차이에 대해 인식하고 자유롭게 소리를 내 본다.

• 누리과정 관련요소 •

- 예술경험 – 우리나라 전통 악기에 관심을 갖고 친숙해진다.

• 자료 •

- 사물놀이 악기(꽹과리, 징, 장구, 북), 동화책『사물놀이 이야기』(사계절, 김동원)

• 활동 내용 •

언어영역에서 유아들은 사물놀이 동화책을 CD 오디오로 들으며 이야기를 감상한다. 유아들은 생활 속에서 사물놀이 악기를 본 경험을 이야기 나누기도 하고, 아직 경험하지 못한 유아들도 있다.

"나는 텔레비전에서 악기 연주하는 거 본 적 있어. 사람이 막 점프하면서 악기를 쳐."
"난 경복궁에 갔다가 봤는데, 좀 시끄러웠어."
"징이 가장 소리가 커! 지~잉~ 막 울려."
"꽹과리가 더 소리가 큰 것 같은데 시끄럽게."
"난 본 적 없는데, 잘 몰라…"

교사는 유아들의 이야기를 관찰하고 동화 속 사물놀이 악기 실물을 교실에 내어 주고, 유아들에게 소개하였다. 유아들은 사물놀이 악기를 탐색하고 직접 소리를 내어 보며 사물놀이 악기의 음색이 다르다는 것을 표현하였다.

"제일 작은 꽹과리는 좀 시끄럽네! 갱갱갱갱~"
"징은 징징~ 소리가 큰 종소리 같아."
"북이랑 장구는 비슷한 것 같은데."
"근데, 잘 들어 보면 소리가 달라"
"북은 한쪽만 칠 수 있고, 장구는 두 쪽을 칠 수 있으니까 소리가 좀 다른 것 같지 않아?"

유아들은 며칠 동안 사물놀이 악기 소리를 탐색하였다. 유아들은 사물놀이 악기 음색의 차이를 인식하고 의성어로 표현해 보며 각 언어를 기록하고, 말(언어) 패턴을 만들어 연주하며 놀이하였다.

"너희들은 각 사물놀이 악기 소리를 말로 표현한다면 어떻게 표현할 수 있겠니?"
"깽깽 깨깨깽/ 깽깽 깨깨깽 !"

"징징징~/징징징~!"
"둥둥둥둥/둥둥둥둥!"
"덩덕덩덕~/덩덕덩덕~!"

• 교사놀이 지원 실제 •

- 교사는 우리나라 전통 악기에 대해 유아들이 친숙하게 경험할 수 있도록 관련 동화를 제공하였다.
- 교사는 유아들이 사물악기의 음색의 특성을 언어로 표현한 것을 기록하여 주고 유아들이 말놀이를 할 수 있게 카드로 만들어 제공하였다.

5) 음악 만들기 : 음색

• 놀이 주제 •

자연의 소리 악기로 소리동화 만들기

• 목표 •

- 자연에서 들을 수 있는 소리를 찾아 본다.
- 자연의 소리를 여러 도구와 악기를 활용하여 소리동화를 만든다.

• 누리과정 관련요소 •

- 예술경험 – 자연에서 들을 수 있는 소리를 찾아보고 느낀다.
  – 악기나 사물을 가지고 자연의 소리를 만들어 표현한다.

• 자료 •

- 자연의 소리 악기(레인스틱, 아프리칸 셰이커, 대나무 휘슬, 개구리 소리, 천둥소리, 두꺼비 소리, 딱따구리 블록 악기, 풍선, 여러 가지 곡물, 바가지 등)

• 활동 내용 •

교사가 새로운 자연의 소리를 담은 새로운 악기를 내어 주고 유아들이 각 악기를 탐색할 수 있도록 한다. 유아들 각 악기를 긁어 보고, 흔들어 보고, 돌려 보고, 쳐 보며 각 음색이 어떤 소리로 들리는지 이야기해 본다.

"새로운 악기를 가져왔어, 잘 들어 봐. 어떤 소리같니?"
"개굴 개굴 개구리 소리 같아요."
"뱅글뱅글 돌려야 개구리 소리가 나네."
"이것 어떻게 소리를 내는 걸까?"
"흔들어 보니까 천둥처럼 우르르 쾅쾅 할 때 그 소리가 나는 것 같네."
"이건 막대로 긁으니까 두꺼비 소리가 들려."

악기뿐만 아니라 바가지, 풍선, 플라스틱 통 안에 곡물을 넣어서 소리를 만들어 놀이한다.

"파도소리는 어떻게 만들 수 있을까?"
"바가지에 팥을 담고 찰찰찰 왔다가 갔다 흔들면~ 파도 소리처럼 들리니?"
"풍선 안에 팥을 담고 흔드니까 천둥소리 같아."

유아들은 자연 속에서 들을 수 있는 소리를 악기로 표현해 보고, 여러 도구와 재료로 만들어 보며 충분히 탐색을 하였다. 그리고 소집단으로 언어 영역에서 교사와 함께 이야기를 지었다. 그리고 유아들은 자신들이 지은 이야기의 장면이나 등장인물이 바뀔 때 어울리는 음색의 소리를 만들어 '토끼와 거북이가 할아버지 집에 가요'라는 소리 동화를 만들어 놀이하였다.

이야기 줄거리
거북이가 토끼 할아버지 집에 가면서 바다와 숲속을 지나가며 파도소리, 천둥 소리, 빗소리, 새소리, 개구리, 두꺼비 소리 등을 듣고 험난하게 할아버지를 찾아가는 이야기

• 교사놀이 지원 실제 •

- 새로운 음색을 가진 악기를 제공하여 각 악기의 음색을 탐색할 수 있도록 한다. 또한 자연의 소리를 만들어 볼 수 있도록 다양한 도구와 재료를 제공하여 소리를 만들어 볼 수 있는 경험을 제공한다.
- 친숙한 동화 내용을 각색하여 유아들이 새로운 이야기를 짓고, 이야기의 각 장면에 맞추어 소리 동화를 만들어 볼 수 있게 놀이를 지원한다.

2. 셈여림에 기초한 음악활동의 실제

1) 감상하기 : 셈여림

• 놀이 주제 •

음악 들으며 그림 그리기

• 목표 •

• 음악을 감상하며 셈여림을 느낀다.
• 음악 감상을 통해 느낀 셈여림을 그림으로 표현한다.

• 누리과정 관련요소 •

• 예술경험 – 음악을 즐겁게 감상한다.
  – 감상한 음악의 느낌을 그림으로 자유롭게 표현한다.

• 자료 •

• 이젤, 물감, 붓, 도화지, 셈여림을 느낄 수 있는 음악(베토벤 교향곡 5번 '운명' 등)

• 활동 내용 •

교사는 개별 또는 소그룹으로 유아들과 함께 베토벤 교향곡 5번 음악을 감상한다.

"나 이음악 어디서 들어본 것 같아요."
"이 음악 좀 무서운 느낌이야."
"뭔가 따따따닥~ 무너진 것 같아."
"소리가 너무 커."

유아들은 처음 음악의 도입 부분에 대해 인상 깊게 들어서 그런지 음악이 크고, 세게만 느껴지는 부분을 표현하였다. 이에 교사는 유아들이 음악을 주의 깊게 들으며 셈여림을 찾아 볼 수 있도록 상호작용한다.

"음악을 잘 들어 보자 계속 음악이 크게만 들리니?"
"큰 소리로 들렸다가 작은 소리 부분도 있는데."
"음악이 처음엔 크다가 작아져, 또다시 점점 커지는 것 같아."

유아들은 평상시 물감 그림 그리기 놀이를 즐겨한다. 이에 교사는 미술영역에 오디오와 CD, 헤드셋을 함께 제공하고 음악 감상을 하며 느껴지는 감정을 그림으로 표현할 수 있도록 안내하였다.

"너희들이 지금 감상한 이 음악을 그림으로 그려 본다면 어떻게 그려 볼 수 있을까?"
"무서운 표정의 얼굴로."
"나는 소리가 크게 들리 데는 큰 동그라미로, 작은 소리 부분은 작은 동그라미로 그렸어요."
"나는 큰 산으로 그리다가 작은 산, 또 큰 산 점점 커지는 산."

• 교사놀이 지원 실제 •

- 유아들이 셈여림을 느끼고 찾아볼 수 있는 적절한 음악을 선정하여 감상할 수 있도록 제공한다.
- 유아들이 감상을 자유롭게 표상할 수 있도록 놀이의 형태로 제공한다.

2) 노래 부르기 : 셈여림

• 놀이 주제 •

글자 크기에 맞춰 노래 부르기

• 목표 •

- 셈여림을 인식하고 노래로 표현할 수 있다.
- 노래를 즐겁게 부른다.

• 누리과정 관련요소 •

- 예술경험 – 즐겁게 노래를 부른다.

• 자료 •

- 나비야 노래판

• 활동 내용 •

유아들에게 새 노래 시간에 함께 부를 노래를 소개한다. 유아들은 '나비야' 노래가 친숙하여 노래를 부르는데 어려움이 없었다. 교사는 유아들에게 노래판의 가사를 유심히 살펴보도록 안내한다. 유아들은 노래판의 가사를 보며 큰 글자와 작은 글자로 구분이 되어 있는 것을 발견한다.

"얘들아, 노래판에서 뭔가 다른 점 없니?"
"글자 크기가 달라요."
"앞의 나, 오너라, 노, 흰… 글자가 커요."

노래판 가사 글자의 크기가 다른 점을 유아들이 발견하였고, 교사는 유아들에게 큰 글자는 세게, 작은 글자는 작게 불러 보자고 제안하였다. 유아들에게 익숙한 노래였기에 노래 부르는 것에 흥미가 크게 없었다. 교사가 새로운 방식을 제안하니 유아들은 글자의 크기에 따라 세게 작게 부르며 흥미를 느꼈다.

"그럼 이번에 노래를 부를 때는 큰 글자는 세게, 작은 글자는 작게 불러 보자."
"선생님 이번에는 나비야의 '야, 아, 라, 비, 며… 뒷부분의 글자를 크게 부르고 다른 글자는 작게 불러요."

유아들은 셈여림을 다르게 하여 세게, 작게 부르는 것을 재미있어하였고, 익숙해진 후에는 거꾸로 뒷부분에 세기를 두어 불러 보자고 제안하며 노래를 즐겁게 불렀다. 그리고 유아들은 다른 노래를 부를 때에 셈여림을 달리하는 방법을 적용하여 불러 볼 수 있었다.

• 교사놀이 지원 실제 •

- 평소에 하는 새 노래 지도 방법도 노래판의 글자나 기호, 그림 등에 강약의 포인트를 주는 등 매체를 변경하여 새로운 노래 부르기로 지원할 수 있다.

3) 신체표현하기 : 셈여림

• 놀이 주제 •

소고 소리 크기에 따라 걸어 보기

• 목표 •

- 소고 소리의 셈여림을 인식하고 신체로 표현한다.
- 전통 악기인 소고 소리를 즐겁게 감상한다.

• 누리과정 관련요소 •

- 예술경험 – 소고 소리로 셈여림을 느껴 보고 신체로 표현한다.

• 자료 •

- 소고, 채

• 활동 내용 •

유아들에게 소고를 소개하고, 소고 소리를 탐색할 수 있도록 한다. 유아들은 소고를 손으로도 쳐 보고, 채로도 쳐 보며 소리를 내어 보는 것을 즐긴다.

"소고는 양쪽 면을 칠 수 있네."
"여기 옆을 쳐도 소리가 나."

유아들이 충분히 소고를 탐색한 후, 소리 세기를 다르게 두드려 보며 유아들이 그 차이를 느껴 보도록 한다.

"선생님이 소고를 쳐 볼게. 잘 듣고 어떻게 다른가 찾아 봐."
(셈여림을 다르게 하여 크고 작게 소리를 낸다)
"작다가 크게 작다가 크게."
"작고 크고 작고 크게 했어요."

교사는 유아들에게 선생님의 소고 소리의 크기에 맞추어서 선을 따라 걸어 보도록 놀이를 소개한다.

"선생님의 소고 소리를 너희가 잘 듣고 바닥에 있는 선을 따라 걸어 보는 거야."
"소고 소리가 크게 들리면 어떻게 걸어 볼 거니?"
"소리가 크면 발을 크게 들어서 걸을 거예요"
"작게 소리가 들리면?"
"작은 소리일 때는 살금살금 걷는 것처럼 걸을 거예요."

유아들은 교사의 소고 소리의 크기를 귀기울여 들으며 소리가 커질 때는 걸음의 보폭을 크게, 소리가 작아 질때는 보폭을 작게 하며 움직였다. 그리고 교사는 역할을 바꾸어 유아가 소고의 강약을 조절하며 소리를 내도록 하였다. 유아들은 번갈아 가며 소고를 두드리고, 자신들의 두드리는 소리의 크기에 따라 친구들이 걷는 것을 즐거워하며 소고와 걸음으로 강약을 느끼고 표현할 수 있었다.

• 교사놀이 지원 실제 •

- 평소에 접하지 않는 우리나라 악기를 탐색할 수 있는 경험을 제공한다.
- 교사가 두들기는 소고의 크기를 유아들이 듣고 걸음으로 표현해 본 후 주도권을 유아에게 주어 유아가 주도하여 진행할 수 있도록 놀이를 지원한다.

4) 악기 연주하기·음악 만들기 : 셈여림

• 놀이 주제 •

그림 컷 활용하여 크게 작게 연주하기

• 목표 •

- 셈여림을 인식하고 악기를 연주한다.
- 그림 컷을 사용하여 셈여림을 만든다.

• 누리과정 관련요소 •

- 예술경험 – 셈여림을 인식하고 악기를 즐겁게 연주한다.

• 자료 •

- 여러 가지 무선율 타악기, 가사 위에 보들이가 붙여져 있는 노래판, 크기가 비교되는 그림 컷 등

• 활동 내용 •

유아들은 나비야 노래를 크게 작게 불러 보고, 소고의 큰 소리 작은 소리에 맞추어 걸음으로 표현해 보는 놀이경험을 통해 큰 소리와 작은 소리로 셈여림을 인식하며 음률 영역의 타악기를 연주하는 것을 즐겼다. 한 유아는 자신의 지시에 따라 다른 친구들이 악기를 연주하는 방법을 안내하였다.

"내가 막대를 위로 하면 크게, 아래로 하면 작게 연주하는 거야."
"(막대를 위로 올리며) 크게!, (막대를 아래로 내리며) 작게!"
"아니, 내가 막대 내렸으니까 작게 해야지."

교사는 유아들의 놀이를 관찰하고 코끼리 그림과 생쥐 그림, 큰 사과와 작은 사과 그림 등을 크기가 비교되는 그림 컷을 내어 주고 유아들이 셈여림을 만들어 볼 수 있도록 하였다.

"노래판 위에다 너희가 그림 기호를 붙여서 어디를 작게, 크게 연주할지 만들어 봐."

유아들은 작은별 노래판의 가사 위에다 큰 별, 작은 별 그림 컷을 붙이며 셈여림 악보판을 만들었다. 그리고 유아들은 자신들이 완성한 노래판을 보며 셈여림을 조절하여 연주할 수 있었다.

• 교사놀이 지원 실제 •

- 유아들이 무엇에 흥미를 갖고 놀이하고 있는지 관찰한다. 하나의 놀이 안에서 악기 연주하기, 음악 만들기 등의 음악적 활동이 분리되지 않고 통합적으로 나타날 수 있음을 인식한다.
- 유아들이 소리의 셈여림을 인식하고 흥미를 갖고 놀이하는 것을 유지하고 구체화시킬 수 있도록 교사는 크기가 비교되는 그림 컷을 제공하여 셈여림을 가시화시킬 수 있도록 한다.

3. 빠르기에 기초한 음악활동의 실제

1) 감상하기 · 신체표현하기 : 빠르기

• 놀이 주제 •

기차 놀이하기

• 목표 •

- 다양한 음악을 감상하는 것을 즐긴다.
- 음악의 빠르기를 느끼고 몸으로 표현한다.

• 누리과정 관련요소 •

- 예술경험 – 음악을 감상하고 신체를 사용하여 표현한다.

• 자료 •

- 기차길 라인테이프, 끈 또는 훌라후프, 오디오, 빠르기를 비교하여 느낄 수 있는 음악(바흐의 〈G선상의 아리아〉, 림스키코르사코프의 〈왕벌의 비행〉)

• 활동 내용 •

유아들에게 빠르고, 느리고의 차이를 느낄 수 있는 음악을 소개하고 감상할 수 있도록 한다. 유아들은 음악을 감상하며 빠르기가 차이 나는 것을 느낄 수 있었다.

"진짜 빠르다."

"이건 좀 느린데."

"빠른 음악, 느린 음악의 차이가 느껴지니?"

"계속 음악 소리가 바쁜 것처럼 들려요."

"느린 음악은 아기 자장가라 천천히 음악을 하는 것 같아요."

교사는 유아들과 몇 번 더 음악을 감상하며 느낌을 이야기한다. 그리고, 유아들에게 기차 놀이를 안내한다.

"음악을 들으면서 기차 여행을 떠나 볼 거야."
"(왕벌의 비행/ G선상의 아리아) 음악을 들으면서 기차가 움직이면 어떤 속도로 움직일 수 있을까?"
"빠르고 바쁜 것 같으니까 기차가 빨리 움직여요."
"느리니까 기차도 천천히 움직여요."

유아들은 기차가 되어 음악에 맞춰 몸을 움직인다. 교사는 음악을 바꾸어 주며 유아들이 음악을 귀기울여 듣고 음악의 빠르기에 따라 움직이며 놀이할 수 있도록 지원한다.

"느린 음악이 나오니까 기차가 천천히 움직이는구나."
"빠른 음악에는 기차가 점점 빨리 움직이고 있네."

• 교사놀이 지원 실제 •

- 빠르기 비교가 확실히 되는 음악을 선정하여 음악 감상을 할 수 있도록 지원한다.
- 음악을 감상하고 느낌을 이야기 나누는 것으로 그치는 것이 아니라 유아의 생각과 느낌을 표현할 수 있는 기회를 다양한 놀이로서 경험하도록 적절한 교수방법을 고민한다.

2) 노래 부르기 : 빠르기

• 놀이 주제 •

간다간다 노래 부르기

• 목표 •

- 즐겁게 노래를 부른다.
- 빠르기를 인식하며 노래를 부른다.

• 누리과정 관련요소 •

- 예술경험 – 즐겁게 노래를 부른다.

• 자료 •

- 노래판(김성균 작사 · 작곡의 〈간다간다〉)

• 활동 내용 •

유아들이 생활 속에서 자동차, 비행기, 기차를 타본 경험을 이야기 나눈다.

"너희들 유치원에 올 때 무엇을 타고 오니?"
"기차를 타 본 적 있니?"
"구름 위를 날 때 기분이 어땠니?"

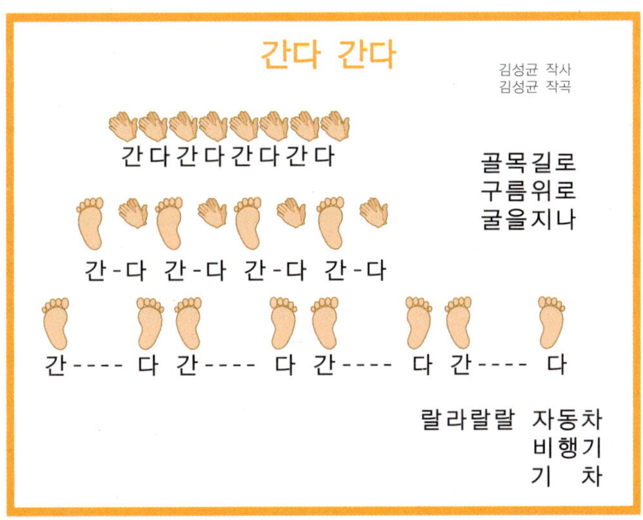

유아들에게 새 노래를 소개하고 즐겁게 노래를 부른다. 노래가 익숙해지면 유아들과 '간다간다 간다간다' 노래 부분을 빠르게, 느리게 불러 본다. 빠르기를 더 확실히 느낄 수 있도록 무릎 위에 양손으로 손뼉을 치거나, 빠르기에 맞추어 발 구르기를 하며 불러 본다. 유아들은 빠르기의 변화에 주의하며 무릎 위에 손뼉을 치고, 발을 빠르게 느리게 구르며 반복되는 노랫말을 부르는 것을 재미있어한다.

"간다간다 부분을 빠르게 느리게 불러 보니까 어땠니?"
"손뼉을 빨리 치며 노래하는 게 재미있었어요."
"발을 구르며 노래 부르는게 신나요."
"느리게 하는 것보다 빠르게 하는 게 더 신나요."
"KTX 기차는 자동차보다 빠르니까 기차 부분은 자동차보다 더 빠르게 불러요."
"그럼 비행기는 더 빠르니까 가장 빠르게 불러야 돼."

• 교사놀이 지원 실제 •

- 빠르기를 조절하며 부르기에 적절한 노래를 선정한다. 새 노래를 부를 때 가사만 놀이 주제와 관련된 것을 찾기보다는 음악적 요소들을 느끼며 부를 수 있는 적절한 노래를 찾아 유아들의 음악적 소양을 기를 수 있도록 지원한다.
- 새 노래를 부를 때 가사판을 보며 노래 부르는 것 외에 간단히 신체나 동작을 사용하여 노래를 부르면 유아들이 더 즐겁게 노래 부르기에 참여할 수 있다.

3) 악기 연주하기 : 빠르기

• 놀이 주제 •

메트로놈에 박에 맞추어 악기 놀이하기

• 목표 •

- 규칙적인 박의 차이를 느끼며 악기 놀이를 즐긴다.
- 박을 느끼며 즐겁게 악기를 연주한다.

• 누리과정 관련요소 •

- 예술경험 – 신체, 사물, 악기로 간단한 소리와 리듬을 만들어 본다.

• 자료 •

- 메트로놈, 여러 가지 무선율 타악기

• 활동 내용 •

교사는 음률영역에 메트로놈을 비치하였다. 유아들은 메트로놈이 좌우로 움직이는 것에 대해 흥미를 느꼈다. 메트로놈의 막대에 걸쳐 있는 추가 위, 아래로 이동하면서 메트로놈의 움직임이 달라지는 것을 발견하였다.

"이게 뭐지?"
"이거 누나가 피아노 칠 때 옆에 놓고 하는 거 봤어. 똑딱똑딱 소리가 나."
"선생님, 이거 뭐예요?"
"이건 메트로놈이라고 하는 건데, 악기 연주할 때 박을 맞출 수 있도록 도움을 주는 기계야."

교사는 유아들이 빠르기의 다양함을 직접 느끼고 경험할 수 있도록 메트로놈의 박에 맞춰 타악기를 두드리는 놀이를 계획하고 함께하였다. 교사와 함께 놀이한 경험을 통해 메트로놈의 사용방법과 활용을 경험한 유아들은 이후 자유롭게 메트로놈을 조작하며 박에 맞춰 악기를 두들기며 즐겁게 놀이하였다.

"똑딱똑딱, 똑딱똑딱~."
"빠르게! 그게 재밌어."
"아래로 놓아야 빨라져!"
"와~! 점점점 빨라진다!"
"아니, 이거 소리를 맞춰서 해야지. 자, 시~작."

지휘자의 역할을 맡은 유아는 자신의 메트로놈 조작에 따라 다른 유아들이 빠르기 맞춰서 연주하는 것을 지시하기도 하였다.

"자 이번에는 내 발을 잘 봐. 내 발이 빨라지면 빠르게 느려지면 느리게 연주하는 거야."

지휘를 하는 유아는 메트로놈을 사용하다가 나중에는 직접 발을 구르며 빠르기를 표현하는 것을 재미있어했다.
유아들은 이렇게 음률 영역에서 느리게, 빠르게 메트로놈을 조절하거나 신체의 움직임에 따라 빠르기를 조절하여 연주하였다.

• 교사놀이 지원 실제 •

- 유아들이 빠르기를 조절해 보고 느껴 볼 수 있는 새로운 매체(메트로놈)을 제공한다.
- 유아들이 새로운 매체를 충분히 탐색할 수 있는 시간과 공간을 제공한다.

4) 음악 만들기 : 빠르기

• 놀이 주제 •

토끼와 거북이 달리기 극놀이에 효과음 넣기

• 목표 •

- 빠르기를 인식하여 신체로 표현한다.
- 빠르기를 느끼고, 악기 연주로 표현한다.

• 누리과정 관련요소 •

- 예술경험 – 극놀이에 음악적 요소를 넣어 창의적으로 표현한다.

• 자료 •

- 토끼와 거북이 동극 의상, 작은북, 큰북 등 타악기

• 활동 내용 •

유아들은 토끼와 거북이의 달리기 동화를 동극으로 놀이하기로 하였다. 극놀이에 필요한 배경, 소품, 의상, 등장인물 등을 정하였다. 교사는 동극을 할 때 더 재미있게 극놀이를 할 수 있도록 효과음을 넣는 것을 소개하였다. 유아들은 이야기를 회상하며 각 장면에 어울리는 효과음을 어떤 소리로 넣을지 음률 영역의 악기와 미술재료들을 가지고 탐색하였다.

"토끼와 거북이가 출발할 때 출발을 알리는 소리는 징으로 징~ 울리자."
"토끼는 깡충깡충 빨리 뛰니까 토끼가 달리기할 때 작은북을 빠르게 두들기면 돼."
"작은북을 빠르게 치니까 쌀알이 막 움직인다!"
"거북이는 느리니까 큰북을 둥~ 둥~ 느리게 두들기면 거북이 역할이 천천히 달리는 거야."

유아들은 이야기 속의 토끼와 거북이의 달리는 모습을 각 동물들의 달리기 속도에 맞추어 악기를 두들기며 토끼는 빠르게 거북이는 느리게 효과음을 만들어 놀이하였다.

"토끼가 재빠르게 달렸습니다." (장구를 빠르게 두들긴다: 다다다다다다다다다)
"거북이가 달리기 시작했습니다." (북을 느리게 두들긴다: 둥~ 둥~ 둥~ 둥~)

유아들은 극놀이에 효과음을 만들어 놀이하며 극놀이가 더 재미있어졌음을 이야기 나누고 다음 극놀이를 할 때도 효과음을 넣어서 놀이를 해 보겠다고 평가를 하였다.

• 교사놀이 지원 실제 •

- 유아들의 극놀이가 더 풍성해지고, 활기를 얻을 수 있도록 교사는 효과음이라는 것을 안내하고, 유아들이 효과음을 직접 만들어 볼 수 있는 경험을 제공하였다.
- 유아의 음악적 활동이 노래 부르기, 악기 연주하기 등으로만 제한되는 것이 아니라 종합 예술로서 다른 놀이와 통합적으로 이루어질 수 있도록 교사는 고민하여야 한다.

4. 리듬에 기초한 음악활동의 실제

1) 감상하기 : 리듬

• 놀이 주제 •

드럼 연주 감상하기

• 목표 •

- 다양한 음악을 즐겁게 감상한다.
- 리듬을 느끼며 신체로 표현한다.

• 누리과정 관련요소 •

- 예술경험 – 다른 사람의 연주를 즐겁게 감상한다.
  – 리듬을 자신의 신체로 자유롭게 표현한다.

• 자료 •

- 드럼연주(유튜브 또는 전자 피아노의 리듬 버튼을 재생), 전자 드럼악기

• 활동 내용 •

교사는 평소에 유아들과 주의집중을 하며 손유희를 할 때 손뼉치기를 하며 집중을 하였다. 손뼉치기가 익숙해진 유아들은 손뼉치기를 쪼개서 다양한 손뼉의 리듬을 만들 수 있게 되었다.

손뼉 한 번 = 짝	손뼉 다섯 번 = 짝짝 짝짝짝 / 짝짝짝짝짝
손뼉 두 번 = 짝짝	손뼉 여섯 번 = 짝짝 짝짝짝 짝 / 짝짝짝짝짝짝
손뼉 세 번 = 짝짝짝	손뼉 일곱 번 = 짝짝 짝짝짝 짝짝 / 짝짝짝 짝짝짝짝
손뼉 네 번 = 짝짝짝짝	손뼉 여덟 번 = 짝짝 짝짝짝 짝짝짝 / 짝짝짝짝 짝짝짝짝

| 그림 8-1 | 손뼉 여섯 번 치기의 다양한 방법 예시

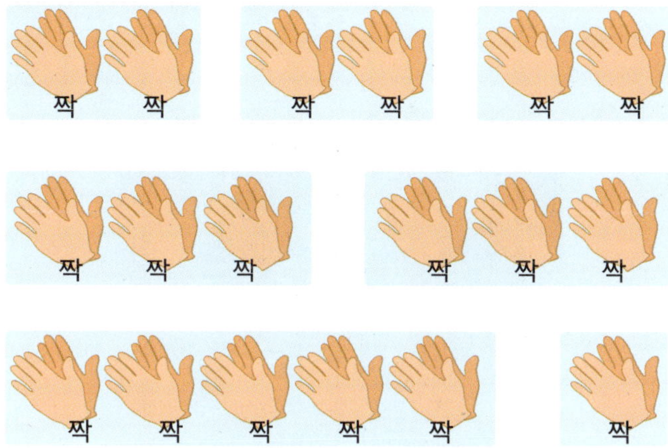

교사는 유아들에게 다양한 리듬을 느껴 보도록 드럼의 리듬을 유아들에게 들려주며 감상하게 하였다. 유아들은 드럼의 리듬 연주를 감상하며 즐거워하였다.

"드럼 연주를 들어 보았는데, 어떤 느낌이 드니?"

[고고 리듬] "쿵짝 쿵쿵짝~ 너무 신나는 느낌이에요."

[하이햇 비트] "이 연주는 아까보다는 좀 느린데 그래도 신나요."

[칼립소 리듬] "뒤에 짜라라라라라 빨라지는 게 재미있어요."

[디스코 리듬] "춤추고 싶어요."

유아들은 드럼 리듬에 흥미를 느꼈고, 교사는 리듬을 틀어 주며 유아들이 자유롭게 춤출 수 있게 하였다. 유아들은 이후에 교실에서 전자 피아노의 리듬을 틀며 춤을 추기도 하고, 드럼의 리듬 연주를 느끼며 악기를 쭉 깔아 놓고 드럼 치는 것처럼 흉내를 내기도 한다.

• 교사놀이 지원 실제 •

- 교사는 평상시에 유아들이 리듬감을 느낄 수 있도록 손뼉치기를 하였다.
- 교사는 유아들이 다양한 리듬감을 느껴 볼 수 있도록 드럼의 리듬연주를 준비하여 감상할 수 있도록 하였다.

2) 노래 부르기·음악 만들기 : 리듬

• 놀이 주제 •

'작은 집 창가에서' 노래 부르기 / 리듬 만들기

• 목표 •

- 리듬을 느끼며 노래를 부를 수 있다.
- 막대로 리듬을 자유롭게 만들어 본다.

• 누리과정 관련요소 •

- 예술경험 – 다양한 리듬을 느끼며 즐겁게 노래를 부른다.
  – 창의적으로 리듬을 만들어 본다.

• 자료 •

- 노래판(김진영 작사·작곡의 〈작은 집 창가에서〉), 리듬 막대 컷

• 활동 내용 •

'작은 집 창가에서' 새 노래를 유아들과 함께 부른다. 노래 속에서 '랄랄라~' 노래 부분을 색깔막대의 길이를 다르게 하여 바꾸어 부를 수 있음을 안내한다.

"랄랄라~, 이 노래 부분을 선생님이 이런 색깔 막대로 바꾸었어."
"막대 길이가 어떻게 달라졌니?"
"(짧아진/길어진) 막대 부분을 어떻게 불러야 할까?"

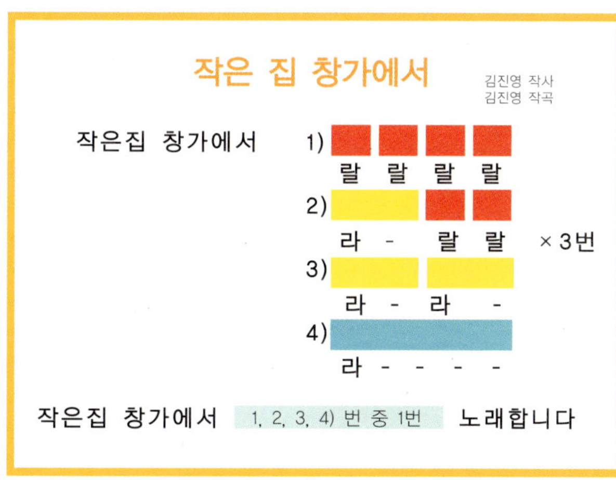

유아들은 막대의 길이를 탐색하고 길이에 따라 리듬을 다르게 만들어 보며 노래를 부른다. 유아들은 길게 부르기, 짧게 부르기 부분을 이해하고 막대의 길이를 자유롭게 만들어 가며 노래 부르는 것을 즐거워한다.

"나는 짧은 막대를 붙여서 '랄랄랄랄' 부르면 돼."
"길게 짧게 길게 짧게 붙이면 '라~ 랄 라~ 랄'"
"긴 것만 붙이면 '라~ ~ ~ 라 ~ ~ ~'"

• 교사놀이 지원 실제 •

- 리듬을 느끼며 부를 수 있는 적절한 노래를 선정한다. 새 노래를 부를 때 가사만 놀이 주제와 관련된 것을 찾기보다는 음악적 요소들을 느끼며 부를 수 있는 적절한 노래를 찾아유아들의 음악적 소양을 기를 수 있도록 지원한다.
- 새 노래를 부를 때 가사판의 일부를 유아들이 새롭게 조작하여 변경시킬 수 있도록 매체를 제작하면 유아들이 리듬을 만들어 보며 더 즐겁게 노래 부르기에 참여할 수 있다.

3) 신체표현하기 : 리듬

• 놀이 주제 •

펭귄춤 추기

• 목표 •

- 음악에 맞추어 즐겁게 춤을 춘다.
- 리듬을 느끼며 춤을 춘다.

• 누리과정 관련요소 •

- 예술경험 – 음악의 리듬을 느끼며 즐겁게 춤으로 표현한다.
  – 세계의 다양한 음악을 감상하며 존중한다.

• 자료 •

- 타타로치카 동영상(러시아의 포크댄스로 펭귄의 동작을 표현한 춤 일명 '펭귄춤': 국립 아시아문화전당 유튜브 및 홈페이지)

• 활동 내용 •

유아들과 함께 러시아 민속춤인 '타타로치카' 음악을 감상한다. 교사는 음악 감상한 느낌을 이야기 나눈다. 유아들에게 러시아의 민속춤임을 소개한다.

"음악을 들어보니 어떤 느낌이 들었니? "
"신나서 춤을 추고 싶어요."
"음악을 듣고, 춤을 추고 싶었구나. 너희가 느낀 것처럼 러시아 사람들이 춤을 출 때 사용하는 음악이야."
"펭귄이 뒤뚱뒤뚱 움직이는 모습을 보고 음악을 만들고, 춤동작을 만들었대."

유아에게 춤동작을 안내하며 리듬을 익힐 수 있도록 한다.

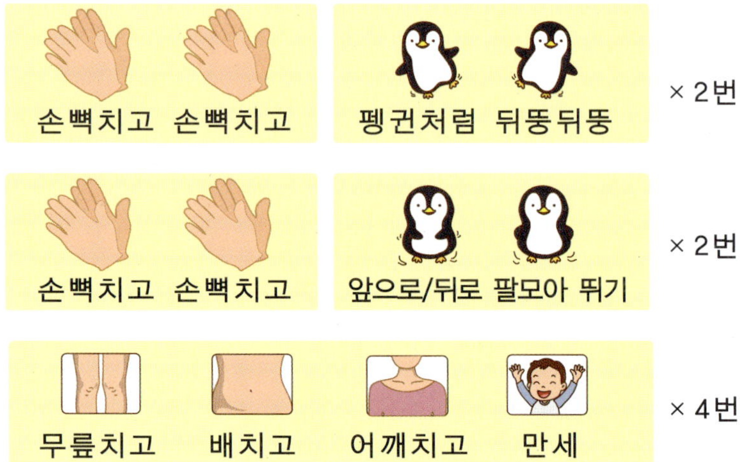

• 교사놀이 지원 실제 •

- 세계의 민속 음악 및 다양한 음악을 감상하고, 존중할 수 있도록 교사는 안내한다.
- 음악적 요소를 다양한 놀이를 통해 느끼고 표현할 수 있도록 노력한다.

4) 악기 연주하기 : 리듬

• 놀이 주제 •

장구 장단 연주하기

• 목표 •

- 우리나라의 전통 음악 장단을 느낀다.
- 장구를 즐겁게 연주한다.

• 누리과정 관련요소 •

- 예술경험 – 우리나라의 전통 음악 장단을 느끼고, 즐긴다.
  – 장구로 간단한 장단을 연주한다.

• 자료 •

- 장구의 전통 장단, 장구

• 활동 내용 •

우리나라 전통 악기인 장구를 유아들에게 소개한다. 장구 잡는 방법을 안내한다.

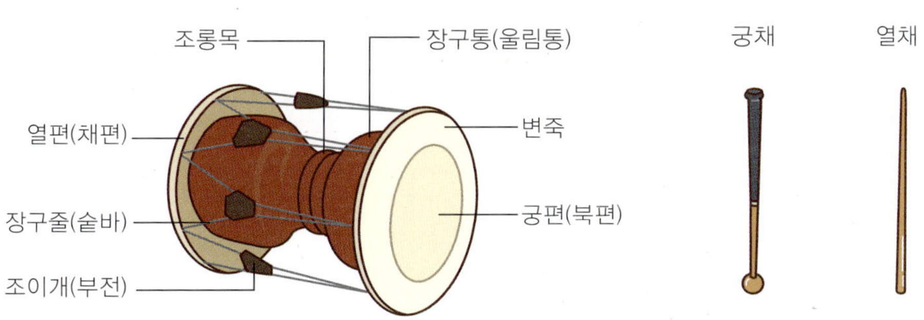

유아들의 흥미와 음악적 소양 등 발달 수준을 고려하여 진행할 수 있는 장구 장단을 안내한다.

세마치

입으로 따라 해 보세요

장구부호	⌽			⌽			｜	○	｜
입장단	덩			덩			덕	쿵	덕

무릎을 치며 장단을 맞춰보세요

장구부호	⌽			⌽			｜	○	｜
무릎장단									

장구를 연주해보세요

장구부호	⌽			⌽			｜	○	｜
장구장단									

자진모리

입으로 따라 해 보세요

장구부호	⌽			⌽			⌽		｜	○		
입장단	덩			덩			덩		덕	쿵		

무릎을 치며 장단을 맞춰보세요

장구부호	⌽			⌽			⌽		｜	○		
무릎장단												

장구를 연주해보세요

장구부호	⌽			⌽			⌽		｜	○		
장구장단												

장구 장단을 연주하기 전에는 먼저 무릎을 손뼉으로 치며 신체로 장단을 느낄 수 있는 경험을 먼저 제공한다. 또한 장단 연주를 할 때 입으로 함께 구음을 부르며 노래하고 연주할 수 있도록 한다. 장구 장단 연주가 익숙해지면 유아들에게 친숙한 동요 음악을 틀고, 음악에 맞추어서 장단 연주를 하면 유아들이 더 즐겁게 참여할 수 있다.

• 교사놀이 지원 실제 •

- 유아들이 전통악기에 친숙해질 수 있는 경험을 제공하여 우리나라 전통 예술에 관심을 갖도록 지원한다.
- 장단을 연주할 때는 장단에 어려움을 느낄 수 있다. 5세 정도의 유아들에게 장구장단을 안내하는 것이 적절하며, 장단을 접하기 전에 무릎을 손으로 두들기며 신체로 장단을 느껴 볼 수 있도록 경험을 제공하는 것이 필요하다.

5. 선율에 기초한 음악활동의 실제

1) 감상하기 : 선율

• 놀이 주제 •

〈허수아비〉 실로폰 연주 감상하기

• 목표 •

- 선율을 느끼며 실로폰 연주를 감상할 수 있다.
- 선율을 인식하고 선율을 연주할 수 있다.

• 누리과정 관련요소 •

- 예술경험 – 실로폰의 선율을 느끼며 즐겁게 감상한다.

• 자료 •

- 색깔 악보(김규환 작사 · 작곡의 〈허수아비〉), 실로폰

• 활동 내용 •

음률영역에는 주로 타악기들이 많이 배치되어 있다. 유아들에게 제공되는 가락 악기는 피아노, 핸드벨, 멜로디언, 실로폰 등이 있을 것이다. 교사는 실로폰을 내어 주고 유아들이 충분히 실로폰의 소리를 탐색할 수 있도록 제공하였다.

유아들은 실로폰을 두드리며 막대의 길이에 따라 소리가 다름을 인식하게 되었다.

"실로폰 막대가 짧아질수록 소리가 달라져."
"어떻게 소리가 달라지는 것 같니?"
"긴 막대는 크게, 짧은 막대는 얇게 들려요."
"긴 막대를 두드릴 때 소리가 낮게, 짧은 막대로 갈수록 점점 소리가 높게 들리는구나."

교사는 유아들이 실로폰의 가락을 느껴 볼 수 있도록 허수아비 동요를 안내하였다. 평소에 교사는 피아노를 가지고 새 노래를 지도하였는데, 이번엔 실로폰을 가지고 연주하며 노래를 안내하였다.

"허수아비 노래를 어떻게 부르는 건지 노래 가락을 들어 보자."
"(하루종일 우뚝 서 있는) 이 부분은 점점점 노래 가락이 높아지는 부분이야."
"(성난 허수아비 아저씨) 이 부분은 노래 가락이 점점점 낮아지는 부분이야."

교사는 가락이 높아지고 낮아지는 부분을 안내하며 다시 한번 가락을 들려주고, 유아들이 가락이 높아지고 낮아지는 부분을 찾아볼 수 있도록 하였다. 유아들은 가락이 높아지고, 낮아지는 부분을 즐겁게 찾을 수 있었다. 교사는 유아들이 실로폰 소리를 감상하며 손을 사용하여 아래서부터 위로 올리면 점점 높아지고, 위에서 아래로 손을 내리면 점점 가락이 낮아지는 것을 느끼며 노래할 수 있도록 하였다.

"(손을 위에서 아래로 내리면서) 새들이 달아납니다~ ♪ 그 부분도 점점 내려와요."
"그래 이 부분도 점점 노랫가락이 높은 곳에서 낮아지는구나."

후에 교사는 유아들에게 실로폰에 색깔 스티커를 붙이고, 허수아비의 색깔 악보를 만들어서 유아들이 가락을 느끼며 악기 놀이를 할 수 있도록 지원하였다.

• 교사놀이 지원 실제 •

- 유아들이 선율의 높고, 낮음에 대한 용어를 명확히 사용하지 못하면 교사가 개념의 명료화를 위해 명확하게 명명해 준다.
- 다양한 선율악기를 탐색하고 연주해 볼 수 있도록 제공하여 준다. 선율 악기는 유아들이 자유롭게 연주하며 가락을 감상하고, 탐색해 볼 수 있다. 또한 색깔 악보를 제공하고, 건반 위에 색깔 스티커를 붙여 유아들이 색깔 악보와 가락 악기의 색을 1:1 대응하게 하여 연주해 볼 수 있도록 매체를 제공한다.

2) 노래 부르기 : 선율

• 놀이 주제 •

누가누가 더 높이 올라가나 게임하기

• 목표 •

- 가락의 높낮이를 인식한다.
- 가락의 높낮이를 목소리로 표현한다.

• 누리과정 관련요소 •

- 예술경험 – 가락의 높낮이를 인식하고 목소리로 즐겁게 표현한다.

• 자료 •

- 피아노

• 활동 내용 •

유아들과 노래 부르기는 보통 새 노래 부르기로 많이 진행된다. 선율에 기초한 음악활동을 어떻게 유아들과 즐겁게 할 수 있을지 교사는 고민 하였다. 그리고 누가누가 더 높게 음이 올라가는지 높낮이를 유아들이 인식할 수 있도록 게임의 형태로 교사가 계획하였다. 게임을 하기 전 교사는 유아들과 함께 발성 연습을 하였다.

"선생님을 따라서 노래해 보자."

♫ "아아아아아~, 아아아아 아아아아 아~, 아아아아 아아아아~ 아아아아 아아아아~."

(도미솔미도~, 도레미파 솔파미레 도~, 도레미파 솔라시도~ 도시라솔 파미레도~)

"어느 팀의 목소리가 더 높이 올라가나 게임을 해 볼거야."

"제일 낮은 아(도)부터 시작해 보자."

교사는 팀을 나누어 번갈아 가며 유아들이 피아노의 가락을 느끼며 낮은 음에서 높은 음으로 음을 불러 보도록 하였다. 유아들은 높이 부르겠다며 얼굴을 찌뿌리기도 하고 몸에 힘을 주기도 하면서 목소리를 내었다.

"게임을 해 보니 어떠니?"

"점점 높이 부를 때 가장 마지막에 목이 아팠어요."

교사는 이후에도 유아들과 생활 속에서 유아들이 선율의 높낮이를 인식할 수 있도록 평상시 '안녕하세요' 인사를 할 때나 유아들의 이름을 부를 때 가락을 넣어 불러 주었다.

♫ "안녕하세요."

♫ "철수야, 안녕."

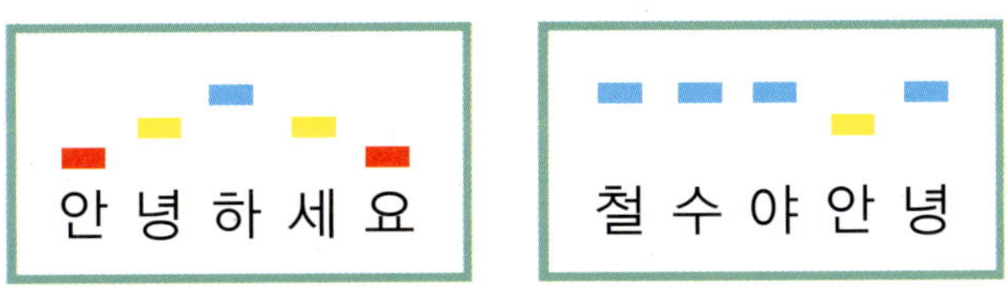

• 교사놀이 지원 실제 •

- 교사는 노래 부르기의 형태를 새 노래로만 제한하는 것이 아니라 다양하게 경험할 수 있도록 고민해 본다.
- 유아들의 이름이나 인사를 할 때 등 생활 속에서 단어나 인사와 같은 짧은 문장에 가락을 넣어 불러 주면 유아들이 선율을 쉽게 인식할 수 있다.

3) 신체표현하기 : 선율

• 놀이 주제 •

리본 춤 추기

• 목표 •

- 선율을 느끼며 춤으로 표현할 수 있다.
- 음악을 감상하며 선율을 찾아볼 수 있다.

• 누리과정 관련요소 •

- 예술경험 – 선율을 신체 및 도구로 자유롭게 표현한다.

• 자료 •

- 리본 막대, 선율을 느낄 수 있는 음악(비제, 하바네라: 오페라 카르멘 중)

• 활동 내용 •

유아들에게 '비제의 하바네라' 음악을 감상할 수 있도록 안내한다. 음악을 감상하며 유아들이 음악의 선율이 변화되는 것을 느낄 수 있도록 상호작용한다.

"음악을 들어 보니 느낌이 어땠니?"
"처음에 도둑이 살금살금 걸어오는 것처럼 좀 무서운 느낌이 들었어요."
"난 높은 곳에서 점점 내려오는 느낌이 들었어."

교사는 유아들이 느낀 부분을 다시 감상하게 하며 선율의 달라짐을 다시 한번 느껴 볼 수 있도록 안내한다. 그리고 그 부분을 기호로 표시해 주며 유아들이 가시적으로 인식할 수 있도록 지원한다.

"선생님도 이 부분은 나비가 높은 곳에서 살랑살랑 내려오는 것 같았어."

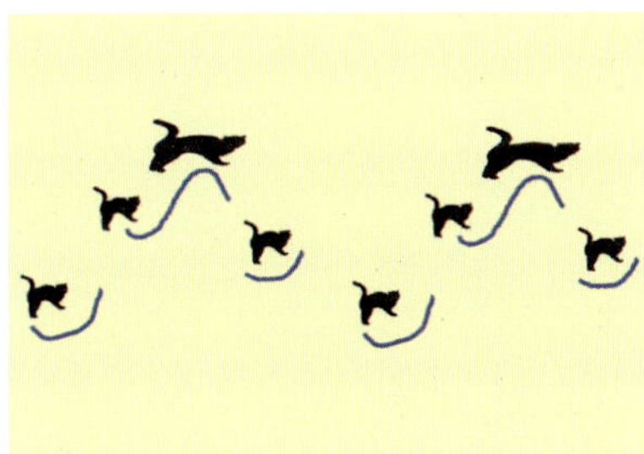

"이 부분은 고양이가 나비를 잡으려고 몰래 숨어서 살금살금 움직이는 것 같았어."

유아들은 리본 막대를 들고 높은음에서 낮은음으로 내려오는 선율의 부분을 나비로 표현하였고, 고양이 역할의 부분인 낮은 선율 부분은 스카프와 리본을 들고 춤을 추며 신체표현을 하였다.

• 교사놀이 지원 실제 •

- 음악 감상은 일회성으로 끝나는 것이 아니라 유치원 생활 속에서 반복적으로 들려주고 음악이 익숙해지면 음악 감상을 통해 음악적 요소를 찾아볼 수 있도록 안내한다.
- 교사는 유아들이 선율을 인식할 수 있도록 기호로 가락을 가시화 시켜 주어 유아들이 가락의 변화를 느끼고 신체로 표현할 수 있도록 안내한다.

4) 악기 연주하기 : 선율

• 놀이 주제 •

핸드벨로 도레미송 연주하기

• 목표 •

- 선율을 느끼며 핸드벨로 연주할 수 있다.
- 악기 연주하는 것을 즐긴다.

• 누리과정 관련요소 •

- 예술경험 – 핸드벨을 사용하여 연주를 즐겁게 한다.

• 자료 •

- 도레미송(작곡: 리차드로저스), 핸드벨

• 활동 내용 •

유아들에게 핸드벨 가락 악기를 충분히 탐색할 수 있도록 한다. 유아들은 핸드벨의 도, 레, 미, 파, 솔, 라, 시, 도의 가락을 한음한음 연주하며 즐거움을 느낀다. 어떤 유아는 '도' 음이 같은 색이지만 다른 높낮이를 내는 것을 발견하였다.

"빨주노초파 무지개색 악기가 소리가 달라."
"근데 같은 빨강 색인데 소리가 좀 다르지?"

교사는 유아들에게 도레미송 노래를 안내하고 불러 보았다. 유아들은 노랫말의 도, 레, 미, 파, 솔, 라, 시의 같은 글자가 들어간 단어를 찾는 것에 즐거움을 느꼈다. 그리고 며칠 동안은 노랫말을 바꾸어 불러 보는 것에 흥미를 느끼며 놀이하였다.

"도는 도장, 도라지도 있는데"
"파는 파랑색, 먹는 파가 있어."

시간이 지난 후 유아들은 핸드벨로 도, 레, 미, 파, 솔, 라, 시, 도가 나오는 부분을 노래 부르면서 연주하였다. 교사는 유아들이 음률영역에서 노래하며 연주해 본 도레미송 노래를 모임시간에 친구들 앞에서 연주하도록 지원하였다.

"친구들이 놀이시간에 노래 부르며 악기 연주를 열심히 했어. 한번 들어보자."

유아들은 핸드벨의 가락을 감상하며 즐겁게 노래를 불렀다.

• 교사놀이 지원 실제 •

- 교사는 핸드벨의 가락을 유아들이 느껴 볼 수 있도록 충분한 탐색 시간을 제공하였다.
- 유아들이 핸드벨과 노래의 부분을 대응하여 연주할 수 있도록 노래판에 색깔을 넣어 제공하였다.

5) 음악 만들기 : 선율

• 놀이 주제 •

색깔 악보 만들어 연주하기

• 목표 •

- 건반 악기의 가락을 느낀다.
- 색깔을 1:1 대응하여 가락을 창의적으로 표현한다.

• 누리과정 관련요소 •

- 예술경험 – 건반의 가락을 인식하고 색깔 악보로 선율을 자유롭게 표현한다.

• 자료 •

- 사인펜 또는 색연필(색깔 스티커), 전자 피아노, 종이

• 활동 내용 •

음률영역에 색깔 악보를 만들 수 있는 종이와 색칠도구 또는 색깔 스티커를 제공한다. 유아들은 자유롭게 종이 위에 색깔을 칠하며 색깔 악보를 만들었다. 그리고 자신이 만든 색깔 악보를 보며 건반 위의 색깔 스티커와 1:1 대응을 하며 건반의 음을 누르고 놀이하였다. 교사는 유아가 만든 음악이 기록될 수 있도록 녹음 기능을 알려 주었고, 유아가 만든 음악을 재감상해 볼 수 있도록 하였다. 유아들은 자신이 만든 악보가 연주되는 것에 흥미를 느끼며 놀이에 참여하였다.

유아들의 색깔 악보 만들기는 각 유아의 특성에 따라 다르게 나타났다. 어떤 유아는 색깔을 먼저 칠하고 후에 건반을 연주하였고, 다른 유아는 익숙한 음악인 〈비행기〉와 같은 쉬운 음악의 가락을 건반으로 연주하며 악보에 색깔을 기록하는 모습을 보였다.

후에 유아들은 자신이 만든 색깔 악보에 이야기를 붙여 노래를 만들어 놀이할 수 있었다. 유아들이 만든 노래들을 교사는 생활 속 노래로 불러 볼 수 있도록 음악 책으로 만들어 유아들이 성취감을 가질 수 있도록 하였다.

• 교사놀이 지원 실제 •

- 색깔 악보 만들기는 가락을 많이 탐색하고, 1:1 대응을 할 수 있는 유아의 수준을 고려하여 제공한다.
- 유아들의 음악 만들기 놀이를 지지하기 위해 유아들이 만든 음악을 녹음하여 감상할 수 있도록 하고, 성취감을 느낄 수 있게 지원하며 이야기를 넣어 유아들만의 새 노래를 만들 어 볼 수 있게 하였다. 또한 유아들이 각각 만든 멜로디에 맞추어 노래 이야기를 짓고, 아이들의 노래를 학급의 생활 속에서 부르며 지낼 수 있도록 지원하였다.

CHAPTER 09

음악교육의 통합적 접근

유치원 현장에서는 교육과정 운영을 위해 흔히 교실에서 생활주제를 전개해 간다. 생활주제는 유아의 주변 생활 속에서 유아에게 의미 있고 가치 있는 내용을 교육과정으로 조직하고 구성하기 위한 적절한 방법이다(Bredekamp & Rosegrant, 1992; Gatzke, 1991). 유아는 분리된 내용영역이 아니라 통합된 전체 경험을 통해 주변을 배워 나간다(Williams & Fromberg, 1992). 이에 생활주제의 통합적 운영은 유아가 분리된 교과영역으로 학습해서는 아니됨을 강조한다(이기숙, 2008).

개정 누리과정(교육부 · 보건복지부, 2019)에서 제공하는 교육내용은 모두 5개 영역으로 신체운동 · 건강, 의사소통, 사회관계, 예술경험, 자연탐구로 구분된다. 개정 누리과정은 59개 내용을 유아가 경험해야 할 내용으로 제시하였다. 59개 내용은 유아의 놀이에서 통합적으로 나타나는 경험으로 5개 영역의 내용을 놀이와 연결 지을 수 있는 통합적 이해를 중요하게 설명한다.

유아의 음악교육은 5개 영역 중 예술경험과 밀접한 관련을 갖고 있다. 예술경험 영역은 아름다움 찾아보기, 창의적으로 표현하기, 예술 감상하기의 세 가지 내용범주로 구분되어 있다. 위의 세 가지 예술경험의 내용범주에 따라 생활주제의 흐름을 제시하고, 개정 누리과정에서의 5개의 영역이 어떻게 통합적으로 나타났는지 사례를 통해 살펴보겠다.

1. 3세: 소리

생활주제 **소리** 3세

▣ 놀이의 배경

유아를 둘러싸고 있는 친숙한 환경 요소 중 생활 속에서 들을 수 있는 다양한 '소리'가 있다. 소리 생활주제를 다룰 때 3세 유아들은 자연과 일상생활에서 나는 소리를 듣고 탐색해 볼 수 있다. 신체를 이용하여 소리를 만들어 보거나 다양한 놀이를 통해 소리를 표현하며, 소리의 특성과 아름다움을 감상하고 즐긴다.

다음의 사례는 2학기 3세 학급에 음률영역이 새롭게 구성되었다. 유아들은 악기의 다양한 소리에 관심을 갖는 것으로 주제가 출발한다. [그림 9-1]에서 보이는 것처럼 생활주제 소리는 여러 가지 악기의 소리에 관심을 갖게 되며 탐색하고, 표현하고, 감상하는 것을 경험하였다. 이후 유아들은 악기 소리 외에도 일상생활 속에서 들을 수 있는 친숙한 소리에서부터 생활도구의 소리를 찾아보고, 표현하고, 감상하는 흐름으로 전개되었다.

| 그림 9-1 | 놀이의 흐름과 교사의 지원

놀이	여러 가지 악기 소리 내며 놀이하기
예술경험 내용범주	아름다움 찾아보기 – 여러 가지 악기 소리 즐기기
5개 영역의 통합적 이해	예술경험〉 • 아름다움 찾아보기: 여러 가지 악기 소리를 느끼고 즐긴다. 자연탐구〉 • 생활 속에서 탐구하기: 여러 가지 악기의 특성과 변화를 여러 가지 방법으로 탐색한다.

"콩알들이 움직여서 빗소리처럼 들린다."
"이렇게 비비면 소리가 난다."
"크기가 더 커질수록 점점 큰 소리가 나는 것 같아."

3세 유아들은 학급에 새롭게 배치된 음률영역에서 다양한 악기를 탐색하며 놀이하는 것을 즐겼다. 두드리기, 흔들기, 부딪혀 보기 등 다양한 방법으로 악기를 탐색하며 각 악기의 음색 차이를 인식하게 되었다. 또한 악기의 재질과 형태 등의 특징에 따라 소리가 차이가 남을 발견하게 되었다.

> 교사는 유아들이 다양한 악기의 소리에 관심을 갖고, 음색의 차이를 인식하며 놀이할 수 있도록 상호작용한다.

놀이	악기 연주장 만들어 놀이하기
예술경험 내용범주	창의적으로 표현하기 – 악기 연주장 만들어 놀이하기
5개 영역의 통합적 이해	예술경험〉 • 창의적으로 표현하기: – 신체, 사물, 악기로 간단한 소리와 리듬을 만들어 본다. – 다양한 미술재료와 도구로 악기를 만들어 자신의 느낌을 표현한다. 사회관계〉 • 나를 알고 존중하기: 악기 연주를 하며 나의 감정을 표현한다. • 더불어 생활하기: 친구와 서로 재미있게 놀이한다.

"내가 지휘자야. 내가 막대를 위로 하면 크게, 아래로 내리면 작게 하는 거야."
"나는 요구르트 병에 단추를 넣어서 악기를 만들었지."
"곰 세 마리 노래 부르며 악기 연주하자."

악기를 연주하는 것에 흥미를 느끼게 된 유아들은 음률영역에서의 놀이를 쌓기영역으로 확장하였다. 친구들과 함께 블록으로 쌓기영역에 연주장을 만들어 악기를 배치하고, 지휘자가 되어 소리의 빠르기나 크기를 조절하기도 하고, 함께 노래 부르며 악기 소리를 표현하는 것을 즐겼다. 또한 실제 악기 이외에도 재활용품으로 악기를 만들어 놀이에 사용하였다.

교사는 유아의 흥미를 지속할 수 있도록 음률영역에서 쌓기영역으로 놀이영역을 통합할 수 있도록 환경을 지원한다. 악기 연주하며 표현하는 것을 지지할 수 있도록 유아들에게 친숙한 음원과 오디오를 제공해 줄 수 있다.

놀이	악기 연주 감상하기
예술경험 내용범주	예술 감상하기– 인사 초청하여 악기 연주 감상하기
5개 영역의 통합적 이해	예술경험〉 • 예술 감상하기: 악기 연주를 감상하며 즐긴다. 의사소통〉 • 듣기와 말하기: 악기 연주를 감상하고 자신의 느낌을 말한다. 사회관계〉 • 더불어 생활하기: 서로 다른 생각, 느낌을 존중한다.

"그 악기 본 적 있어요."
"어떻게 연주하는 거에요?"
"나는 좀 소리가 커서 무서웠어요."
"나는 기분이 좋았는데."
"곰 세 마리도 연주할 수 있어요?"

악기 연주 놀이에 흥미를 갖고 지속하고 있는 유아들에게 경험해 보지 못한 악기를 감상할 수 있는 기회를 제공하였다. 이에 학부모 중에서 전문 연주가들을 초청하여 피아노, 첼로, 아쟁 악기 등의 연주를 감상하였다. 유아들은 음악을 감상하는 태도에 주의를 기울이게 되었다. 또한 감상한 후 자신의 느낌을 나누며 서로 생각이 다를 수 있다는 것을 인식하였다.

교사는 유아들에게 아름다운 연주를 감상할 수 있도록 전문가를 학부모나 지역사회에서 초청한다. 전문가와 협의하여 유아들에게 악기의 연주법이나 소리의 특성 등을 유아의 연령 수준에 맞추어 감상할 수 있도록 준비하며, 유아들이 학급에서 배운 친숙한 노래들을 불러 볼 수 있도록 반주를 요청한다.

놀이	생활 속 주변에 들리는 소리 찾기
예술경험 내용범주	아름다움 찾아보기 – 주변의 소리 찾기
5개 영역의 통합적 이해	예술경험〉 • 아름다움 찾아보기: 주변 생활에서 소리를 느끼고 찾는다. 자연탐구〉 • 탐구과정 즐기기: 주변 생활에서 들을 수 있는 소리에 관심을 갖는다.

"바깥놀이터에 수돗가에서 물소리가 들려."
"닭들이 꼬꼬댁 하는 소리도 찾았어."
"화장실에서 물 내리는 소리도 있지."
"냄비 뚜껑을 이렇게 짝 하면 소리도 들려."
"교실 안이랑 밖에서 들리는 소리가 달라."

악기 소리 이외에도 유아들이 생활 속에서 어떤 소리를 들을 수 있는지 이야기 나눈다. 유아들은 교실, 바깥놀이터, 화장실, 사육장 등 각 장소마다 여러 소리들이 있다는 것을 발견하고, 소리를 기록하는 방법에 대해 나누고 주변에서 소리를 찾아보며 탐색한다.

교사는 3세 유아들에게 소리를 기록할 수 있는 방법(녹음기, 캠코더, 보이스레코드 등)을 제안할 수 있으며 소그룹으로 주변에서 소리를 찾아 볼 수 있도록 안내한다. 생활 장소에 따라 들리는 소리를 분류해 볼 수도 있다.

놀이	생활 도구로 소리 만들어 연주하기
예술경험 내용범주	창의적으로 표현하기 – 생활도구로 소리 표현하기
5개 영역의 통합적 이해	예술경험〉 • 창의적으로 표현하기: 생활 도구를 사용하여 소리와 리듬을 만들어 본다. 사회관계〉 • 더불어 생활하기: 서로 다른 생각과 행동을 존중하여 즐겁게 지낸다. 신체운동·건강〉 • 안전하게 생활하기: 일상에서 안전하게 놀이하고 생활한다.

"주걱으로 프라이팬을 치면 종소리 같아."
"뚜껑을 살짝 치는 것도 종소리처럼 들리는데."
"너희들 소리가 너무 시끄러워!"
"막 두드려야 신나는데."
"바깥으로 나가서 놀이할까?"

유아들은 생활 속에서 소리를 낼 수 있는 다양한 사물이 있음을 인식하게 되었다. 특히, 유아들은 역할놀이에서 사용되는 냄비, 국자, 도마, 숟가락, 프라이팬 등 주방도구들을 가지고 부딪치고, 두드리고, 긁는 등 소리를 내어 보며 소리를 표현하는 것을 즐겼다. 주방 도구를 사용하여 소리를 표현하는 것은 즐거운 놀이였지만, 주변의 다른 놀이를 즐기는 유아들과 소음으로 인해 갈등을 겪기도 하였다. 이에 유아들은 다른 친구들에게 불편을 주지 않고, 신나게 악기를 두드리며 마음껏 연주할 수 있는 실외 장소로 이동하게 되었다.

> 다양한 재료와 사물들을 사용하여 소리를 낼 수 있는 방법을 충분히 탐색하도록 한다. 유아들의 흥미와 관심이 확장된 사물(주방 도구)에 대해 교사는 자료들을 준비해 주고, 실내에서 놀이하며 연주하는 것이 안전이나 환경적으로 제약이 있다면 실외로 장소를 전이하도록 할 수 있다.

놀이	주방 음악회 난타공연하기
예술경험 내용범주	창의적으로 표현하기 – 주방 음악회 난타 공연하기 예술 감상하기 – 난타 공연 감상하기
5개 영역의 통합적 이해	예술경험〉 • 창의적으로 표현하기: 생활 도구로 소리와 리듬을 만들어 표현한다. • 예술 감상하기: 난타 공연을 감상하며 즐긴다. 신체운동 · 건강〉 • 신체활동 즐기기: 신체를 활용하여 생활 도구를 움직인다. 사회관계〉 • 더불어 생활하기: 친구들과 함께 놀이하는 것을 즐긴다.

"주방 도구로 연주하니까 주방 음악회라고 하자."

"막대 없이 손으로 쳐도 소리가 나."

"멋쟁이 토마토 노래 틀어 주세요."

"막 두드릴 때보다 같이 토마토 노래 맞추어 하니까 듣기가 좋다."

"이거 다람쥐반 친구에게 들려줄까?"

유아들은 주방 도구와 여러 가지 악기를 사용하여 연주하는 것을 즐기게 되었다. '주방 음악회'라는 놀이 명칭을 정하고, 도구를 활용하여 유아들은 소리를 크게, 작게, 빠르게, 느리게 연주하는 방법을 탐색하고 표현하는 경험을 가졌다. 그리고 친숙한 동요에 맞추어 도구와 악기들을 연주하는 것을 즐기며 참여하였다.

유아들은 자신들의 연주를 다른 사람들에게 들려주기를 원하였고, 주방 음악회(난타공연)을 진행하기로 하였다. 이에 다른 학급의 유아들을 초대하여 연주를 들려주고 성취감을 느끼는 경험을 하였다.

유아들과 놀이의 명칭을 정하고, 어떤 악기와 도구를 활용하여 놀이 공간을 만들지 협의하여 함께 준비한다. 참여하고자 하는 유아들이 자발적으로 참여할 수 있도록 하며, 3세 수준에 맞는 친숙한 동요와 음악으로 연주하도록 지원한다.

2. 4세: 동물

생활주제 **동물** 4세

▣ 놀이의 배경

본 생활주제는 유아가 좋아하는 동물에 관심을 갖고 탐구하며 인간과 동물이 자연 속에서 더불어 살아가는 관계임을 알아가고 이를 실천해 가는 삶의 태도를 기르는 데 핵심이 있다. 유아가 궁금한 동물의 움직임, 울음소리, 사는 곳, 먹이 등의 특성을 알아보고 지속적인 호기심을 가지고 탐구할 수 있도록 주제를 선정하였다.

다음의 사례는 4세 유아들이 바깥놀이터 사육장의 닭, 토끼에 관심을 갖게 되면서 주제가 시작되었다. 유아들은 유치원 놀이터에 찾아오는 새들의 소리, 닭장의 닭 울음소리를 감상하며 동물의 울음소리에 대한 흥미를 갖게 되면서 놀이가 진행되었다. 한편 자신들이 좋아하는 동물들의 생김새 및 움직임의 특징에 흥미를 가진 유아들은 동물들의 생김새와 움직임에 대해 관찰하고 신체로 표현하며 [그림 9-2]와 같이 놀이가 진행되었다.

| 그림 9-2 | 놀이의 흐름과 교사의 지원

유치원 사육장의 동물에 관심 가지기

유치원에서 기르는 동물에 지속적인 호기심을 갖고 있는 유아들의 흥미를 발견하기

동물 울음소리에 흥미 느끼기

동물의 울음소리에 관심을 갖고 있는 유아들에게 실제 울음소리를 들어보고 탐구할 수 있도록 지원하기

동물들의 노래자랑 인형극

유아들이 발견한 동물들의 울음소리 특징을 적용하여 이야기 지어 극놀이를 할 수 있도록 지원하기

동물 만들기

유아가 좋아하는 동물의 생김새나 특성 등을 인식하고 표상할 수 있는 기회 제공하기

동물들의 움직임 신체놀이하기

동물들의 움직임을 인식하고 신체로 표현할 수 있는 놀이경험 제공하기

신체를 활용한 그림자 음악극

신체를 활용하여 동물의 모습을 그림자로 표현하는 놀이경험 제공하기

놀이	유치원에서 볼 수 있는 동물에 관심 가지기

예술경험 내용범주	아름다움 찾아보기–자연에서 동물의 울음소리, 움직임을 특징을 느끼고 찾아본다.

5개 영역의 통합적 이해	예술경험〉 • 아름다움 찾아보기: 자연 속 동물들의 특성을 찾아보고 관심을 갖는다. 자연탐구〉 • 자연과 더불어 살기: 주변 동물에 대해 지속적으로 호기심을 가진다.

유아들은 유치원에서 기르는 토끼와 닭에 흥미를 갖게 되었다. 유아들은 매일 닭과 토끼에게 먹이를 주며 생김새를 지속적으로 관찰하였다. 그리고 닭의 울음소리, 토끼의 움직임 등을 발견하며 유아들의 관심과 흥미는 동물의 울음소리와 움직임에 대해 관심이 확장되었다.

"토끼가 먹이를 먹을 때 잎을 오물오물 거리면서 먹어."
"토끼가 깡충깡충 뛰기도 하고, 살금살금 움직이기도 해."
"토끼 귀가 쫑긋 위로 올라가지 않고, 옆에 찰싹 붙어 있어."
"토끼는 소리가 없는데, 닭은 꼬꼬꼬꼬 소리를 내."
"닭들은 계속 목을 앞으로 뒤로 계속 움직이며 걸어."
"왜 이렇게 목을 움직이는 거야."
"언제 꼬끼오~ 하고 우는 거지? 우리 유치원 닭들은 길게 울지 않네."

교사는 유아들이 흥미를 보이는 토끼와 닭을 지속적으로 관찰할 수 있도록 교육환경을 제공하며, 유아들의 관찰사항을 기록하며 무엇에 관심을 갖는지 발견한다.

놀이	동물의 울음소리를 목소리로 흉내 내어 보기
예술경험 내용범주	아름다움 찾아보기 – 자연에서 동물의 울음소리를 느끼고 찾아본다.
5개 영역의 통합적 이해	예술경험〉 • 아름다움 찾아보기: 자연 속 동물들의 울음소리의 차이를 느끼고 찾아본다. • 창의적으로 표현하기: 목소리를 사용하여 동물의 울음소리를 흉내 내어 본다. 자연탐구〉 • 탐구과정 즐기기: 동물의 울음소리를 주의 깊게 들으며 즐겁게 탐구한다. 의사소통〉 • 듣기와 말하기: 동물의 울음소리를 자신이 느낀 생각대로 목소리나 의성어로 자유롭게 표현할 수 있다.

유아들은 닭장의 울음소리, 나무 위의 새소리 등을 듣고, 녹음을 하여 닭과 새의 울음소리는 어떻게 차이가 있는지 탐색하였다.

"닭은 꼬꼬꼬꼬 꼬꼬꼬꼬 계속 똑같은 소리를 내."
"새는 삐로롱~ 하면서 예쁜 소리를 내."

교사는 유아들과 녹음된 소리를 들으며 새소리가 모두 똑같이 들리는지 상호작용하였다. 유아들은 새소리가 다르다는 것을 발견하였다.

"새소리는 다 똑같이 들리니?"
"잘 들어보면 새소리가 모두 똑같지 않고 다른데?"
"새가 생긴 게 다르잖아요. 그러니까 새들 목소리도 다르지요."
"근데, 까마귀는 까까까까 하면서 너무 시끄럽지 않아?"

유아들은 닭과 새소리 외에도 다른 동물들의 울음소리에 관심이 확장되며 이야기를 나누었다.

"사자는 진짜 무섭게 울잖아요."
"우리집 강아지가 더 소리가 큰 것 같은데?"
"동물의 소리를 들어 보았니?"
"큰 개가 짖는 소리 들었어요."
"밤에 고양이가 우는 소리도 들었어요, 미야옹~ ."

교사는 유아들에게 다양한 동물들의 울음소리를 오디오로 들려주며 어떤 동물의 울음소리일지 유아들과 탐구하였다. 유아들은 동물의 울음소리를 발성이나 의성어로 흉내 내며 표현하였다. 유아들은 동물의 음색이 다르다는 것을 인식할 수 있었다.

"이 소리는 소예요, 음메~."
"지금은 강아지 소리인데, 월월월~."

교사는 유아들이 동물 울음을 목소리로 표현하는 것에 즐거움을 느끼는 것을 확인하였다. 그리고 유아들이 목으로 동물 소리 흉내를 내어 목소리 수수께끼를 할 수 있도록 놀이를 지원하였다.

"너희들이 동물 목소리를 흉내 내서 수수께끼를 만들어 보자."
"나는요, 나는요, 꽥꽥꽥꽥 소리를 내는 동물이에요."
"나는요, 나는요, 오~우~~~~~~~~~ 소리를 내는 무서운 동물이에요."

교사는 관심 있어 하는 동물들의 실제 울음소리를 자료로 제공하여 동물의 음색을 탐구할 수 있도록 지원하였으며, 유아들이 동물 목소리를 발성이나 의성어로 표현할 수 있는 언어적인 지원과 목소리를 녹음하여 수수께끼 놀이로 진행될 수 있도록 놀이의 활력을 불어 주는 지원자가 된다.

놀이	동물들의 노래자랑 인형극
예술경험 내용범주	창의적으로 표현하기-동물들의 울음소리를 활용하여 극놀이로 만들어 표현한다.
5개 영역의 통합적 이해	예술경험〉 • 아름다움 찾아보기: 자연 속 동물들의 울음소리의 차이를 느끼고 찾아본다. • 창의적으로 표현하기: 목소리를 사용하여 동물의 울음소리를 흉내내어 본다. 사회관계〉 • 더불어 생활하기: 친구와 즐겁게 극놀이에 참여한다. 의사소통〉 • 책과 이야기 즐기기: 말놀이와 이야기 짓기를 즐긴다.

동물들의 울음소리에 흥미를 갖고 놀이하던 유아들은 손인형을 사용하여 이야기 꾸미기를 하였다. 교사는 유아들의 이야기 꾸미기를 옆에서 관찰하며 어떤 이야기가 지어지는지 감상하였다. 유아들은 동물들이 서로 자신의 목소리가 가장 크고 예쁘다며 자랑하는 이야기를 지었다.

"어떤 이야기니?"

"내 목소리가 제일 멋져! 하면서 동물들이 자신의 목소리가 제일 멋지다고 자랑하는 거예요."

"너희들이 지은 이야기를 가지고 손인형극을 들려 줄 수 있겠니?"

유아들은 자신들의 이야기를 완성하여 학급 친구들에게 '동물들의 노래자랑' 이라는 인형극을 들려주며 놀이하는 경험을 가졌다.

유아들이 이야기를 꾸미는 순간에 교사는 옆에서 놀이를 관찰하고, 놀이가 극놀이로 확장될 수 있도록 지원하였다. 극놀이를 준비하며 극놀이에 필요한 배경, 소품, 역할 나누기 등을 유아들과 함께하며 놀이에 활기를 불어넣어 준다. 유아들이 예술적인 경험을 할 수 있는 기회를 제공한다.

놀이	동물 만들기
예술경험 내용범주	창의적으로 표현하기 – 동물의 모습을 다양한 재료로 자신의 생각과 느낌을 표현한다.
5개 영역의 통합적 이해	예술경험〉 • 창의적으로 표현하기: 유아들이 자신의 생각과 느낌을 다양한 재료로 표현한다. 자연탐구〉 • 생활속에서 탐구하기: 각 재료의 특성을 사용하여 동물의 특징을 탐색하며 표상한다.

유아들은 자신들이 좋아하는 동물들을 다양하고 개별적인 방법으로 표현하였다. 재활용품을 사용하여 입체로 표상하기도 하고, 그림으로 그리거나, 블록으로 동물의 생김새를 관찰하여 표현하였다. 교사는 유아들이 자신 있어 하고 즐기는 놀이 활동으로 표현할 수 있도록 지원하였다.

"타조는 긴 목과 다리가 멋져요. 그래서 저는 긴 통으로 타조를 만드는 거에요."

"고슴도치는 뾰족뾰족한 가시가 있어요."

"고슴도치의 가시를 그림으로 뾰족뾰족하게 표현했구나."

"저는 제가 토끼가 되고 싶어요. (블록 안에 얼굴이 보기에 하면서) 그래서 제 얼굴이 토끼예요."

교사는 유아들이 흥미 있어 하는 동물의 생김새나 특징 등을 유아들이 인식하고 표상할 수 있는 다양한 기회를 제공한다. 재활용품을 사용하여 만들기, 그림으로 그리기, 블록으로 만들기 등 다양한 매체로 유아들이 발견한 동물들의 특징을 표현할 수 있는 놀이의 기회를 제공한다.

놀이	동물들의 움직임 신체 놀이하기
예술경험 내용범주	창의적으로 표현하기 –신체를 활용하여 움직임과 춤으로 동물의 움직임을 표현한다.
5개 영역의 통합적 이해	예술경험〉 • 창의적으로 표현하기: 신체를 활용하여 움직임과 춤으로 동물들의 움직임을 표현한다. 신체운동·건강〉 • 신체활동 즐기기: 신체를 인식하고 움직인다. 신체의 움직임을 조절한다.

유치원 사육장의 닭의 움직임, 토끼의 생김새나 움직임, 까치가 겅중겅중 뛰며 걸어가는 모습들을 탐색한 유아들은 동물들의 생김새와 움직임에 흥미를 가졌다. 교사는 유아들에게 유아들이 놀이하며 알게 된 동물들의 움직이는 모습을 표현할 수 있도록 놀이의 경험을 제공하였다.

"민재는 엎드려서 거북이처럼 느리게 기어가는구나."
"가연이는 두 발을 모아서 캥거루처럼 뛰고 있구나."

교실에서 유아들은 동물의 사육제 음악을 감상하며, 거북이, 물고기, 캥거루의 움직임을 신체로 표현하였다. 또한 꼬리가 있는 동물들처럼 꼬리를 달고 움직이는 놀이를 하거나 동물들의 특징을 살려 동물 요가 해 보기의 다양한 신체표현 놀이를 하였다.

"엉덩이를 움직이기도 하고, 흔들기도 하면서 꼬리를 움직여 춤을 추는구나."
"오른쪽 다리를 쭉 뻗어서 고양이 꼬리를 만들어 표현했구나."

교사는 유아들이 동물의 움직임을 관찰하고 음악 감상을 통해 신체로 표현할 수 있는 놀이 기회를 제공하였다. 유아들이 신체 활동을 할 때 놀이의 내용에 적절한 음악을 선정하여 유아들의 표현을 확장시킬 수 있도록 한다.
음악을 듣고 동물들의 움직임을 표현하는 유아들의 신체동작을 교사는 그대로 읽어 주며 상호작용한다.

놀이	신체를 활용한 그림자 놀이+그림자 음악극
예술경험 내용범주	창의적으로 표현하기 – 신체를 활용하여 동물의 모습을 창의적으로 표현한다.
5개 영역의 통합적 이해	예술경험〉 • 창의적으로 표현하기: 신체를 활용하여 동물의 모습을 창의적으로 표현한다. 신체운동·건강〉 • 신체활동 즐기기: 신체를 조절하여 동물 모습을 표현한다. 자연탐구〉 • 탐구과정 즐기기: 동물의 생김새를 즐겁게 탐구한다. 그림자를 만드는 과정에 즐겁게 참여한다.

동물들의 생김새와 움직임을 신체로 다양하게 표현한 유아들은 신체표현 놀이를 즐거워하였다. 이에 교사는 유아들이 자신의 동작을 그림자로 비추어 동물의 형상으로 만들어 보며 감상할 수 있게 하였다.

"코끼리 코같지? 그림자로 보면 진짜 코끼리 같아."
"나는 독수리야."

"몸을 어떻게 해서 동물을 만들었니?"
"팔을 뻗고 코를 잡아서 코끼리처럼 만들었어요."
"손바닥을 쫙 펴고, 합쳐서 독수리 만들었어요."
"오, 난 손바닥 다 펼치니까 게 같지 않아?"

충분한 시간을 갖고 그림자 놀이를 탐색한 유아들은 동물 그림자를 활용하여 그림자 극놀이를 하기로 결정하였다. 유아들은 〈동물의 사육제〉 음악에 맞추어 이야기를 짓고, 그림과 신체를 활용한 그림자 극을 만들어 학급 유아들과 함께 감상하는 경험을 가졌다.

> 교사는 유아들이 신체를 활용하여 그림자를 만들어 볼 수 있는 넓은 공간을 제공하고 유아들이 자유롭게 놀이할 수 있도록 한다. 유아들이 자신의 동작을 회상하고 어떻게 신체를 조절하여 동물 그림자를 만들어 보았는지 평가할 수 있도록 교사는 상호작용한다.
> 교사는 유아들이 흥미 있어 하는 그림자 만들기 놀이를 적용하여 그동안 동물의 특성에 대해 탐구해 온 과정들을 생상스의 〈동물의 사육제〉 음악에 맞춰 그림자 음악극으로 만들어 보는 놀이로 확장시켰다.

3. 5세: 우리나라

생활주제 **우리나라** 5세

▣ 놀이의 배경

5세 유아들은 자아중심적인 사고에서 주변의 환경과 세계에 대해 관심이 확장되는 시기이다. '우리나라' 생활 주제는 유아 스스로가 능동적인 역사의 주체자임을 느끼고 각자 자신의 위치에서 우리나라의 과거, 현재, 미래의 모습이 서로 연관되어 발전하는 것임을 경험할 수 있도록 '우리나라의 놀이와 예술', '우리나라의 역사', '우리나라의 자랑거리'를 주제로 다룰 수 있다.

다음의 사례는 5세 유아들이 사물놀이 풍물패의 공연을 감상하고 우리나라의 악기에 관심을 갖게 되며 놀이하게 된 과정이다. 또한 우리나라의 전래 동요, 전래 동화이야기, 전통춤 등을 경험하면서 '우리나라의 예술'에 대해 깊이 있게 놀이하고 종합예술로서의 마당극 놀이를 하였다.

| 그림 9-3 | 놀이의 흐름과 교사의 지원

놀이	사물놀이 감상하기
예술경험 내용범주	예술 감상하기 – 우리나라 전통 예술에 관심을 갖고 친숙해진다.
5개 영역의 통합적 이해	예술경험〉 • 아름다움 찾아보기: 사물놀이의 악기와 장단에 흥미를 갖는다. 사회관계〉 • 사회에 관심가지기: 우리나라의 예술에 관심을 갖고 자부심을 가진다.

유치원에서 유아들은 대학 동아리 풍물패의 사물놀이를 감상하게 되었다. 신나는 장단과 연주에 흥미를 갖고 감상하며 즐거움을 느끼게 되었다.

"너무 신나요."
"소리가 너무 큰 것 같은데?"
"소리가 크니까 신이 나지!"

유아들은 사물놀이 공연에서 풍물패가 몸을 움직이며 장단을 맞추는 모습, 화려하게 장구를 두드리는 모습, 추임새를 넣어 사물놀이를 하는 것에 흥미를 느꼈다.

"막대로 엄청 빠르게 두드리는 거 봤어?"
"고개를 막 흔들면서 연주해."
"손도 바꿔서 악기를 쳐. 신기해."
"얼쑤! 하면서 말도 해."

풍물패가 유아들에게 사물놀이 악기를 소개해 주고, 어떤 의미를 가진 악기인지 설명해 주며 각 악기의 음색의 차이를 연주하여 소리를 탐색하게 하였다. 이후 유아들이 사물놀이 악기에 관심이 높아진 것을 관찰한 교사는 사물놀이 악기와 관련된 책 등을 준비하여 제공하였다.

교사는 유아들이 다양한 예술을 감상할 수 있도록 지역사회의 인프라를 교육과정에 잘 활용한다. 또한 유아들의 관심이 지속될 수 있도록 관련 자료를 제공하여 탐색할 수 있는 교육환경을 구성한다.

놀이	사물놀이 악기 연주하며 놀이하기
예술경험 내용범주	창의적으로 표현하기 – 사물놀이 악기로 소리를 내어 보며 자유롭게 표현한다.
5개 영역의 통합적 이해	예술경험〉 • 예술 감상하기: 우리나라 전통 악기에 관심을 갖고 친숙해진다. 자연탐구〉 • 탐구과정 즐기기: 악기를 연주하며 악기의 음색을 탐구하는 과정에 즐겁게 참여한다.

유아들은 징, 꽹과리, 북, 장구의 소리를 탐색하며 손으로 두드리기, 채로 두드리기 등 소리를 내어 즐겁게 연주하였다. 사물악기 소리를 들어 보며 각 악기의 음색이나 특징을 인식하였다.

"제일 가볍고 경쾌한 느낌은 꽹과리인 것 같아."
"징은 한 번 치면 소리가 오래 들려."
"장구는 여기(조리개)를 조였다가 풀면 소리가 달라져."
"북은 옆에도 치고, 딱딱한 나무 부분도 칠 수 있는데 소리가 달라."

사물악기에 관심을 갖고 연주하며 놀이하던 중 학급 유아들은 교실 안에서 소리가 너무 크게 들리는 점에 대한 문제로 갈등이 나타났다.

"악기 소리가 너무 커서 시끄러워요."
"다른 놀이를 하는 데 방해가 된단 말이야."

교사는 유아들과 문제를 어떻게 해결할지 협의하였다. 이에 유아들은 바깥놀이터에서 연주하는 방법을 제안하였고 놀이시간에 유아들은 바깥놀이터와 교실 공간을 사용하며 자유롭게 놀이할 수 있었다.

"바깥놀이터에 돗자리를 깔고 거기서 연주하면 다른 친구들에게 방해되지 않을 것 같아요."
"우리도 마음껏 연주할 수 있겠어요."

유아들이 악기를 연주하며 탐구하는 과정을 관찰한다. 유아들의 문제 상황을 해결하기 위해 협의하고 유아들의 놀이가 유지될 수 있도록 공간을 이동하여 진행할 수 있다.

놀이	전통 장단 연주하기
예술경험 내용범주	창의적으로 표현하기 – 전통 장단을 느끼고, 표현해 본다.
5개 영역의 통합적 이해	예술경험〉 • 창의적으로 표현하기 : 소고, 장구, 북, 꽹과리 등의 전통 악기로 장단을 익히고 표현해 본다. 신체운동 · 건강〉 • 신체활동 즐기기: 신체를 조절하여 자유롭게 움직이며 전통장단의 리듬을 몸으로 느껴 본다.

전통 악기의 음색을 탐색한 유아들에게 교사는 유아들의 수준에서 연주할 수 있는 쉬운 장단부터 안내하였다. 입으로 먼저 장단 구음을 익히고, 신체를 사용하여 두드리고 장단을 느껴 볼 수 있도록 하였다.

장단이 익숙해진 유아들은 교사와 함께 전통 장단을 탐구하며 소고와 장구 등의 악기로 연주하며 놀이하였다.

"우리나라 전통 장단이야, 어떻게 연주하는지 선생님이 들려줄게."

유아들은 오랜 시간동안 전통악기를 연주하고 장단을 익히며 놀이하였다. 장단이 익숙해지자 유아들은 〈아리랑〉 노래를 부르며 장단과 함께 연주하는 모습을 보였다.

♫ "아~리랑~, 쓰~리랑~, 아라~리요."
"옛날 노래에 맞추어 연주하니까 옛날 사람이 된 것 같아."

> 교사는 전통장단을 안내할 때 구음, 신체로 두들기기, 악기로 연주하기 순의 단계적 접근을 하였다. 유아들의 수준에서 어렵지 않은 장단을 교사가 완벽히 익히고 안내해야 한다. 이후 장단이 익숙해질 수 있도록 유아들에게 충분한 시간을 제공한다.

놀이	전래 동화, 전래 동요, 전통춤 감상하고 즐기기
예술경험 내용범주	예술 감상하기 - 우리나라 전래 이야기, 동요, 전통춤에 관심 갖고 친숙해진다.
5개 영역의 통합적 이해	예술경험〉 • 창의적으로 표현하기: 한삼, 부채 등으로 전통춤을 자유롭게 표현한다. 의사소통〉 • 책과 이야기 즐기기: 우리나라 전래 동화 이야기에 관심을 가지고 상상하기를 즐긴다.

우리나라 주제를 진행하며 '우리나라 음악과 악기' 외에도 유아들은 전래 동화, 전래 동요, 전통춤 등의 다른 분야에도 관심을 확장하였다.

유아들은 판소리로 듣는 〈흥부와 놀부〉 이야기를 자원인사를 통해 감상하게 되었다. 이 경험을 통해 유아들은 다양한 전래 동화 이야기를 알아보고 책을 보는 것을 즐기게 되었다. 또한 유아들은 이야기를 판소리와 같이 노래로 표현할 수 있다는 것을 경험하며 새로운 이야기 표현 방식에 흥미를 느끼게 되었다.

"이야기를 선생님이 노래 부르면서 들려주어서 재미있었어요."

이에 교사는 유아들에게 전통 마당극을 소개하고 함께 감상하는 시간을 가졌다. 또한 전통 마당극에 우리나라 노래에 맞추어 춤 추는 장면 등이 들어가는 것을 발견한 유아들은 '우리나라의 춤'에 대해도 관심을 갖고 탐구하였다.

"부채로 추는 춤은 부채춤이에요?"
"난 부채춤 출 거야, 나비처럼."
"나는 탈을 쓰고 탈춤 추는 게 더 재미있을 것 같은데."

유아들은 춤을 추기 위해 필요한 부채, 탈 등을 꾸미기도 하며 미술놀이도 함께 진행하였다. 자신들이 완성한 춤 도구를 가지고 유아들은 전래 동요에 맞추어 전통춤을 춰 보는 경험을 가졌다.

교사는 우리나라의 음악뿐만 아니라 춤, 문학, 전래 동요 등의 예술을 접하고 놀이할 수 있는 경험을 제공하여 준다. 주제를 진행하는 과정에 전문가를 초청하여 유아들이 관심 있거나 경험해 보면 좋을 기회가 있으면 제공하여 준다.

놀이	마당극 놀이 공연하기
예술경험 내용범주	창의적으로 표현하기-춤, 노래, 연주, 극놀이의 종합적인 예술 표현 경험에 참여한다.
5개 영역의 통합적 이해	예술경험〉 • 예술 감상하기: 우리나라 전통 예술인 마당극을 감상한다. 사회관계〉 • 사회에 관심 가지기: 우리나라의 예술에 자부심을 갖는다.

우리나라의 예술인 악기, 이야기, 노래, 춤에 관심을 가진 유아들은 이야기를 지어 마당극 놀이하는 것을 계획하였다. 마당극에 필요한 소품, 배경 그림 등을 그리며 준비하였다. 극의 흐름 안에 탈춤, 부채춤, 사물놀이 연주 등을 넣어 마당극이 풍성하게 이루어질 수 있도록 구성하였다.

"혹부리 영감이 나와서 이야기해 주는 것처럼 이야기를 꾸며요."
"그림도 그리고, 옛날집도 만들어야 할 것 같아."

유아들은 각자가 즐기고 자신 있는 놀이에 참여하여 춤추기, 악기 연주하기, 극놀이하기 등으로 표현할 수 있었다.

"혹부리 영감이 중간에 사자를 만났다고 하면 어떨까?"
"북청 사자놀이처럼 우리가 사자 탈을 만들어서 그때 춤을 추는 거야."
"보석을 찾아서 부자가 되면 기분이 좋으니까 한삼춤을 출까?"
"나는 악기 팀을 해서 중간에 혹부리 영감이 넘어질 때 쿵 하는 소리를 북으로 칠게."

유아들은 마당극에 필요한 것들을 준비하여 '옛날 한마당'이라는 마당극을 준비하여 유치원 친구들을 초대해 공연하였다.

교사는 유아들이 우리나라 전통 악기의 소리에 관심을 갖고, 음색의 차이를 인식하며 놀이할 수 있도록 상호작용한다.
우리나라의 음악, 춤, 전래 동화 이야기 등 다양한 예술을 유아들이 경험하고 종합예술로서 표현할 수 있도록 지원한다.

CHAPTER 10

음악교육을 위한 환경 구성

유아는 자신의 정서와 심동적 상태를 표현하고, 조절하기 위해 음악적 능력을 사용할 수 있다. 유아는 유아교육 기관에서 친구들과 함께 노래 부르기, 연주하기, 춤추기 등을 통해 자신의 감정을 표현하고 해소할 수 있다. 친구들과 즐거움을 공유할 수 있는 음악적 경험은 적절한 환경이 주어졌을 때 적극적이며 창의적으로 나타날 수 있다. 따라서 유아교육 기관에서 가지게 되는 음악적 환경은 유아의 음악적 능력이 최대한 발현될 수 있도록 지원하는 환경이 준비되어야 한다. 본 장에서는 음악교육을 위한 유아교육기관의 환경구성에 대해 살펴보고자 한다.

1. 음률영역 배치하기

유아교육기관에서의 교육환경은 언어, 수·과학, 미술, 조작, 쌓기, 역할놀이 등의 놀이영역으로 구성된다. 유아들이 음악활동을 할 수 있는 음악적 놀이영역은 흔히 음률영역으로 명명된다. 이는 사고와 몸짓이 분리되지 않는 유아의 특성, 특히 음악적 사고나 행위가 자연스럽게 몸짓과 연결되는 특성으로 인해 신체표현이 수반되어 일어나는 경우가 많아 음악적 환경을 음악과 동작이 어우러지는 공간으로 이해하기 때문이다(하정희 외, 2014).

유아교육현장에서 유아들의 음악활동은 교실의 음률영역에서 나타나는 비중이 크다. 음률영역은 유아가 주변에서 음악의 아름다움을 들으며 탐색하고, 즐겁게 노래를 부르며 음악에 맞추어 자유롭게 신체를 움직여 표현하고 자신의 느낌을 악기 연주로 표현하여 음악을 만드는 창의적인 활동을 자극하는 공간이다. 이에 음악 감상하기, 노래 부르기, 신체 표현하기, 악기 연주하기, 음악 만들기의 음악적 활동이 유아교육기관의 생활에서 자연스럽게 일어날 수 있도록 교실의 음률영역을 구성해야 한다.

음률영역은 각 유아교육기관의 교실의 특성에 따라 융통성 있게 배치할 수 있다.

| 그림 10-1 | 유아교육기관의 음률영역 배치의 예

음률영역의 모습

2. 음악활동의 요소 고려하기

음악 감상하기, 노래 부르기, 신체표현하기, 악기 연주하기, 음악 만들기의 음악활동이 다양하게 나타날 수 있도록 환경을 구성한다.

- 유아들이 다양한 음악을 감상할 수 있도록 오디오, 헤드셋, 음악 CD 등을 제공하여 유아들이 직접 자유롭게 조작할 수 있는 조작 방법과 함께 제공한다.
- 노래 부르기는 리듬과 박자가 단순하며 반복되고 유아의 경험과 관련된 내용의 이야기가 있는 노래를 선정하여 노래 부르기를 할 수 있도록 노래판을 제공한다.
- 신체표현의 동작이 창의적으로 이루어질 수 있도록 스카프나, 리본끈 등의 춤 도구를 제공할 수 있으며, 유아들이 자신의 동작을 인식하며 신체를 조절할 수 있도록 전신거울을 배치할 수 있다.
- 악기는 무선율 타악기(탬버린, 심벌즈), 선율 타악기(실로폰, 핸드벨), 가락 악기(피아노, 멜로디언), 현악기(우쿨렐레), 관악기(오카리나, 피리), 전통 악기(장구, 소고) 등 종류, 재질, 연주 방법에 따라 다양한 악기를 배치한다.
- 악기 그림 카드, 색깔 악보 등을 제공하여 그림 패턴이나 색의 1:1 대응을 통해 자유롭게 음악 만들기를 할 수 있는 자료들을 제공한다.

음악 감상 자료

노래판

악기장

춤 도구

색깔 악보

리듬 만들기 자료

3. 유아의 발달적 특성에 적합한 음악 놀잇감과 악기 제공하기

교사는 유아들의 음악적 발달 특성을 고려하여 적합한 놀잇감과 악기를 제공한다. 3세 때는 흔들기, 두들기기, 불기 등의 다양한 감각기관을 사용할 수 있는 요소를 지닌 악기를 제공한다. 4세 때부터는 실제성이 높은 것을 선호하므로 플라스틱 등으로 만든 놀잇감 악기보다는 실제 악기를 제공하는 것이 적합하다. 5세는 멜로디를 인식하고 재현하거나 즉흥연주를 즐기는 시기이다. 실로폰, 핸드벨, 키보드와 같은 선율이 있는 악기를 제공할 수 있다.

3세 악기 연주

4세 악기 연주

5세 악기 연주

4. 음악적 요소를 느끼며 놀이할 수 있는 교수자료 제공하기

음색, 셈여림, 리듬, 빠르기, 선율 등의 음악적 요소를 탐구하며 놀이할 수 있는 교수자료를 제공한다.

- 악기뿐만 아니라 냄비, 나무, 단추, 곡물 등 유아가 속한 주변의 생활과 자연 속에서 음색을 탐색할 수 있는 자료들을 제공한다.
- 코끼리와 생쥐 그림카드 등과 같이 크기가 비교되는 그림카드나 리듬 패턴, 막대 카드 등을 제공하여 유아가 노래를 부르거나 악기를 연주할 때 셈여림, 리듬을 만들어 볼 수 있다.
- 메트로놈 등을 제공하여 일정한 박으로 리듬을 느끼며 빠르기를 탐색할 수 있도록 환경을 제공할 수 있다.
- 색칠 도구와 색깔 스티커 등을 제공하고, 선율을 자유롭게 만들어 볼 수 있는 교수자료를 제공한다.

유아들이 놀이하며 자연스럽게 음악적 요소를 느끼고, 표현할 수 있는 경험을 지원하는 환경을 마련한다.

주방 도구 두드려
음색 탐색하며 놀이하기

리듬카드를 사용하여
노래 부르기

메트로놈 박을 느끼며
노래 & 악기 연주하기

음을 탐색하며 색깔 악보 만들기

5. 놀이영역 간의 통합과 실외로 음악놀이공간 확장하기

음률영역은 고유한 독립적 놀이영역으로서 음악적인 사고와 탐구 표현을 가능하게 한다. 동시에 음률영역은 다른 영역과 통합되어 음악활동에 관심을 증가시키고 새로운 놀이를 가능하게 하므로 음악적 요소의 개념인식과 자유로운 표현능력을 가능하게 한다. 음률영역은 활동적이고 시끄러운 놀이영역으로 쌓기놀이영역이나 역할놀이영역과 인접하여 구성하게 되는 경우가 많다. 이러한 활동적인 두 영역과 음률영역이 통합되어 악기 연주장, 노래 공연장, 소리극 놀이장 등으로 놀이가 확장되어 의미 있는 경험을 할 수 있다. 실내 공간인 교실에서 음악활동을 하는데 소음으로 인하여 문제가 발생한다면 실외에서 자유롭게 음악활동을 할 수 있도록 교사는 놀이환경을 지원할 수 있다.

〈쌓기 · 역할놀이영역과 음률영역의 통합〉

노래 자랑 무대

악기 연주장 구성

소리극 놀이장

〈실외 음악활동공간 전이〉

난타악기 연주장

사물놀이 연주장

참고문헌

강문진(2009). 코다이 교수법이 유아의 음악성에 미치는 효과. 총신대학교 교육대학원 석사학위논문.

강보라(2017). 영유아 음악교육. 서울: 창지사.

고영자(2010). 유아의 리듬악기 활동을 통한 통합적 음악교육의 의미 고찰. 열린유아교육연구, 15(6), 273-293.

곽영숙(2010). 통합적 음악감상 활동이 유아의 음악적 개념에 미치는 영향. 이화여자대학교 교육대학원 석사학위논문.

교육부(2019). 2019 개정 누리과정 해설서.

교육부 · 보건복지부 (2019). 2019 개정 누리과정, 해설서. p. 91~93.

권오선(2019). 영유아음악교육. 경기: 어가.

권오선(2011). Orff 접근법에 의한 음악활동이 유아의 음악표현능력에 미치는 영향. 덕성여자대학교 대학원 석사학위논문.

김경미(2009). 음악적 요소 중심의 탐색적 음악교육활동이 유아의 언어발달에 미치는 영향. 대구대학교 교육대학원 석사학위청구논문.

김선정(2016). 코다이 교수법 기반 집단음악활동이 유아의 창의성과 사회성에 미치는 효과. 서남대학교 대학원 박사학위논문.

김성신(2016). 통합적 음악요소 중심의 음악활동 프로그램이 유아의 음악적 능력 향상에 미치는 영향. 서울신학대학교 대학원 석사학위논문.

김소향 · 안경숙(2011). 그림책과 요리 활동을 활용한 창의적 음악 만들기 활동이 유아의 음악성과 창의성에 미치는 효과. 음악교육연구, 40(3), 85-107.

김영연(2002). 유아음악교육론(개정판). 서울: 학지사.

김유희(2010). 음악기초이론의 이해: 기보에서 화성까지. 서울: 예솔.

김정숙(2010). 고든의 음악학습이론에 근거한 오디음악활동이 만 3세 유아의 음악소질과 친사회적 행동에 미치는 영향.

김진영 · 엄정애 · 이승연(2007). 유아교사를 위한 유아음악교육. 경기: 양서원.

김향숙(2016). 유아의 음악적 흥미 검사도구 개발 및 타당화 연구. 덕성여자대학교 대학원 박사학위논문.

김현(2016). 음악개념에 기초한 유아음악교육 프로그램 개발 및 효과. 조선대학교 대학원 박사학위논문.

김현실(2015). 예술교과통합 음악창작 프로그램이 음악적 창의성에 미치는 영향. 유아교육연구, 44(1), 51-75.

김혜영(2015). 오르프 교수법에 기초한 통합유아음악교육 프로그램 개발 및 효과 검증. 가천대학교 대학원 박사학위논문.

남선옥(2013). 통합적 음악감상활동이 유아의 음악개념 및 음악 창의성에 미치는 영향. 경인교육대학교 교육대학원 석사학위논문.

문성숙 (2013). 그림책을 활용한 음악 활동이 유아의 음악적 창의성에 미치는 영향. 한국유아교육연구, 15(1), 55-80.

민경훈 · 김미숙 · 김선미 · 김신영 · 김영미 · 김지현 · 이가원 · 장근주 · 조대현 · 조성기 · 주희선 · 현경실(2017). 음악 교수학습방법. 서울: 학지사.

박선영(2009). 달크로즈 기법을 적용한 음악치료가 유아의 일상적 스트레스에 미치는 효과. 원광대학교 동서보완의학대학원 석사학위논문.

박소연(2014). 달크로즈 음악활동이 유아의 신체표현능력과 사회 · 정서발달에 미치는 효과. 아동학회, 23(1), 175-197.

박진성 · 신현정 (2009). 수학-음악 통합 집단게임 활동이 유아의 수학능력과 음악능력 향상에 미치는 영향. 유아교육학논집, 13(3), 97-116.

백경민(2018). 오르프 음악활동이 발달지연 유아의 사회적 상호작용에 미치는 영향. 고신대학교 교회음악대학원 석사학위논문.

송미연(2015). 음악개념에 기초한 음악활동이 만 2세 영아의 음악적성에 미치는 영향. 이화여자대학교 교육대학원 석사학위논문.

송여진(2010). 오르프 교수법에 의한 음악교육활동이 유아의 음악적 창의성과 신체표현능력에 미치는 영향. 성신여자대학교 교육대학원 석사학위논문.

송연아(2001). 리듬악기를 이용한 음악활동이 유아의 음악능력 발달에 미치는 영향. 원광대학교 대학원 석사학위논문.

심성경 · 이희자 · 이선경 · 김경의 · 이효숙 · 박주희(2015). 영유아음악교육. 경기: 양서원.

안재신(2004). 유아음악교육. 경기: 교육과학사.

양승희 · 임명희(2011). 그림책 이야기를 활용한 창작 음악활동이 유아의 음악적 창의성에 미치는 효과 탐색. 한국보육학회지, 19-39.

양지애 · 이영애(2011). 유치원 교육활동 지도서의 음악 관련 활동 분석: 음악적 개념, 행동, 태도를 중심으로. 유아교육학회, 31(1), 203-226.

엄정애 · 송정(2008). 유치원 교사의 음악적 개념에 대한 인식 및 활동 수행 정도. 교과교육학연구, 12(2), 471-491.

오연주 · 김혜옥 · 이경실 · 권명희(2013). 유아 동작교육의 이론과 실제. 서울: 창지사.

유승지(2001). 유승지 달크로즈 교실(Ⅰ). 서울: 태림출판사.

유은화(2014). 유아의 음악적 태도와 정서지능 간의 관계. 성신여자대학교 교육대학원 석사학위청구논문.

윤영배(2008). Orff 접근법에 의한 유아 음악교육 프로그램이 음악적성, 감성지능 및 창의성에 미치는 효과. 경희대학교 대학원 박사학위논문.

윤영배 · 정윤선(2005). 유아, 초등음악학습을 위한 오르프 접근법과 악기 앙상블. 서울: 창지사.

윤은미(2006). 고든의 음악학습이론에 기초한 유아음악과 동작의 통합활동 프로그램 구성 및 적용 효과 탐색. 중앙대학교 대학원 박사학위논문.

윤은미(2012). 리듬노래와 리듬패턴을 활용한 악기활동이 유아의 리듬감과 음악표현력에 미치는 영향. 한국영유아교원교육학회, 16(1), 49-38.

음경미(2014). 음악교육활동이 영유아의 정서지능에 미치는 효과. 숙명여자대학교 사회교육대학원 석사학위청구논문.

이기숙(2008). 유아교육과정. 경기: 교문사.

이민정(2002). 유아 음악활동의 의미에 대한 현상학적 이해. 교육인류학연구, 5(2), 55-82.

이선미(2003). 달크로즈의 세가지 교육개념을 토대로 한 음악학습 지도안에 관한 연구: 초등학교 1-3학년을 대상으로. 단국대학교 교육대학원 석사학위논문.

이여일(2005). 리듬을 이용한 신체표현활동이 유아의 음악적성과 창의성에 미치는 영향. 계명대학교 교육대학원 석사학위 청구논문.

이영애(2015). 세계 유아음악교육과정. 서울: 에피스테메.

이옥주 · 정수진 · 윤지영(2015). 음악요소에 기초한 유아음악교육. 서울: 신정.

이홍수(1990). 음악교육의 현대적 접근. 서울: 세광음악출판사.

이홍수(1992). 느낌과 통찰의 음악교육. 서울: 세광음악출판사.

임지은(2004). 달크로즈 유리드믹스를 활용한 표현력 향상을 위한 리듬 지도 방법 연구. 단국대학교 교육대학원 석사학위논문.

장은주(2013). 유아교육과 음악교육의 통합에 기초한 유아음악교육. 경기: 양서원.

장은주(2014). 유아음악교육. 경기: 양서원.

장혜원(2009). 음악활동에서 관찰된 유아의 사회성 평가를 위한 측정도구 개발. 숙명여자대학교 대학원 박사학위청구논문.

정현주(2006). 음악치료 기법과 모델. 서울: 학지사.

정현주(2011). 인간행동과 음악: 음악은 왜 치료적인가. 서울: 학지사.

정현주(2015). 음악치료학의 이해와 적용. 서울: 이화여자대학교출판문화원.

조효진(2008). 고든의 이론에 의한 유아음악 교육방법이 음악적성에 미치는 영향 연구: Music play를 중심으로.

성신여자대학교 교육대학원 석사학위논문.
주희선 · 현경실(2017). 음악 교수학습방법. 서울: 학지사.
차명선(2010). 오르프 음악활동이 다문화 가정 유아의 언어발달에 미치는 효과. 고신대학교 대학원 석사학위논문.
차은진(2013). 동화를 중심으로 한 노래극 활동이 유아의 음악능력과 언어능력에 미치는 효과. 중앙대학교 교육대학원 석사학위청구논문.
최유정(2008). 유리드믹스와 음악교육 프로그램이 유아의 일상적 스트레스와 유치원 적응에 미치는 영향. 종합예술과 음악학회지, 2(1), 145-164.
최은식(1991). 학습활동의 위계화를 통한 음악학습 증진방안에 관한 연구. 서울대학교 대학원 석사학위논문.
하정희 · 조영진 · 강혜정(2013). 유아음악교육. 서울: 공동체.
하정희 · 조영진 · 강혜정(2015). 유아음악교육. 경기: 공동체.
한아람(2017). 음악적 개념에 기초한 음악활동이 만 3세 유아의 음악적성과 음악적 성향에 미치는 영향. 이화여자대학교 교육대학원 석사학위논문.
황성숙(2004). 유아의 언어발달을 촉진하는 음악교육 프로그램 개발. 계명대학교 대학원 박사학위논문.

Abeles, H. & Custodero, L.(2010). *Critical issues in music education*. Oxford University Press.
Abeles, H. F., & Custodero, L. A.(2017). 음악교육의 주요이슈: 21세기의 이론과 실제. 김용희 · 정진원 · 오지향 · 이수진 · 박영주 · 신지혜 · 정주연 공역. 경기: 음악세계.
Abramson, R. M.(1986). Teaching Music in the 21st Century. New Jersey: Printice Hall, Inc.
AMTA(2019). *History of music therapy*. https://www.musictherapy.org
Andress, B.(1998). *Music for young children.* Fort Worth, TX: Harcourt and Brace.
Arnoff, F. W.(1980). *Music and young children.* New York: Holt, Rinehart & Winston.
Atterbury, B. W.(1984, Fall). Children's singing voices: A review of selected research. *Council for Research in Music Education*, 51-63.
Auh, Myoug-sook. (1995). Predication of music creativity in composition. *Unpublished Doctoral Dissertation*. Case Western Preserve University.
Baruch, C. & Drake, C.(1997). Tempo discrimination in infants. *Infant Behavioral Development*, *20*(pp. 573-577).
Benjamin, W. E.(1984). A theory of musical meter. *Music Perception*, *1*, 355-413.
Bickerton, D.(2001). Can biomusicology learn from language evolution studies? In N. L. Wallin, B. Merker, & S. Brown(Eds.), *The origins of music* (pp. 153-164). Cambridge, MA: MIT Press.
Bredekamp, S., & Rosegrant, T.(eds.)(1992). *Reaching potentials: Appropriate curriculum and assessment for young children*, 1. Washington, D.C. : National Association for the Education of Young Children.
Brehmer, F.(1925). *Melodie Auffassung un melodische Begebung des Kinders*. Leipzig: J. A. Barth.
Briggs, C.(1991). A model for understanding musical development. *Music Therapy*, *10*(1), 1-21.
Brown, L. L.(2019). The benefit of music education. https://static1.squarespace.com/static/55819b54e4b063452beb22e4/t/5bce4ada53450aaa304c84ed/1540246234815/The+Benefits+of+Music+Education.pdf
Bruscia, K.(1987). *Improvisational models of music therapy*. Springfield, IL: Charles C. Thomas Publishers.
Campbell, P. S. & Scott-Kassner, C.(2006). *Music in childhood: From preschool through the elementary grades*. New York, NY: Schirmer Books.
Campbell, P. S. & Scott-Kassner, C.(2010). *Music in Childhood: From Preschool Through the Elementary Grades*(3rd ed.). Boston, MA: Schirmer Books.
Campbell, P. S.(1998). *Songs in their heads: Music and its meaning in children's lives*. New York: Oxford University Press.
Campbell, P. S.(2003). *The musical cultures of children*. In L. Bresler & C. M. Thompson (Eds.), The arts in children's lives (pp. 57-70). Dordrecht, Netherlands: Kluwer Academic Publishers.

Campbell, P. S.(2004). *Teaching Music Globally*. New York: Oxford University Press.

Carlton, E. B.(1995). Building the musical foundation: Music key experiences in active learning settings. *Early Childhood Connections: Journal of Music- and Movement-Based Learning, 1*(4), 16-20.

Chang, H., & Trehub, S. E.(1977). Infants' perception of temporal groupings of auditory patterns. *Child Development, 48*, 1666-1670.

Choksy, L., Abramson, R. M., Gillespie, A. E., Woods, D., & York, F.(2018). **현대의 음악교수법: 자크-달크로즈, 코다이, 오르프, CM.** 오지향 · 권덕원 · 석문주 · 신지혜 · 신혜경 · 윤문정 · 이수진 · 정재은 · 최미영 · 최은식 공역. 경기: 교육과학사.

Chosky, L., Abramson, R. M., Gillespie, A. E., Woods, D., & York, F.(2001). *Teaching music in the twenty-first century*. Englewood Cliffs, NJ: Prentice Hall.

Clayton, M.(2009). The social and personal functions of music in cross-cultural perspective. In S. Hallam, I. Cross, & M. Thaut (Eds.), *The Oxford Handbook of Music Psychology*(pp. 47-72). Oxford, UK: Oxford University Press.

Cooper, G., & Meyer, L. B.(1960). *The rhythmic structure of music*. Chicago: The University of Chicago Press.

Costanza, P., & Russell, T.(1995). Methodologies in music education. In Colwell, R. (Ed.), *Handbook of Research on Music Teaching and Learning*(pp. 498-508). New York: Schirmer Books.

CPSC(2002). *Age determination guidelines: Relating children''s ages to toy characteristics and play behavior*. USCPSC.

Creston, P.(1964). *Principles of rhythm*. New York: Franco Columbo.

Davidson, L.(1983). Tonal structures of children's early songs. Paper presented at the International Conference on Psychology and the Arts, Cardiff. *Bulletin of the British Psychological Society, 36*, A119-A120.

Davidson, L., McKernon, P., & Gardner, H.(1981). The acquisition of song: A developmental approach. *In Documentary report of the Ann Arbor Symposium: National Symposium on the Application of Psychology to the Teaching and Learning of Music*. Reston: Music Educatiors National Conference.

Davis, W., Gfeller, K. & Thaut, M.(2008). *Introduction to music therapy: Theory and Practice*(3rd.). Silver Spring, MD: American Music Therapy Association.

Diamond, M.(1998). *Magic trees of the mind*. New york: Dutton.

Dissanayake, E.(2001). Antecedents of the temporal arts in early mother-infant interaction. In N. L. Wallin, B. Merker, & S. Brown(Eds.), *The origins of music*(pp. 389-410). Cambridge, MA: MIT Press.

Drake, C., Jones, M. R. & Baruch, C.(2000). The development of rhythmic attending in auditory sequences: attunement, reference period, focal attending. *Cognition, 77* (pp. 251-288).

Draper, T. W., & Gayle, C.(1987). An analysis of historical reasons for teaching music to young children: Is it the same old song? In J. C. Perry, I. W. Perry, & T. W. Draper (Eds.), *Music and child development*(pp. 194-205). New York: Springer-Verlag.

Dubois, D., Servin, L., Kenyon, B., & Derbyshire, A.(1994). Infant's intermodal knowledge about gender. *Developmental Psychology*, 30(3), 436-442.

Edwards, L., Bayless, K., & Ramsey, R.(2009). *Music and movement: A way of life for the young child*. Upper Saddle River, NJ: Pearson.

Falk, D.(2001). Hominid brain evolution and the origins of music. In N. L. Wallin, B. Merker, & S. Brown (Eds.), *The origins of music*(pp. 197-216). Cambridge, MA: MIT Press.

Feierabend, J. M.(2009). *TIPS Music Activities in Early Childhood*. UK: The National Association for Music Education.

Findlay, E.(1971). *Rhythm and movement: Applications of dalcroze eurhythmics*. New Jersey, NJ: Summy-Birchard.

Forrest, D.(1999). *Advancing music education in Australia*. ASME monograph series(no. 5). Parkville, Vic.: Australian Society for Music Education.

Fujioka, T., Ross, B., Kakigi, R., Pantev, C., & Trainor, L.(2006). One year of musical training affects development of auditory cortical-evoked fields in young children. *Brain, 129*, 2593-2608.

Gallahue, D. L.(1993). *Development physical education for today's elementary school children*. New York: Macmillan Publishing Company.

Gardner, H.(1983). *Frames of mind: the theory of multiple intelligences*. New York: Basic Books.

Gardner, H.(2006). *Multiple intelligences: New horizons in theory and practice*. New York: Basic Books.

Gaston, E. T.(1968). Music and man. In E. T. Gaston(Ed.), *Music in therapy*(pp. 7-29). New York: Macmillan.

Gatzke, M.(1991). Creating meaningful kindergarten programs, Educationally appropreate kindergarten practices, In B. Spodek(ed.), *Educationally appropriate kindergarten practices*(pp.97-109). Washington, D.C.: A National Education Association Publication.

Gharavi, G. L.(1993). Music skills for preschool teachers: Needs and solutions. *Art Education Policy Review, 94*(3), 27-30.

Gooding, L., & Standley, J. M.(2011). Musical development and learning characteristics of students: A compilation of key points from the research literature organized by age. *Applications of Research in Music Education, 30*(10), 32-45.

Gordon, E. E.(1989b). Music learning theory. *Proceedings of the Suncoast Music Education forum on creativity*. Tampa: University of South Florida.

Gordon, E. E.(1990). *A music learning theory for newborn and young children*. Chicago: GIA Publications.

Gordon, E. E.(1993). *Learning Sequence in Music*. Chicago, IL: GIA Publications.

Gordon, E. E.(1999). All about audiation and music aptitudes. *Music Educators Journal, 86*(2), 41-44.

Gordon, E. E.(2000). 영유아를 위한 음악학습이론. Yi, H. K. 역. 경기: IEC Music English.

Graziano, A. B., Peterson, M., & Shaw, G. L.(1999). Enhanced learning of proportional math through music training and spatial-temporal training. *Neurological Research, 21*(2), 139-152.

Greata, J.(2006). *An Introduction to Music in Early Childhood Education*. Clifton Park, NY: Thomson Delmar Learning.

Greata, J.(2006). *An introduction to music in early childhood education*. Clifton Park, NY: Thomson Delmar Learning.

Gruhn, W.(2002). Phases and Stages in Early Music Learning: A longitudinal study on the development of young children's musical potential. *Music Education Research, 4*(1), 51-71.

Gruhn, W.(2002). Phases and stages in early music learning: A longitudinal study on the development of young children's musical potential. *Music Education Research, 4*(1), 51-71.

Hallam, S.(2011). 음악교육 심리학. 고선미 역. 서울: 시그마프레스.

Hargreaves, D. J.(2010). 음악교육을 위한 음악발달심리학. 나재용 역. 서울: 교학사.

Hargreaves, D. J., & Galton, M.(1992). Aesthetic learning: Psychological theory and educational practice. In B. Reimer & R. A. Smith(Eds.), 1992 N.S.S.E. yearbook on the arts in education (pp. 124-50). Chicago: N.S.S.E.

Hargreaves, D. J., & Galton, M.(1992). Aesthetic learning: Psychological theory and educational practice. *National Society for the Study of Education Yearbook on the Arts in Education*, 124-140.

Hargreaves, D. J., & North, A. C.(1999). The functions of music in everyday life: Redefining the social in music psychology. *Psychology of Music, 27*(1), 71-83.

Hargreaves, D. J., Marshall, N., & North, A. C.(2003). Music education in the twenty-first century: a psychological perspective. *B. J. Music Ed.*, 20(2), 147-163.

Hetland, L.(2000). Learning to make music enhances spatial reasoning. *The Journal of Aesthetic Education, 34*(3/4), 179-238.

https://nafme.org/wp-content/files/2014/11/2014-Music-Standards-PK-8-Strand.pdf

Hyde, K. L., Lerch, J., Norton, A., Forgeard, M., Winner, E., Evans, A. C., & Schlaug, G.(2009). Musical training shapes structural brain development. *Journal of Neuroscience, 29*(10), 3019-3025.

Jensen, E.(2001). *Arts with the brain in mind*. Alexandria, VA: Association for Supervision and Curriculum Development.

Jersild, A. T., & Bienstock, S. F.(1935). *Development of rhythm in young children*. New York: Bureau of Publications, Teachers College, Columbia University.

Kane, J.(2005, November). *New ways of teacher "training" in primary school music education: Results and implications of a longitudinal research study*. Paper presented at the Conference of Australian Association For Research In Education Conference, Parramatta, Australia. Retrieved December 21, 2019 from http:// www.aare.edu.au/05pap/kan05133.pdf.

Kim, H. K.(2013). A comparison of early childhood preservice teachers' beliefs about music and developmentally appropriate practice between South Korea and the U.S. *Australasian Journal of Early Childhood*, *38*(2), 122 – 128.

Koca, S.(2013). An investigation of music teaching self-efficacy levels of prospective preschool teachers. *Educational Research and Review*, *8*(12), 897-900.

Koelsch, S., & Siebel, W. A.(2005). Towards a neural basis of music perception. *Trends in Cognitive Sciences*, *9*(12), 578-584.

Leonhard, C., & House, R. W.(1992). 음악교육의 기초와 원리 [Foundation and Principles of Music Education]. (안미자 역). 서울: 이화여자대학교 출판부.

Mainwaring, J.(1951). Psychological factors in the teaching of music. *British Journal of Educational Psychology*, *21*, 105-121, 199-213.

McDonald, D. T.(1979). *Music in Our Lives: The Early Years*. Washington, DC: NAEYC.

McDonald, D. T.(1979). *Music in our lives: The early years*. Washington, DC: NAEYC.

Mcdonald, D. T., & Simons, G. M.(1989). *Musical growth and development: Birth through six*. New York: Schirmer Books.

McGirr, P. I.(1995). Verdi invades the kindergarten. *Childhood Education*, *71*(2), 74-79

McKernon, P. E.(1979). The development of first songs in young children. In Gardner, H., & Wolf, D.(Eds.), *Early symbolization*, San Francisco: Jossey-Bass.

Merker, B.(2001). Synchronous chorusing and human origins. In N. L. Wallin, B. Merker, & S. Brown (Eds.), *The origins of music*(pp. 315-328). Cambridge, MA: MIT Press.

Merriam, A. P.(1964). *The anthropology of music*. Evanston, IL: Northwestern University Press.

Miché, M.(2002). *Weaving Music into Young Minds*. Albany, NY: Thomson Delmar Learning.

Molino, J.(2001). Toward an evolutionary theory of music and language. In N. L. Wallin, B. Merker, & S. Brown(Eds.), *The origins of music*(pp. 153-164). Cambridge, MA: MIT Press.

Mursell, J. L.(1937). *Psychology of music*. New York: W.W. Norton.

Mursell, J. L.(1991). Growth processes in music education. In R. Cowell(ed.). *Basic Concepts In Music Education*, ∏(pp. 111-129). Niwot: University Press of Colorado.

NAfME(2014). *Overview of 2014 music standards*. Retrieved December 10, 2019 from http://nafme.org/overview-of-2014-music-standards/

Overy, K., Norton, A. C., Cronin, K. T., Gaab, N., Alsop, D. C., Winner, E., & Schlaug, G.(2004). Imaging melody and rhythm processing in young children. *NeuroReport*, *15*(11), 1723-1726.

Page, N.(1995). *Music as a way of knowing*. New York: Stenhouse.

Pica, R.(2004). 출생부터 8세까지 유아를 위한 동작교육(김은심 역). 서울: 정민사.

Pica, R.(2010). *Experiences in movement & music: Birth to age 8*. Clifton Park, NY: Thomson Delmar Learning.

Pratt, R. R.(1991). Music education and medicine. *Music Educator Journal*, *77*(5), 31-36.

Pugh, A., & Pugh, L.(1998). *Music in the early years*. London: Routledge.

Radocy, R. E. & Boyle, J. D.(2001). 음악심리학. 최병철·방금주 공역. 서울: 학지사.

Radocy, R. E. & Boyle, J. D.(2018). 음악심리학: 음악적 행동의 심리학적 기반(제5판). 최병철·이경숙 공역. 서울:

시그마프레스.

Radocy, R. E., & Boyle, J. D.(2012). *Psychological foundations of musical behavior*(5th ed.). Springfield, IL: Charles C. Thomas Publisher.

Raisner, J. C.(2002). *The effect of rhythmic music activities upon language acquisition with four-year-old children*. Doctoral Dissertation of Temple University.

Reimer, B.(2003). *A philosophy of music education: advancing the vision*. Upper Saddle River, NJ: Prentice Hall.

Reimer, B.(2017). **리머의 경험중심 음악교육철학**. 최은식·곽덕주·김경화 공역. 경기: 교육과학사.

Richards, M.P.M.(ed.)(1974). *The integration of a child into a social world*. Cambridge: Cambridge University Press.

Runfola, M. & Swanwick, K.(2002). Developmental Characteristics of Music Learners. In Colwell, R., & Richardson, C.(Eds.), *The New Handbook of Research on Music Teaching and Learning*(pp. 373-397). New York: The National Association for Music Education.

Scott-Kassner, C.(1999). Developing teachers for early childhood programs, *Music Educators Journal, 86*(1), 19-25.

Shuter-Dyson, R. & Gabriel, C.(1981). *The psychology of musical ability*(2nd edition). London: Methuen.

Shuter-Dyson, R.(1982). Musical ability. In D. Deutsch (Ed.), *The psychology of music*(pp. 391-412). New York: Academic Press Incorporated

Sloboda, J. A.(1985). *The musical mind*. Oxford: Clarendon Press.

Standley, J. M., & Madsen, C. M.(1990), Comparison of infant preferences and responses to audiotory stimuli: Music . mother. and other female voice. *Journal of Music Therapy, 27*, 54-97.

Stauffer, S., Achilles, E., Kujawski, S., & Watt, R.(1998). Preparing the caregivers: Music in early childhood education. *Early Childhood Connections: Journal of Music- and Movement-Based Learning, 4*(2), 20-29.

Swanson, B. R.(1969) *Music in the education of children*(3rd ed.). California, Belmont: Wadsworth.

SzÖny, E.(1994). **코다이 음악교수법. 코다이 음악교육원리를 통한 실제적 접근**. 조홍기 역. 서울: 다라.

Thaut, M. H.(2008). *Rhythm, music, and the brain: Scientific foundations and clinical applications.* New York: Taylor & Francis.

Thomas, R. B.(1970). Manhattanville Music Curriculum Program: Final report. ERIC document ED 045 865. Washington, DC: U.S. Office of Education, Bureau of Research.

Torrance, E. P.(1981). *Thinking creatively in action and movement*. Testing Service, Bensenville, IL: Scholastic.

UNESCO(2002). *Culture : Art education in focus*. Retrieved February 25, 2014 from http://portal.unesco.org/culture/en/ev.php

Valentine, C. W.(1962). *The experimental psychology of beauty*. London: Methuen.

Wallin, N. L., Merker, B. & Brown S.(Eds.)(2001), *The origins of music*. Cambridge, MA: MIT Press.

Wiggins, J.(2018). **음악적 이해를 위한 교수법**. 최은식, 권덕원, 석문주, 신지혜, 신혜경, 오지향, 윤문정, 이수진, 정재은, 최미영 공역. 경기: 교육과학사.

Williams, L. R., & Fromberg, D. P. (1992). *The encyclopedia of early childhood education*. New York, NY: Garland.

Yi, H. K.(2002). **유아음악과 조기교육**. 경기: IEC Music English.

Zenatti, A.(1974). Perception et appréciation de la consonance musicale par l'enfant entre 4 et 10 ans. *Sciences de l'Art, 9*, 74-61.

Zimmerman, M. P.(1981). *Musical characteristics of children*. Reston, VA: Music Educators National Conference.

http://www.dalcroze.co.kr

저자 약력

신동주

The University of Texas at Austin(철학 박사)
現) 덕성여자대학교 유아교육과 교수

김향숙

덕성여자대학교 일반대학원 유아교육과 졸업(교육학 박사)
前) 맘스뮤직연구소 소장
덕성여자대학교 교육대학원 강사
現) 국민대학교 교육대학원 강사
을지대학교 아동학과 강사

김선희

덕성여자대학교 일반대학원 유아교육과 졸업(문학 석사)
現) 덕성여자대학교 부속유치원 원감
덕성여자대학교 유아교육과 강사

유아음악교육

초판 1쇄 발행 2021년 3월 12일
초판 2쇄 발행 2023년 2월 15일

지 은 이 | 신동주 · 김향숙 · 김선희
펴 낸 이 | 김기섭
편 집 인 | 이초롱 · 오선율
펴 낸 곳 | 창지사 www.changJisa.com
08589 서울시 금천구 가산디지털 1로 83 파트너스타워 1차 9층
전화 (02)719-2211~3
팩스 (02)701-9386
등 록 | 1977년 4월 28일 · 제1-421호

ISBN 978-89-426-1430-1 (93370)

KOMCA 승인필

값 20,000원